EL OFICIO DE NARRAR SIN MIEDO

Harris
Whitbeck

EL OFICIO
DE NARRAR
SIN MIEDO

Andanzas de un reportero
que sorteó guerras, desastres
naturales y disturbios políticos

 Planeta

Dedicado a la memoria de Abel Dimant

Índice

Linajes posteriores y una agencia de viajes 11
Viaje de Guatemala a Dakota del Sur y de vuelta

Coldplay, hamburguesas y un canario 29
Viaje a Irak «incrustado» en las tropas

El cielo azulísimo y la cal 49
Viaje a Centroamérica en huracán

La Guerra Fría y unos pequeños grandes objetos 67
Viaje a Moscú entre rusos y soviéticos

Travesuras, risas y cometas en la guerra 85
Viaje a Afganistán y más de treinta horas de vuelo

Y serás un hombre, m'ijo 107
Viaje a mi padre y a los años de Ríos Montt

El espectáculo de una invasión 137
Viaje a Haití, huésped en el Oloffson

Semillas en la devastación 153
Viaje a Sri Lanka entre lodo y esperanza

Un puñado de monedas 167
Viaje a Venezuela entre golpes y contragolpes

En camioneta desde Atlanta y andando al Polo Norte 185
Viaje a México y a Lima entre un amor y la voluntad

Un café por la mañana, un café para seguir adelante 215
Viaje a Nueva York cuando no había aviones

El viaje más importante 237
Un boleto mágico a mi conciencia

La búsqueda de sentido y la mirada de los cocodrilos 255
A manera de epílogo

Agradecimientos 259

Linajes posteriores y una agencia de viajes

Viaje de Guatemala a Dakota del Sur y de vuelta

Lucy era una mujer muy inteligente, preparada y educada en las mejores instituciones de Estados Unidos. Siempre que la recuerdo la veo, inevitablemente, con un libro, un trago de ron y un cigarrillo entre los dedos. Se casó con un estadounidense con quien tuvo cuatro hijos, y quien murió en circunstancias misteriosas en la habitación de un hotel en Santiago de Chile, cuando sus hijas menores, gemelas, aún eran bebés.

No lo conocí, pero mi imaginación de niño me hacía verlo involucrado en operaciones con la CIA. Si comienzo a preguntar por él, obtendría material para otro libro. Hasta entonces, será un misterio. O lo seguirá siendo siempre.

A quien sí conocí fue a mi tía Lucy, quien al enviudar tuvo que sacar adelante a sus hijos sola. En esas circunstancias tuvo la audacia de abrir una agencia de noticias y de viajes, quizás la primera de Guatemala, en donde escribía crónicas de viaje y artículos sobre destinos turísticos dentro del país, los cuales fueron publicados en *The New York Times*, el *King Features Syndicate* y el *Chronicle Foreign Service*. A mí me encantaba ir a la agencia, y de ahí debe haber nacido en mí el gusto por los viajes, por la aventura, por conocer otras culturas y territorios, y por el periodismo. En Guatemala Unlimited —como llamó mi tía a su agencia—, pasé muchas tardes de mi niñez. Cuando mi madre no podía llevarme a ver aviones al aeropuerto después de salir del colegio —afición que me llevó a reconocer tanto los modelos como las rutas aéreas—, le decía que me dejara en la agencia de mi tía para ayudarle en el trabajo.

En aquel entonces las agencias de viaje entregaban los boletos aéreos dentro de un sobre con el logo de la aerolínea. Mi tarea asignada era contar cuántos sobres por líneas aéreas teníamos en la agencia. Me pasaba horas ordenándolos y contándolos, viendo los logotipos e imaginando el modelo de avión de cada línea aérea, sus rutas, los pasajeros y sus destinos. Ahora, luego de lo vivido, veo con claridad que uno puede transformar su vida a partir de un gusto, una afición, o algo que se disfruta mucho. Las millas que he acumulado en mis viajes como reportero cubrirían unos cuantos viajes a la luna de ida y vuelta. Como el destino de aquellos pasajeros que desconocía, el mío ya me daba pistas, no de aterrizaje, sino del carácter que desarrollaría.

Pero Guatemala Unlimited no era el único lugar al que me gustaba ir. Los fines de semana solíamos ir a otro lugar que también llenó mi niñez de imaginación y fantasía; la casa de la tía Lucy, en donde había cuadros que me impresionaban porque intuía su belleza aunque no supiera nada de arte. Estoy seguro de que esa atmósfera bohemia, cultural, la cual quizás se debía a que mi tía no estaba lejos de ser una excéntrica, influyó en mi carácter. Recuerdo que tenía una mascota que me encantaba: era un ocelote, una especie de tigre muy pequeño que crece en las selvas centroamericanas. También tenía una guacamaya. Para un muchachito como yo —y creo que para cualquiera— aquella casa era un mundo de fantasía. De niño pasaba horas ahí leyendo ejemplares antiguos de su larga colección de *National Geographic*. Me sumergía en la historia de las tribus de Nueva Guinea, de los masai en las sabanas africanas, de los incas en América del Sur, maravillado ante las riquezas de un mundo tan vasto que nunca imaginé recorrer como periodista.

Lucy era una lectora voraz. Recuerdo que siempre estaba leyendo. En aquel entonces la revista *National Geographic* estaba en su apogeo, y como mi tía dirigía una agencia de viajes, las coleccionaba con fervor. Yo heredé su colección y ahora la atesoro en mi casa del lago de Atitlán. Abrir las páginas de esa revista siempre ha sido otra forma de viajar, aunque en el caso de Lucy era material de trabajo, porque ella no vendía viajes que no hubiese hecho o estudiado personalmente. Si quería ofrecer un paquete para Japón, antes viajaba para prepararse y poder dar cuenta de lo que vendía. La suya no solo era una agencia de viajes, era un lugar en el que se gestionaban culturas. Viajaba con regularidad a conocer lugares lejanos para vender a sus clientes aquellos destinos con conocimiento de causa. De vuelta de sus viajes siempre tenía mil maravillosas historias, llenas de aventuras y personajes exóticos, las cuales yo escuchaba extasiado.

Eran los años setenta y mi tía se movía y desenvolvía en grupos culturales y bohemios. Participaba de un sinfín de actividades sociales, a las que se presentaba vestida con huipiles, las blusas elaboradas con los tejidos tradicionales indígenas de mi país. Hechos de coloridos faldones altos que se pueden usar como vestidos, los huipiles la hacían ver elegante y sobria. Y es que Lucy era una mujer hermosa. Rubia, de ojos azules, esbelta y con garbo. Vestir así era un acto político en el sentido de que lo hacía frente a una sociedad clasista y racista, una sociedad a la que ella misma pertenecía, aunque no en espíritu. No me costaba identificarme con mi tía, yo también me hice frente a esa misma sociedad, y mis posturas de todo orden, desde lo político hasta lo sexual, han sido disonantes.

Mis fines de semana favoritos eran los que pasaba con mi tía y mi abuela en su casa del lago de Atitlán. Localizado a unos setenta kilómetros de la ciudad de Guatemala, ese lugar es, en mi humilde opinión, el más hermoso del mundo. Y no estoy solo en esa apreciación. El filósofo inglés Aldous Huxley, en una crónica sobre su viaje a Guatemala y México que publicó en 1934, lo describió como demasiado lindo, casi irreal. Y es que lo es. Formado en una enorme erupción ocurrida hace más de 80 000 años, el lago está rodeado de tres soberbios volcanes que se reflejan en sus aguas cristalinas. Las culturas prehispánicas lo consideraban un lugar de peregrinaje, el ombligo de la Tierra, de donde emana una poderosa energía vital y sanadora.

Mi abuela construyó esa casa de descanso en las orillas del lago en los años setenta, poco después de la muerte de mi abuelo. La siguió mi tía Lucy, y a ella la seguí yo, quien también he hecho de Atitlán mi refugio, mi oasis, mi escondite y centro de renovación. Los fines de semana con mi tía y mi abuela eran mágicos. Mientras mi padre jugaba al golf y mi madre se ocupaba de mis hermanos en la ciudad, yo prefería irme al lago y sumergirme en un mundo de fantasía. Pasábamos horas entre libros, jugando a las cartas y escuchando ópera. Conforme atardecía, mi tía se tomaba sus tragos de ron y empezaba a contarme las tramas de las óperas que sonaban a todo volumen, historias que se volvían más dramáticas y complicadas a medida que se vaciaba la botella. Mi abuela intentaba enseñarme a jugar *bridge*, un juego de cartas enrevesado que nunca logré aprender porque no me esforcé lo suficiente, pues a mí me interesaba mucho más escuchar las fantásticas historias que contaba mi tía.

Uno de aquellos tantos fines de semana me tocó, como miembro de la tropa local de los niños Scouts, realizar una tarea para el cursillo de fotografía en el que participaba. Decidí que no solo tomaría fotos de las flores del jardín o de la vista del lago y sus volcanes, sino que las utilizaría para contar una historia. Todas las tardes salíamos a caminar por los senderos en la montaña, caminatas que yo, por ser un niño tímido e introspectivo, disfrutaba más que cualquier otra cosa. Me sentía más cómodo en la presencia de adultos que de niños de mi propia edad. Un día decidí documentar una de esas caminatas, que solían tener como destino el Nido del Águila, un claro en el bosque que, según me contaba mi tía, era la casa de un águila enorme que vivía en la montaña. Tomé una docena de fotos en blanco y negro y, un par de semanas después, cuando el centro de revelado me las entregó, las organicé en orden cronológico para contar la historia de aquella jornada.

Cuando yo era niño el proceso para contar una historia audiovisual era muy distinto al de ahora. Mientras se esperaba que *revelaran* las fotografías, se tenía tiempo suficiente para que el texto destilara su savia con lentitud, para ponderarlo e imaginarse el arco narrativo. Y es que la palabra revelado quedó lejos, muy atrás en la historia del hombre moderno. El tiempo de espera entre la entrega de los rollos de película fotográfica en un centro Kodak y el momento en que se recibían impresas dentro de un sobre era de expectativa, nervios, emoción. Se *develaría* el pasado. El ver por primera vez las fotos de los hechos semanas después de sucedidos, permitía verlos con otros ojos. Dicen que la visión en retrospectiva siempre es más nítida.

Mis textos eran rudimentarios y solo descriptivos. Sin embargo, daban cuenta del sendero de tierra, la luz del sol por la tarde, los insectos que volaban a nuestro alrededor. La historia tenía su principio, su cuerpo y su fin. No estaban nada mal para haber sido escritas por un niño que apenas estaba cursando la primaria. Quizás el escuchar a mi tía contar sus aventuras hizo que comenzara a habitar en mí la manera de contar las mías. Tal vez deba considerar beber un trago de ron al escribir para ver si ese era el secreto de aquella mujer, a quien tanto quise, para contar tan buenas historias.

Solo cuando hemos tomado conciencia de nuestro viaje vital caemos en cuenta de qué personas influyeron más en nuestra manera de estar en el mundo; pueden haber estado cerca de nosotros por mucho tiempo o por solo unos minutos, pero estuvieron el tiempo suficiente para cambiarnos la vida o dirigir nuestro rumbo hacia el que sería nuestro destino.

Me gusta pensar que cuando escribía sobre aquellas caminatas, de alguna manera las cargaba de sentido o las resguardaba del olvido. Es posible que estos escritos fueran mis primeros «tanteos reporteriles». Más adelante tendría una oportunidad tan impactante que me encaminaría a esta vocación, la cual parecía correr por mis genes. Y no es solo un decir, es muy probable que así haya sido.

El arte de leer, de viajar y de contar historias, un arte viviente, eso era mi tía Lucy. Y su presencia en mi vida, como la de otras personas, me permitió trazar un cierto mapa de mi carácter, vocación y, tiempo después, mi oficio.

Durante una de las tantas conversaciones con mi padre descubrí a mi bisabuelo, quien para mi asombro resultó ser un colega. Desde niño había escuchado historias sobre mis abuelos paternos. Sabía que mi abuelo había nacido en un pueblito de Dakota del Sur llamado Deadwood debido a que su padre, mi bisabuelo, era corresponsal para un periódico. Pero no se hablaba mucho de él porque había abandonado a mi bisabuela, así que su recuerdo se fue desvaneciendo en la memoria familiar hasta que, durante un almuerzo familiar, un «miércoles de milanesas», unos tres meses antes de que falleciera, y justo cuando estaba levantando información para este libro, mi padre me contó su historia. Hasta entonces nunca me había hablado de Leonard Field Whitbeck. Creo que lo recordaba con cierto resentimiento. No es descabellado pensarlo si tomamos en cuenta que abandonó a su familia. Mi padre no conoció a su abuelo Leonard porque mi bisabuela, Florence Browne, se fue al norte de Nueva York cuando aquel los dejó atrás. Nunca se volvió a casar.

Mi bisabuelo, libre de ataduras familiares, fue corresponsal durante las Guerras Indias, cuando los colonos europeos se enfrentaron a los indígenas nativos por el control del territorio que todos los estados del oeste estadounidense ocupan en la actualidad. Y ahí estaba un Whitbeck del siglo XIX, entre aquellos soldados popularizados por la literatura, el cine y la televisión, vestidos con chaquetas con botones, mosquetes y sombreros de ala ancha. No dejan de sorprenderme esas sincronías que la vida descubre cuando nos hallamos en encrucijadas de sentido, intentando mirar atrás y ordenar nuestra vida.

Tan solo tres generaciones atrás encontré a Leonard F. Whitbeck, quien fue periodista de profesión. Trabajó para una agrupación de periódicos que incluía al *New York Sun* y al *Chicago Times*, y luego lo haría en un diario llamado *Sydney Telegraph*, en un pequeño poblado de lo que hoy es el estado de Montana, a diez kilómetros de Dakota del Sur. El pueblo de Sydney lo fundó en 1870 un puñado de familias que arribó desde el este de Estados Unidos para asentarse a orillas del río Yellowstone. El río que nace en las Montañas Rocosas y atraviesa el parque del mismo nombre, ese donde el Oso Yogui hace de las suyas. En el pueblo se dedicaban a la agricultura y la ganadería, actividad común en toda la región hasta finales de la década de su fundación, cuando el descubrimiento del oro atrajo a una oleada de forasteros dispuestos a darlo todo por la riqueza.

En mi casa se hablaba poco de los antepasados. La historia de mi bisabuelo estadounidense se comentaba poco, aunque esta comienza en la propia historia de la conquista del oeste norteamericano, una de las más sangrientas de Estados Unidos. A fines del siglo XIX decenas de miles de personas blancas migraron del este hacia el oeste y enfilaron largas caravanas hacia los territorios de Montana, Dakota y Wyoming. Una tierra bella y cruel, dominada por enormes montañas e inviernos no aptos para los débiles. Las pugnas por los territorios que los indios habían habitado durante siglos fueron brutales. Los reportes de masacres de comunidades enteras de indios por parte de los colonizadores blancos fueron acompañados de historias de represalias igual de sangrientas por parte de los indios, quienes mostraron una crueldad inimaginable.

La conquista de tierras pobladas por los indios, la falta de leyes institucionalizadas y la fiebre del oro crearon las condiciones perfectas para conflictos y guerras. Cualquier reportero joven de la época ansiaría cubrirlos. Mi bisabuelo escribía sobre las batallas entre jefes indios como Toro Sentado y Caballo Loco contra las tropas del Ejército federal comandadas por el legendario general George Crook y acerca de las primeras pugnas por el poder político sobre las pequeñas comunidades que crecían día a día y eventualmente se convertirían en territorios que buscarían formar parte de la joven república de Estados Unidos; y sobre los juicios, encarcelamientos y ejecuciones por horca, comunes en ese entonces.

Cuando, a muy temprana edad, *decidí* que este sería mi oficio, no tenía idea de que por mis venas corría la sangre de un corresponsal en esa guerra.

Y aún no había salido de este asombro cuando me cuenta que mi *linaje periodístico* se remonta a nueve generaciones atrás. Se trata de Bernal Díaz del Castillo, el gran cronista de Indias. Tengo entendido que en las escuelas de periodismo iberoamericano este cronista es de lectura obligatoria, y que cuando se intenta llegar al origen o punto de partida de la crónica como género, siempre se llega a los cronistas de Indias. En mi formación periodística, que es fundamentalmente estadounidense, este influjo llegó a mí mucho tiempo después, cuando ya era un reportero con todas las de la ley. Recuerdo que cuando me fui a estudiar periodismo a Nueva York, mi abuela —la paterna, de donde me viene el linaje— me dijo: «No olvides que tienes sangre de periodista, por ahí tienes a Bernal Díaz del Castillo». El cronista era además soldado, explorador y conquistador a partes iguales.

Yo también he sido cronista, he estado entre soldados en conflictos bélicos, me he adentrado en las selvas del continente americano, aunque mi faceta de conquistador no supera uno que otro laurel sentimental.

Más allá de un dibujo descolorido de un árbol genealógico en el que se mostraba la línea ancestral en manos de un tío lejano, no había más señales de que alguien le prestara demasiada atención a tal linaje. Sin embargo, unos tres siglos antes de los cruentos hechos en el oeste americano, otro de mis ancestros cubría conflictos por territorio y recursos a miles de kilómetros al sur. Bernal Díaz del Castillo, soldado de la Conquista española, llegó a Guatemala en 1541 después de años de haber rondado por Cuba y México bajo el mando de Cortés, Grijalva y Hernández de Córdoba, algunos de los conquistadores más temidos de la época.

Llegó al país bajo la tutela de Pedro de Alvarado, el conquistador que luchó contra los aztecas y los quichés, y terminó por conquistar gran parte de lo que es la Guatemala de hoy. Después de la Conquista, Díaz del Castillo sería nombrado regidor y pasaría años intentando consolidar su poder político, pero los criollos ya establecidos en el territorio nunca quisieron reconocer su mandato. Después de años de intentos frustrados, octogenario, y aun describiéndose a sí mismo como un «idiota sin letras», decidió dedicarse a escribir, lo que dio como resultado la publicación de *La verdadera historia de la Conquista de la Nueva España* en 1581. Yo creo que soy un poco parecido a mi antepasado español: tengo las letras y, como él, seguramente también tengo algo de idiota.

Yo también siempre he sentido que debo mirar con detenimiento los acontecimientos asombrosos del mundo. Me imagino que llevo conmigo las imágenes captadas por la *mirada* de mis antepasados, las cuales los dejaron deslumbrados por más hostiles y sangrientas que fueran. La influencia de aquel narrador que cubrió el nacimiento de un imperio, y la de aquel cronista que formó parte de la expedición al territorio de los imperios azteca y quiché, y que presenció su derrumbe, están presentes en mí. Y al mirar atrás veo cómo esto influyó para que, siendo guatemalteco, estadounidense y español, decidiera que me dedicaría al periodismo, que sería reportero, y en estos momentos cronista de mi propia aventura. Al final también me tocaría ser testigo del derrumbe de otro imperio, uno rojo cuyo resquebrajamiento se formalizó con una pluma prestada en un despacho de Moscú.

Chesterton afirma en *Temperamentos*, con su lucidez y humor inquebrantables, que «el único modo correcto de contar una historia es comenzar por el principio... del mundo; de modo que, en pos de la verdad, todos los libros comienzan de manera incorrecta». ¿Cómo desmentirlo?

Tanto Leonard F. Whitbeck como Bernal Díaz del Castillo estuvieron, como suele decirse en el mundo periodístico moderno, «en el centro de los acontecimientos». Los escenarios en los que escribían eran violentos, cruentos, en muchas ocasiones sangrientos, y mientras lo hacían sus vidas corrían un peligro que no se compara en nada con el que corre la vida de un periodista de la actualidad, aunque esta profesión sigue siendo una de las más peligrosas del mundo.

Unos siglos después yo estaría en unos escenarios parecidos. Aunque guerra es guerra, y aun cuando ya no se ven las batallas homéricas del pasado, nunca me enfrenté a los niveles de peligro que enfrentaban mis antepasados. Y aclaro que cuando cubrí guerras no lo hice pensando en Leonard Field Whitbeck o en Bernal Díaz del Castillo. Eso lo estoy haciendo apenas ahora, cuando esas décadas han quedado un tanto atrás, aunque no lo suficiente como para olvidar los recuerdos y las emociones que experimenté al presenciarlas. Es ahora cuando caigo en cuenta de que incluir estos antecedentes en mi narrativa vital le dio sentido a mi vida; es decir, es ahora cuando me puedo dar el *lujo* de pensar en ellos.

El bisabuelo Whitbeck no terminó su vida como gran periodista. Según un obituario que encontré publicado en la edición del *Miami Herald* del 1 de marzo de 1925, se convirtió en uno de los próceres de la fundación del estado de Dakota del Sur y, por razones desconocidas, eventualmente se trasladó a Nueva York, donde incursionó en el mundo de la producción de espectáculos. Me imagino que no tuvo mucho éxito en su segunda carrera, ya que no he hallado nada que me indique lo contrario. Curiosamente, yo también incursioné durante un breve periodo en el mundo de la producción de programas de entretenimiento, y tampoco fue el mayor éxito de mi vida. Quizás por eso prefiero quedarme con la imagen del bisabuelo corresponsal que cabalgó 325 millas, durmiendo de día y viajando de noche, para unirse a las tropas del general Crook que estaban enfrentando cruentas batallas contra el jefe Toro Sentado, proeza que más de un siglo después yo repetiría, también a caballo, en las montañas de Afganistán.

Hacia finales de los años setenta, cuando yo tenía unos 12 o 13 años de edad, Guatemala estaba en medio de una guerra civil entre los gobiernos militares apoyados por Estados Unidos y la guerrilla apoyada por Cuba y la Unión Soviética, ese imperio rojo cuyo derrumbe también atestigüé. Era común ver en los periódicos titulares sobre matanzas causadas por la «Mano Blanca», una agrupación paramilitar de derecha que asesinaba a activistas, estudiantes e intelectuales de izquierda. Despertarse en la noche al escuchar disparos era la norma. Los susurros de las empleadas domésticas sobre los escuadrones de la muerte poblaban mis noches de pesadillas.

Una fría mañana de febrero tomé el autobús que me llevaba todos los días al colegio. Me subí al vehículo como de costumbre al pie del camino rural que conducía a mi casa y me senté al lado de una ventana. Habíamos avanzado pocos metros cuando, al lado de la carretera, vi tirado el cadáver de un hombre casi completamente desnudo. Estaba boca abajo. Se le veía el pelo oscuro, rizado y despeinado, sus manos estaban atadas por las muñecas detrás de la espalda. Todavía recuerdo el grito de la niña que iba sentada frente a mí y el rugir del motor del autobús cuando el chofer aceleró para alejarse lo más rápido posible de la escena.

Cuando llegamos al colegio les conté a mis maestros lo que vimos y ninguno dijo nada. La respuesta fue un silencio absoluto y una llamada al orden para que prestara atención a la materia del día. Al llegar a casa en la tarde, volví a contar lo que había visto y de nuevo solo hubo silencio. Me quedé lleno de interrogantes, frustrado por no tener respuestas y con el miedo recorriendo mi cuerpo. Cené lo que pude, vi algo de televisión y me fui a dormir.

Mis dudas no desaparecieron. Quería saber quién era ese hombre, por qué yacía sobre el pavimento, quiénes eran sus familiares y si alguien lo esperaba en casa. Pasé varias semanas de desvelo porque no podía librarme de aquella imagen que regresaba una y otra vez. Los años pasaron y la guerra en Guatemala continuaba, una guerra librada en su mayoría en el altiplano rural, por lo general lejos de la ciudad, donde la burbuja en la que yo vivía desdibujaba la violencia que padecía buena parte del país.

A mis 17 años de edad conseguí un trabajo de fin de semana en el puesto de revistas del hotel Camino Real. Ahí se hospedaban todos los corresponsales extranjeros que viajaban entre Nicaragua, El Salvador y Guatemala para cubrir las guerras que se libraban de manera simultánea en los tres países. Me pasaba los fines de semana en la tienda, leía furtivamente las revistas *Time* y *Newsweek*, además de la edición dominical de *The New York Times* que llegaba semana a semana en el avión de Pan Am procedente de Miami. Me fascinaba leer los artículos de prensa de esas publicaciones y hablar con los periodistas que entraban a la tienda a comprar los periódicos.

Pocos días después de las elecciones generales de 1982, Guatemala amaneció con la noticia de que se había dado un golpe de Estado contra el general Romeo Lucas García. Los tanques y cientos de soldados patrullaban las calles, los aviones de combate surcaban los cielos de la capital. En contra de la voluntad de mis padres me dirigí al hotel, no a trabajar en la tienda de revistas, sino a ver si alguno de los corresponsales hospedados allí me dejaba acompañarlo como traductor, chofer o ayudante, cualquier actividad que me permitiera estar «cerca de los acontecimientos».

Un productor de la televisora estadounidense CBS News (a quien ya conocía porque todos los domingos llegaba a la tienda a comprar los diarios), me dijo que podía acompañarlo a una conferencia de prensa en el centro de la ciudad.

Manifestantes en contra de los militares se estaban enfrentando a efectivos de la policía nacional. Las bombas de gas lacrimógeno trazaban parábolas en el aire antes de caer entre el tumulto. Mi corazón latía a mil por hora, sentía la adrenalina al máximo y los nervios de punta. Me subí al coche de los periodistas y nos dirigimos al hotel

Ritz Continental. Ahí estaban los militares alzados, ofreciendo una conferencia de prensa en la que acusaban al régimen del recién derrocado general Lucas de haber cometido fraude en las elecciones. Me acerqué, junto con los periodistas extranjeros, a ver de cerca las pruebas del fraude que se estaban exhibiendo en la conferencia mientras decenas de fotógrafos disparaban sus cámaras.

Estaba emocionado. Tenía la posibilidad de satisfacer, al lado de los grandes corresponsales, mi curiosidad por lo que estaba sucediendo, de ser testigo de lo que ninguno de mis compañeros de colegio jamás podría ver con sus propios ojos.

La mañana siguiente, en el colegio, fui objeto de curiosidad, interés de muchos y hasta de la admiración de algunos porque aparecí en la primera plana del *Diario el Gráfico*, que mostraba a un joven rubio con gruesos anteojos, pantalones de mezclilla y un suéter de colegial, observando los documentos en la conferencia de prensa bajo el titular «Corresponsales extranjeros documentan fraude electoral».

Ese día decidí que sería corresponsal extranjero. Pero cuando veo las cosas en retrospectiva, a los lejanos siglos pasados, pienso que quizás esa decisión ya había sido tomada y yo solo la encarné.

Los últimos dos años de colegio fueron tortuosos. Me sentía distante de mis compañeros de clase porque yo estaba más interesado en los acontecimientos políticos y sociales de la época que en formar parte del grupo que iba de fiesta en fiesta y disfrutaba de fines de semana en alguna casa de recreo. En realidad nunca tuve mucho en común con el resto de mis compañeros. En aquella época comencé a darme cuenta de mi orientación sexual, a plantearme preguntas que mantenía en absoluto secreto. Me aterraba enfrentar las respuestas. Un colegio privado de clase alta en Guatemala a principios de los años ochenta no era el espacio más abierto para gente que se salía de la norma.

El último año del bachillerato me concentré en mis estudios, esperando con ansia el momento en que saldría de Guatemala para seguir aprendiendo y hacer mi vida fuera del país. Mi intención era meterme de lleno al periodismo. Estaba convencido.

Cuando llegué al Washington College, una pequeña universidad privada en el estado de Maryland, Estados Unidos, dedicada al estudio de las humanidades, las fronteras de mi limitado mundo guatemalteco se desvanecieron. Lejos del conservadurismo social y político en el que crecí, me expuse a otras ideas y puntos de vista que me ayudarían a darme cuenta de la ceguera en la que había crecido o, para no ser tan duro conmigo mismo, arrojarían luz sobre zonas antes en sombras para mí.

Una clase de política latinoamericana, impartida por el doctor Daniel Premo, me abrió los ojos sobre la brutalidad de la historia reciente de mi país. Aprendí sobre el golpe concertado por la CIA en contra del gobierno democrático de Jacobo Árbenz y del papel que desempeñaron los intereses económicos de la United Fruit Company. Devoré libros que ni sabía que existían, como *Bitter Fruit*, de los aclamados periodistas estadounidenses Stephen Schlesinger y Stephen Kinzer, en el que se detallan los pormenores detrás de aquel golpe de Estado que, entre otras consecuencias, produjo la instalación de gobiernos militares durante décadas y el retroceso de movimientos que buscaban justicia social y más equidad en Guatemala.

La exposición a nuevas ideas no hizo que mis puntos de vista se inclinaran hacia una u otra tendencia política, más bien me ayudó a caer en cuenta de la importancia de ver los acontecimientos desde diferentes puntos de vista para entenderlos a fondo. Tendría presente la diversidad de opiniones para entender que la verdad es más una sinfonía que un altoparlante.

Mis años de estudios fuera de Guatemala hicieron que floreciera aún más en mí una curiosidad insaciable por entender las dinámicas sociales. Durante la maestría de periodismo en Nueva York, al escribir un artículo sobre la cantidad de bebés que nacían adictos al *crack*, me ofrecí como voluntario en la sala de cuidados neonatales de un hospital público para conocer de cerca a las madres adictas y los efectos de las drogas sobre un recién nacido.

Acreditado como estudiante de periodismo, cubría conferencias de prensa en Naciones Unidas. Estaba junto a los reporteros veteranos que entrevistaban a diplomáticos de la Unión Soviética, representantes de grupos guerrilleros latinoamericanos, negociadores internacionales y políticos que entonces, cuando la ONU gozaba de más poder y prestigio, desempeñaban un papel crucial en el desarrollo de las relaciones internacionales.

La maestría en Nueva York fue crucial en mi formación. Fue en la Universidad de Columbia donde aprendí a formular preguntas, a escribir, a construir narrativas. Aprendí mucho más sobre la ética periodística y la importancia de siempre crear espacio para los distintos puntos de vista que confluyen sobre un acontecimiento. Aprendí de grandes veteranos, muchos de ellos ganadores de los mayores reconocimientos, como Fred Friendly, uno de los creadores de CBS News, o la aclamada documentalista Joan Konner. Mi escuela administraba (y lo hace hasta la fecha) los grandes premios del periodismo: los Pulitzer para prensa escrita y los Alfred I. Dupont Columbia para televisión. Cada año la ceremonia de entrega de los Dupont se realiza en la Biblioteca Low, en el campus de la universidad a orillas del barrio de Harlem en Nueva York, y los alumnos de la escuela de periodismo servíamos de edecanes para la ceremonia.

El año que me tocó estar en la ceremonia, el productor de CBS News a quien había conocido en Guatemala años antes y quien me permitió acompañarlo a una conferencia de prensa durante el golpe militar, estaba nominado para un premio. Llegó a la ceremonia acompañado de su esposa, también periodista, y por una de aquellas casualidades que el azar suele ofrecernos, me tocó a mí conducirlos a sus lugares entre el público.

Cuando me di cuenta de quién era y se lo recordé, no salía del asombro y del orgullo al saber que, de cierta manera, él había empujado a conseguir sus sueños a aquel adolescente guatemalteco, bisnieto de otro periodista que cubrió la guerra en Estados Unidos, descendiente de un cronista de Indias que quizás fue el fundador de la crónica, y sobrino de una empedernida lectora y bebedora de ron.

Cuando se es periodista las casualidades dejan de serlo. Se dejan detrás las coincidencias, en adelante los datos se vinculan y conforman un ordenamiento del aparente caos de la realidad. Estas líneas son el intento por darle un curso coherente a mi realidad a partir de ese insospechado linaje de mis ascendientes, que desembocaría en una inclinación por el oficio periodístico que se fundió con mi vida.

Y por pensar en ello es que adopto una responsabilidad ulterior. Creo honrar esos antepasados, o al menos el oficio de ellos que también es el mío. No significa que creo ser el continuador de una «tradición familiar», sino que puedo inscribirme en una que llena de significado mi vida.

Desde mi niñez, en la que precozmente descubrí mi vocación, hasta mi adultez, en la que me pregunto por mi propia vida, lo vivido se ha cargado de un significado que tuvo que esperar todo este tiempo para emerger. Esa vocación incipiente me llevaba a leer todo lo que caía en mis manos, a escuchar todo cuanto se hablara a mi alrededor, a observar mi entorno con curiosidad. Mi niñez es mi propio «antepasado». Recuerdo que en ese entonces el mundo despertaba en mí tanto curiosidad como miedo. Y este último tenía nombre: «La Mano Blanca».

Las empleadas domésticas solían escuchar la radio mientras hacían sus tareas y yo siempre andaba cerca parando la oreja para enterarme de lo que oían y las cosas de las que hablaban. Prefería escuchar el cotorreo que andar jugando futbol con los amigos del vecindario.

Las fechorías que comentaba el personal doméstico llegaban sin filtro a mis oídos infantiles y yo los absorbía como si fuese una esponja sedienta. Por la noche, a la hora de dormir, era otro cantar. Me la pasaba preguntándome si llegarían a casa los escuadrones de la muerte, si vendría la Mano Blanca. Era mi pesadilla constante. Así que este es un antecedente que no despierta fascinación en mí, como sí lo hacen mi tía Lucy, Bernal Díaz del Castillo y Leonard F. Whitbeck. Como ya mencioné antes, un día yendo a clases vi, desde la ventanilla del autobús escolar, el cadáver de un hombre tirado en la vía. Probablemente una víctima de la Mano Blanca. ¿Cómo no iba a marcarme para siempre algo así? La diferencia es que cuando era niño no le preguntaba a nadie las cosas que quería saber y yo no podía darme las respuestas correctas, así que vivía con ese miedo. A medida que fui creciendo, comencé a preguntar todo lo que me interesaba.

La razón por la que antes no preguntaba es porque no sentía que podía hacerlo. Siempre fui introvertido. Ser gregario no era lo mío. Esa distancia fue la que forjó mi carácter y quizás también la que dirigió mi mirada hacia la vocación que mucho tiempo después se transformaría en la que sería mi carrera y vida. Y tal vez el retraimiento en el que me sumí por la sospecha de mi orientación sexual, que apenas intuía, pero que sentía que estaba ahí y me hacía resguardarme en mí mismo y recurrir a la imaginación y el asombro para alimentar mi mundo interior, también haya influido en ello. Si cierro los ojos puedo ver con claridad un día en el que, en la zona de juego del colegio, los niños jugaban con sus carritos en el arenal. Yo no podía participar porque ese día había olvidado mi carrito en casa. Como yo no tenía carrito los niños me estaban molestando, así que volteé a ver a las niñas y las vi jugando con unos platitos con los que construían casas y castillos. Me las arreglé para hacerme de uno y regresé con los niños para decirles que yo no tenía carrito pero tenía un *platillo volador*, un ovni que podía volar por encima de sus carritos. Un amigo me dijo mucho años después que pude «abducir» todos los carritos de los demás niños.

Y esto es lo que he encontrado al intentar darle orden a lo que soy. Es una historia que suma muchas otras que al final convergen en quien creo que soy y a las cuales lo que les da significado es mi propia búsqueda. Ancestros y antecedentes que desembocan en mí por los caminos de las palabras y a los que ahora les doy cabida. Siempre rondaron, siempre estuvieron ahí, pero mi trayectoria vital tuvo que robustecerse para intentar darles el lugar que considero merecen en mi vida. Un intento que ya es ganancia en sí.

Coldplay, hamburguesas y un canario

Viaje a Irak «incrustado» en las tropas

Revisaba artículos de prensa cuando oí el discreto chirrido que indicaba que tenía un nuevo mensaje en mi bandeja. Brillaba en la pantalla de mi computadora portátil. Titilaba. Era una noche de la primavera de 2003. Habían pasado varias semanas desde la invasión estadounidense a Irak y yo estaba sentado en la cama de una habitación del hotel Palestina, en Bagdad.

Estaba en penumbras y con mucho frío porque era imposible regular la intensidad gélida con la que el destartalado y quejoso aire acondicionado llenaba la habitación. Pero no podía abrir las ventanas o la puerta del balcón porque entonces quedaría expuesto al horno sofocante y seco propio de la noche iraquí.

Cuando aún se podía transitar con cierta tranquilidad por la capital iraquí y por los poblados aledaños, mis jornadas diarias comenzaban y terminaban en el hotel Palestina. El ritmo de trabajo era establecido y dictado por los horarios de transmisión en vivo que demandaban los diferentes noticiarios de la cadena CNN. Por lo general encontraba algún dato que resaltar cuando mi instinto me indicaba que a partir de él podía salir una buena nota. Iba a las aburridas y poco fructíferas conferencias de prensa del portavoz militar de turno y tomaba informes de agencias corroborados por nuestros productores locales para estructurar mis reportajes.

Sobre las orillas del río Tigris, en pleno centro de la capital, el hotel era el epicentro de la actividad de la prensa internacional hasta que un tanque estadounidense lanzara un proyectil contra el balcón de una habitación a fines de abril de ese año. En ese incidente murieron Taras Prostyuk, periodista ucraniano de la agencia de noticias Reuters, y José Couso, reportero de televisión español.

Antes de ese ataque los principales medios extranjeros mantenían oficinas y hospedaban a sus empleados en el Palestina. El hotel estaba fuertemente resguardado por enormes barricadas de cemento y bolsas de arena, custodiado por efectivos del ejército estadounidense y por la reconstituida y naciente policía iraquí. La seguridad era reforzada por decenas de contratistas privados, empleados por empresas estadounidenses, que conseguían jugosos negocios con el Pentágono para hacer buena parte del trabajo logístico y de seguridad en el propio teatro de operaciones. Las calles de acceso al hotel eran patrulladas por exmilitares colombianos y salvadoreños que conversaban y bromeaban con acento de *paisa* o de *guanaco* que me resultaban graciosos. Cuando me cruzaba con ellos en el camino los saludaba con un «quiubo huevón». Se quedaban sorprendidos al ver, con mi estatura, tez blanca y cabello rubio, que un aparente gringo supiera saludarlos en la jerga de su casa.

El hotel Palestina fue «el hotel» por antonomasia en las décadas del setenta y del ochenta. Perteneció por muchos años a la cadena francesa Meridien. Aún conservaba un remanente de la primera Guerra del Golfo. El piso del amplio vestíbulo en la entrada estaba decorado con un mosaico que mostraba la imagen de la bandera estadounidense y el rostro de Bush padre. La idea del gobierno de Saddam Hussein era que todos los visitantes del hotel pisaran esos dos emblemas del enemigo de Irak. El servicio era de primera, particularmente en el restaurante, donde servían los mejores platillos de la gastronomía árabe. Una vez que CNN instaló sus propias bases de operaciones en una casa particular alquilada, la cadena contrató un chef jordano que cocinaba tan delicioso que subí de peso. Suena raro: «durante mi cobertura de la guerra en Irak subí de peso». Pero lo absurdo de señalar que se comía delicioso o que subí de peso, así como de escuchar un «quiubo huevón» en plena capital iraquí, forman parte del absurdo que desata todo conflicto bélico.

Veamos. El ejército de Estados Unidos viaja con un Burger King itinerante. En la base de operaciones principal, la llamada Zona Verde, se instalaba un Burger King en toda regla. Los Whopper's que comí en Bagdad en plena guerra están entre los mejores que he comido. Entre los soldados solía escucharse una broma sobre el peso y los desplazamientos: o ganaban siete kilos o perdían siete kilos, lo que dependía de si los ganaban comiendo hamburguesas o los perdían estando en combate. Pero perder o ganar esos kilos no es nada frente a la ilusión de sentirse de vuelta en casa. Quizás así se vencía el absurdo, al menos durante la hora del almuerzo.

«Periodista incrustado». Ese es el término con el que CNN se refiere a los reporteros que estaban cubriendo la guerra de Irak. «Incrustado», una palabra que solo metafóricamente puede dar cuenta de lo que significa cubrir un acontecimiento desde dentro, aunque desde una perspectiva muy difícil de variar. Pronunciarla en voz alta ya tiene visos de broma: «Harris Whitbeck, periodista incrustado». Así se podía dar cuenta de la relación entre el periodista y las fuerzas armadas.

Había entrado a Irak en los primeros días de la guerra, en marzo de 2003. Fui asignado por CNN a una de tantas unidades de avanzada de la Fuerza Aérea, cuya tarea era asegurar y hacer funcional una pista abandonada por las fuerzas iraquíes para que sirviera como base de incursiones de los bombarderos A-10 de la Guardia Nacional de Reserva del estado de Michigan. La misión de estos A-10, conocidos como «destrozatanques», era neutralizar las posiciones de las tropas de Sadam Hussein y así proveer de apoyo aéreo a las tropas terrestres. Mi inclusión en la unidad se logró por medio de un controvertido acuerdo que el Pentágono les impuso a todos los periodistas interesados en cubrir el conflicto. El Pentágono siempre le daría prioridad a los medios estadounidenses y británicos. A fin de cuentas, era su guerra.

La figura del «periodista incrustado» nació institucionalmente en esta guerra, aunque no se puede negar que esa relación simbiótica entre periodista y entrevistado existía desde los inicios del periodismo. De hecho, mi bisabuelo Leonard F. Whitbeck estuvo «incrustado» en las fuerzas del general Robert Crook cuando se enfrentaban al legendario jefe indio Toro Sentado, a fines del siglo XIX, en las Dakotas estadounidenses. No hay periodista de guerra que no se haya movilizado con unidades bélicas, aunque la mayoría de las veces haya sido más con unidades de los ejércitos formales que con fuerzas irregulares.

En Irak un incrustado pasaba a formar parte de una unidad de combate. Se movía, comía y vivía con los soldados. Se enfrentaba a los mismos riesgos que el resto de la unidad, porque durante un operativo se enfocaba exclusivamente en llevar a cabo su misión. Era un arreglo conveniente para los medios porque les permitía mandar a su personal al frente de batalla sin tener que preocuparse por la logística de seguridad, transporte, techo y alimento. Sin embargo, limitaba al periodista porque solo podía ver y comunicar lo que el comandante de la unidad le permitía. El riesgo dependía del tipo de misión que se realizaba.

Mucho antes de la misión con la unidad de «destrozatanques» de la Fuerza Aérea yo ya había caído en cuenta de lo difícil que puede ser practicar el periodismo en un teatro de operaciones bélicas. A veces las personalidades de los compañeros de trabajo son tan estresantes como las mismas condiciones de batalla.

Antes de acompañar a la unidad de la Fuerza Aérea, y al inicio del desplazamiento del contingente de CNN a la región, se me había asignado establecer base y un compás de espera en la frontera entre Turquía y Kurdistán mientras los planificadores del Pentágono decidían lanzar la invasión. Esa región al norte de Irak estaba poblada por el grupo étnico kurdo, enemigos tradicionales del régimen de Hussein. Durante la guerra entre Irak e Irán en 1988 Hussein había atacado a un poblado kurdo llamado Halabja con gas mostaza, o sarín, un agente nervioso que ataca el sistema respiratorio de las personas y provoca una muerte lenta y dolorosa. La ONU estima que al menos 5 000 kurdos murieron durante esos ataques, denominados en conjunto como «la masacre de Halabja». Aunque las relaciones entre los kurdos y el régimen iraquí se habían calmado en cierta medida desde esa época, el Pentágono le apostaba a su natural oposición a Saddam. Por eso el plan inicial de Estados Unidos para atacar Bagdad era realizar una invasión terrestre a través de la frontera turca y luego Kurdistán.

Durante al menos una semana esperé, junto con el equipo de camarógrafos, productores y técnicos, la llegada de los soldados estadounidenses. Se me había asignado un camarógrafo sudafricano blanco que llevaba décadas cubriendo los conflictos del subcontinente. Tenía cerca de 50 años, una mirada fría y actitud desafiante, casi infantil. No habíamos tenido la oportunidad de conocernos, sino hasta que coincidimos en Londres para viajar a Ankara, la capital turca, desde donde nos desplazaríamos juntos hacia la frontera. Nos detestamos desde el primer instante en que cruzamos palabra. Era un personaje burdo y cruento al que lo único que le interesaba era revivir sus días de gloria en África. Hacía comentarios racistas y despectivos y odiaba la idea de tener que trabajar para el servicio en español de la cadena. Yo producía todos mis reportajes en ambos idiomas. Él me veía como un amateur, como alguien que no sabía desempeñarse en historias de importancia global como la que enfrentábamos. Me imagino que por su xenofobia nunca se preocupó por ver la enorme cantidad de reportajes que para esa fecha yo ya había hecho para la cadena desde cualquier cantidad de desplazamientos en toda América Latina y Europa. Intenté de todas formas llevarme bien con él hasta el día en que me dijo que si por alguna razón cayéramos bajo fuego y yo resultaba herido, no dejaría de filmar para ayudarme. Le dije que no se preocupara, que se dedicara a su oficio y que, si se diera el caso, yo sabría cómo cuidarme.

Mal comienzo para una relación de trabajo que implicaría pasar horas, días o semanas juntos, mochila al hombro, y siguiendo de cerca a los soldados estadounidenses en la invasión, intentando conciliar sus imágenes, de una calidad insuperable, con mis guiones que a mi juicio eran lúcidos y también de calidad. El destino, los estrategas del Pentágono y la suerte que siempre me ha acompañado tenían otros planes para mí, lejos de este desalmado camarógrafo que no dudo que me habría dejado desangrar solo en un campo de batalla de Kurdistán mientras, me imagino, filmaba mi lenta agonía salivando de gusto.

Una llamada de teléfono de mi jefe de asignaciones desde Atlanta dio como resultado que, una fría mañana de marzo, me subiera a un vuelo de Turkish Airlines hacia la capital kuwaití para reportarme en la base de operaciones de CNN en ese país. Los planes militares de Estados Unidos habían cambiado. Se decidió que la incursión sería desde Kuwait, donde cientos de miles de soldados estadounidenses y británicos esperaban la orden de avanzar hacia la frontera con Irak desde mediados de febrero.

No volví a ver al insufrible camarógrafo sudafricano en el resto de mi carrera en la cadena, pero después conocería a otro personaje memorable, con más *humanidad* que aquel.

El integrante más importante de la oficina de CNN en Kuwait, el centro neurálgico de todas las operaciones de la cadena en la región, era un pequeño canario amarillo. No tenía nombre, pero un ingeniero encargado de mantener los transmisores del satélite le daba de comer y le hablaba todas las mañanas como si lo entendiera. Vivía en una jaula en medio de la sala de redacción improvisada en el salón de banquetes del hotel Meridien, localizado frente a la bahía de Kuwait. El canario estaba allí como cuando, en los tiempos de antaño, los mineros de carbón llevaban uno enjaulado al interior de las minas para detectar y anunciar con su muerte súbita la presencia de gases tóxicos. Este canario comprado en el bazar de Kuwait City nos alertaría de manera póstuma y contundente sobre la presencia de gases químicos lanzados en misiles desde Irak hacia Kuwait. No muy distinto a aquel taxista de Afganistán en el 2001, que recibió cien dólares para manejar delante de mi convoy sobre una carretera minada para indicarnos el camino más despejado, hasta que explotara, lo cual indicaría que hasta ahí el camino sería «seguro».

El emirato de Kuwait, la principal base de desplazamiento para miles de soldados estadounidenses, era entonces blanco frecuente de misiles iraquíes. No era inusual escuchar las alarmas anunciando el inminente arribo de un misil, proyectiles que eran destruidos por las baterías antimisiles *Patriot* instaladas por Estados Unidos en la frontera entre Kuwait e Irak.

La razón principal que daba Estados Unidos para invadir Irak y derrocar a Sadam Hussein era justamente la presunta fabricación y almacenamiento de armas de destrucción masiva con agentes químicos y biológicos. En ese momento se tenía que tomar en serio la posibilidad de que esa acusación fuera cierta. Eso implicaba, además de tener *mascotas detectoras*, como canarios en la sala de redacción, que todos los que nos desplazaríamos con las fuerzas estadounidenses tendríamos que aprender a utilizar el equipo de protección otorgado por el ejército. Los periodistas teníamos que asistir y aprobar unas prácticas de entrenamiento que nos permitirían actuar en el escenario bélico. Una de esas pruebas consistía en demostrar que se conocía el uso y disposición de la ropa especial de protección si la base era atacada. Tengo que decir que aunque haya cubierto la guerra, reprobé tal prueba.

Pasé toda una mañana en el salón de un hotel aprendiendo a ponerme las botas de hule, los pantalones y el grueso abrigo forrados de una tela hecha con componentes de carbón, guantes de hule y una mascarilla antigás que cubría la cara por completo, pero nunca logré aprobar el entrenamiento. El instructor nos advirtió que desde el momento en que sonara la alarma de un misil, teníamos siete segundos como máximo para colocarnos el equipo protector antes de caer tumbados cual canarios en una mina. Lo más cerca que estuve de esos siete segundos fueron unos tres minutos. Es decir, hubiese muerto unas veinticinco veces si mi vida fuese testaruda y si en efecto los misiles portaban gases venenosos.

En otra ocasión, en el lado militar del aeropuerto internacional de Kuwait, casi muero de vergüenza y no de envenenamiento por gas mostaza al intentar colocarme las botas de hule, solo para que se me quedara trabada una bota en el pie derecho. Tenía que disponer del chaleco, la máscara, los pantalones y las botas especiales, entre otros utensilios, en unos pocos segundos mientras la alerta por ataque de misil retumbaba en el recinto. Pero el tiempo pasó y yo seguía dando saltitos en una pierna para no caerme mientras intentaba calzarme una de las botas. La alarma sonaba con estridencia y yo luchaba con todas mis fuerzas para no tropezarme y caer al suelo mientras los soldados, vestidos y protegidos en un abrir y cerrar de ojos, me miraban entre una que otra discreta carcajada desde el búnker al cual se supone debería ingresar. Luego de un par de minutos la alarma se apagó, se dio la señal del fin de la alerta y yo seguía brincando en un pie frente al refugio. Todos los soldados me miraban como pensando «este está muerto».

Suelo reírme de mí mismo. En ocasiones esta es mi forma de ver la vida, sin que esto le reste gravedad a las cosas con las que me he enfrentado. Y es que esa «falta de seriedad» como diría cualquier abuela, con la que suelo volcarme hacia mí mismo, me ha hecho aprender que las lecciones no se dan, se reciben. Vista así, mi carrera como periodista, y mi vida que también ha estado sujeta a esa mirada curiosa sobre el mundo, la mirada acuciosa que levanta datos para luego ordenarlos y poder dar con alguna verdad, han estado llenas de lecciones.

Y es que mi oficio, mi profesión, es dar con una verdad que no agote la realidad, pero que sea concreta y tangible. Y en esas lecciones aprendidas he dado con muchas verdades que están desparramadas por todas estas páginas. No se imponen, porque si fuese así, no serían verdades; se descubren, emergen, pero requieren indagar, buscar, escuchar, ver. Esas verdades iluminan unos hechos, dan luz sobre acontecimientos y terminan por ser unas verdades reflexivas que se vuelcan sobre mí.

Más tarde, cuando se comprobó que las aseveraciones del presidente Bush sobre la amenaza del equipamiento de los misiles de Sadam con armamento químico y biológico eran graves exageraciones, agradecí al universo por esa suerte que siempre me ha acompañado; y la suerte que acompañó al canario soldado.

Finalmente llegó el día en que mi unidad entraría a territorio iraquí. Una mañana recibí instrucciones de que debía presentarme a la media noche en un hangar del aeropuerto militar de Kuwait. Iría junto a mi nuevo camarógrafo, un chino de casi dos metros de estatura proveniente de la oficina de CNN en Beijing. Allí nos esperaba un C-130 Hércules, esos aviones de cuatro hélices que utilizan diversos ejércitos alrededor del mundo para operaciones tácticas desde la década de 1950. Nos hicieron abordar el avión y sentarnos al lado de varias docenas de soldados que ya estaban en su interior, con los cascos puestos, las botas amarradas, las mochilas de combate llenas y sus rifles M-14 cargados y asegurados.

Mientras tomábamos nuestra posición en el avión, uno de los miembros de la tripulación empezó a entregar bolsas para el mareo a todos los pasajeros. Para evitar ser detectado por radares iraquíes el avión volaría a menos de unos 100 metros de altura, subiendo y bajando conforme cambiara el terreno, con el fin de pasar desapercibido, explicaba uno de los tripulantes. A esa altura y a esa velocidad la turbulencia en vuelo provocada por el choque del calor de desierto con el aire frío del cielo puede hacerle pensar a uno que está adentro de una licuadora.

Sabía que mi destino era la base aérea de Tallil, a unos 160 kilómetros de Bagdad. No tenía la menor idea de qué sucedería cuando bajáramos a tierra al llegar a nuestro destino. El vuelo duró menos de dos horas y, en efecto, fue como estar adentro de una batidora. Me enorgullece contar que fui de los pocos que no usamos la bolsa para el mareo. Esto era un paseo comparado con ir de carambolas dentro de un huracán, hazaña que ya había realizado años antes en otro C-130 frente a la costa este de Estados Unidos.

Antes de comenzar a descender, el piloto del avión prohibió que se utilizara cualquier tipo de iluminación porque el aterrizaje debía realizarse en completa oscuridad, otra estrategia para evitar ser detectados, pero esta vez por parte de efectivos iraquíes que podrían estar escondidos en la base. Sentía la descarga de adrenalina y el pulso acelerado, los nervios de punta, pero estaba feliz. Estaba viviendo lo que soñé en mi infancia y, aunque estaba tenso y alerta, no me sentía dominado por el miedo como me sucedió, dos años y medio antes, durante los días previos a mi desplazamiento a Afganistán para cubrir la primera guerra a gran escala de mi carrera. Ya sabía a qué tipo de situaciones y emociones me enfrentaría y sabía que era más que capaz de dominarlas y utilizarlas a mi favor.

El Hércules aterrizó y se detuvo en medio de una pista abrazada por la oscuridad. No apagó sus motores y, al abrir su enorme compuerta trasera, los soldados salieron corriendo de la aeronave y se esfumaron en un instante en la noche del desierto. El camarógrafo y yo descendimos también, dejamos nuestras mochilas en el suelo y vimos cómo el avión cerró la compuerta, giró sobre la pista y, así como había aterrizado, volvió a tomar vuelo hasta desaparecer en el cielo. Luego volteamos a vernos como preguntándonos «¿y ahora qué hacemos?». Estábamos en la pista de una base aérea iraquí, en plena guerra, a menos de 200 kilómetros de la capital del país. No se veía nada, no se escuchaba nada más que el soplo del viento, no se sentía nada más que la sequedad del desierto nocturno y la arena que salpicaba nuestros rostros. Pasaron varios minutos sin que nadie se nos acercara, así que, sin saber a dónde ir y temerosos de caminar y entrar por equivocación en un campo minado, optamos por sentarnos en la pista y esperar.

Después de unos treinta minutos escuchamos el ruido de un motor. Era el de un vehículo todoterreno que se acercaba con las luces apagadas. Se detuvo frente a nosotros y de su interior descendió un joven oficial estadounidense que se presentó como el enlace de prensa que nos acompañaría durante nuestra misión. Subimos a su vehículo y nos dirigimos hacia un enorme hangar abandonado que la unidad había tomado para instalarse. Adentro había varias carpas y el enlace nos designó la que nos serviría de dormitorio y espacio de trabajo durante los días que estuviéramos allí.

La oscuridad de la noche ya comenzaba a pesar sobre nuestros ánimos. Cuando llegamos al hangar fue como llegar a casa.

No faltará quien se pregunte cómo puedo encontrar humor en algo tan desgarrador como la guerra que se libró en Irak a partir de 2003. Siempre he recurrido al humor autocrítico, pero en el caso de la guerra en Irak, considero que todo lo sucedido allí fue un gran absurdo. Toda aquella movilización, vamos, la guerra misma estaba fundada en una mentira, hoy ya harto explicada, investigada y confirmada. Pero no por absurda es menos peligrosa o trágica. Es una guerra. No tuve la experiencia de ver morir a colegas en sus funciones, pero sé que varios han muerto al cumplirlas. En Irak murieron dos traductores iraquíes que colaboraban con el equipo de CNN. La muerte los alcanzó en Bagdad en una caravana que fue emboscada por insurgentes.

Entre 2003 y 2008 realicé cerca de una docena de misiones que duraban de seis a ocho semanas cada vez que pisaba tierra iraquí. He intentado poner en paralelo esas incursiones con las experiencias que me dejaron, con lo que de una u otra manera viven conmigo desde entonces.

A finales del verano de 2003 ya habían pasado unos meses desde la invasión y yo había ido y regresado de mi casa en la Ciudad de México. Con uno de los traductores, un camarógrafo y un productor egipcio-estadounidense, había llegado hasta Tikrit, de donde era originario Sadam Hussein, para realizar reportajes en una zona que habían tomado los estadounidenses. Estuvimos instalados por unos diez días en uno de los antiguos palacios de una de las hijas del dictador. El palacio había sido convertido en campamento militar estadounidense. A Scotty McWhinnie, nuestro camarógrafo inglés, le gustaba mucho la música y cada mañana, mientras uno de nosotros hacía café, dejaba sonar *What A Wonderful World*, de Louis Armstrong. El traductor, por su parte, ponía *The Scientist*, de Coldplay. Esa música nos decía que la mañana comenzaba para nosotros. Sí, era un palacio, pero no vivíamos en él, solo acampábamos en una de sus terrazas. Cubríamos la guerra en un palacio escuchando a Coldplay y a Louis Armstrong. Bien podría ser otra cara del absurdo, pero este no estaba fundado en una mentira, sino en la vitalidad de las cosas hermosas en medio del sinsentido.

Llegamos a ese campamento improvisado porque yo había establecido una relación de respeto y confianza con un coronel. Prácticamente le toqué la puerta del palacio para presentarme e informarle del trabajo que hacíamos con CNN. A esa base llegarían luego otros corresponsales. Esta unidad fue la que dio con el escondite de Sadam Hussein debajo de la tierra, una especie de cueva unipersonal. Esa imagen fue prácticamente una primicia para CNN porque ya estábamos ahí. Este coronel, de quien siento mucho no recordar su nombre, fue quien nos brindó resguardo porque entendía la importancia de la prensa. Y le debemos habernos resguardado porque, además de que estábamos a solo unos 140 kilómetros de Bagdad, allí estaban enterrados los hijos de Sadam, que habían estado atrincherados en una casa en la ciudad cercana de Mosul hasta que, unos meses antes, en julio de 2003, habían muerto en un feroz combate contra soldados estadounidenses. Bien podíamos haber sido blanco de insurgentes, como cualquiera pudo haberlo sido, pues en las guerras la ira se desata. Las noches durmiendo en aquel escenario no eran fáciles, pero levantarnos con música, preparándonos el café como si estuviésemos en casa, lo hacía más llevadero. Tikrit *era la casa de Sadam* y estábamos en su *casa*. Todos sus habitantes eran familiares de Sadam, una sociedad tribal, endogámica. Nosotros eramos los invasores.

Aunque así lo parezca, no hago las cosas porque sea aficionado al peligro. No es que yo lo busque, sino que me encuentro con él, me inclino a él porque va con mi profesión. Si bien es cierto que produce descargas de adrenalina, esta no es buena consejera. Si no rehúyo el peligro es porque estoy haciendo mi trabajo. No soy una versión periodística de Cool McCool. En el hotel Palestina, donde me alojaba en Bagdad junto a muchos otros corresponsales en los primeros días de la invasión, había muchos contratistas estadounidenses, civiles que realizaban trabajos manuales, mecánicos u obreros, en resumen, la mano de obra que mantiene la infraestructura; la labor de un plomero, por ejemplo, es importante aunque no sea pieza clave para dar con un objetivo militar.

Al caer el sol, justo antes de que cayera la noche, veía caminar por los alrededores del hotel a un estadounidense. Salía a hacer un recorrido caminando con calma, aspirando el aire con actitud relajada, como si estuviese en cualquier ciudad que le permitiese ir por un café... el detalle que hacía la diferencia, no menos significativa, es que lo hacía vestido con un chaleco antibalas, casco, protectores de piernas, que lo hacían verse como un desarmador de bombas. Me decía para mí mismo: «A este tipo en cualquier momento se lo van a echar». Yo no salía a «dar la vuelta». No, no me aboco al peligro.

Meses antes de aquella incursión a Tikrit nos encontrábamos en plena invasión, en marzo, y lo que queríamos era llegar a un «lugar seguro» bajo la noche oscura de Bagdad. A la hora en que llegamos al hangar todos dormían. Al amanecer, y con tan solo un par de horas de sueño, conocí a los integrantes de aquella unidad de la fuerza aérea. Todos eran reservistas, pilotos y equipo de apoyo para los aviones bombarderos de corto alcance A-10 Thunderbolt, que a diario realizaban incursiones sobre posiciones iraquíes. Me interesaba sobremanera entender a estos guerreros, que pasaban los días lanzando ataques y las noches viendo películas bélicas. Sospeché, aunque nadie me lo quiso confirmar, que las películas que estos soldados veían en la noche mantenían sus niveles de adrenalina tan altos como lo necesitaban para lo que tenían que enfrentar.

Una noche me senté con un grupo de pilotos afuera del hangar. Conversaban bajo las estrellas. Todo estaba en calma, en una expectante calma; la constante detonación de las minas terrestres que los equipos encargados de desminar la base encontraban durante el día se había detenido. La escena era tan apacible como puede ser en una guerra: un grupo de compañeros de combate sentados en círculo sobre sillas plegables, bebiendo té y conversando sobre los acontecimientos del día que concluía. Estaban relajados después de haberse bañado en pleno desierto, detrás del hangar, para lo que habían utilizado las botellas de agua Evian que el servicio de apoyo logístico del Pentágono importaba desde Jordania para proveer del líquido a los soldados en el frente. Para este joven soltero que llevaba semanas lejos de casa, la imagen de los combatientes endurecidos salpicando sobre sus musculosos cuerpos el agua cristalina proveniente de los manantiales de Francia, mientras caía el sol en el desierto iraquí, parecía una escena sacada de una película erótica.

Sin embargo, la situación estaba lejos de ser eso, se respiraba la tensión latente. Hasta que estalló de manera inesperada porque fui yo quien la detonó al preguntar respecto a un tema del que *necesitaba* saber, lo cual dio como resultado que el coronel que comandaba la base me citara en su oficina y me advirtiera que me echarían de la unidad si volvía a preguntar algo así.

El error que cometí fue pedirle a un piloto que me contara qué pasaba por su mente al momento de disparar los cohetes de su nave, sabiendo que iban a acabar con la vida de otros seres humanos. Le dije, con todo el respeto, que entendía que guerra es guerra, pero que me interesaba entender el *concepto* como vivencia. Apenas terminé de exponer mi punto cuando el piloto se levantó súbitamente de su silla, se me acercó con gesto amenazante y me gritó enfurecido que no estaba permitido hacer ese tipo de preguntas. Que era una falta de respeto y que él sabía hacia dónde quería ir con ese tipo de cuestionamientos. Me tildó de periodista amarillista, pacifista, casi casi simpatizante de Saddam Hussein. Me dijo que se iba a quejar con el comandante y conseguiría que nos sacaran a patadas de la base a mi camarógrafo y a mí. Después de eso se fue, hecho una furia, sin escuchar las disculpas que le ofrecí en un intento por explicarle que mi única intención era tratar de entender a los seres humanos que operaban esos aviones de combate. Mi camarógrafo y yo, atónitos, intercambiamos una mirada y nos retiramos a nuestra carpa. Quizás ese «única intención» fuese algo mucho más complejo. Me sentí terrible y culpable porque pensé que no había medido mis palabras.

Mi camarógrafo me hizo ver que esos combatientes viven con la adrenalina a tope y están muy enfocados en su misión, y, como es natural, desconfían de la prensa y en general de los civiles que invaden su espacio y que, por lo tanto, es normal que reaccionen de acuerdo con ese estado emocional. Me dijo que a él no le pareció para nada ofensiva la forma en que planteé la pregunta. Al final nos fuimos a dormir sin saber qué esperar al amanecer.

Al día siguiente el oficial de prensa me dijo que el comandante de la base quería hablar conmigo en su despacho. Me dirigí hacia su hangar y entré a la oficina, donde me pidió que me sentara. De una forma cordial, pero fría y distante, me pidió que le contara lo que había sucedido. Le expliqué todo y agregué que nunca fue mi intención ofender a nadie, e insistí en que lo único que quería era entender lo que sucede en el ánimo de sus combatientes, que mi misión era ir más allá de la cobertura obvia de los combates, profundizar un poco más. El comandante me entendió y me dijo que esta vez pasaría por alto el incidente pero que, si volvía a suceder algo así, tendría que salir de inmediato de la unidad. Agradecido, pero firme en mi postura, me despedí.

Ese día era domingo y pensé que sería apropiado visitar al capellán de la unidad para conversar sobre la espiritualidad en tiempos de guerra. Era un pastor evangélico, integrante de un largo linaje de capellanes militares que comenzaron a prestar servicio acompañando a las tropas de George Washington en la guerra de la Independencia a finales del siglo XVIII y que hoy forman un cuerpo especializado de religiosos de distintas denominaciones. Como los periodistas incrustados, los capellanes tienen rango de oficiales no combatientes. (Sí, durante las breves semanas que yo fui periodista incrustado, ostentaba el rango honorario de lugarteniente, oficial no combatiente, que en la práctica no significaba absolutamente nada).

Pero los capellanes sí combatían a diario con las necesidades espirituales de los soldados en sus unidades. Le conté al pastor mis comentarios de la noche anterior que hicieron enfurecer al piloto. El pastor entendió perfectamente que mi pregunta surgía del interés de buscar al humano detrás del arma, pero también entendía la reacción emocional del piloto, su enojo le pareció comprensible. El capellán, como lo hacen los buenos periodistas, pudo ver los dos lados de la historia y, con la sensatez de los hombres de fe, mitigó mi inquietud.

Años después, al escribir estas páginas, me di cuenta de que el incidente que enfureció al piloto y la conversación posterior con su capellán me enseñaron una importante lección sobre la compasión. En su momento, en un intento por justificarme, respondí a la rabia que provoqué explicando mi razonamiento, el porqué de plantear esa pregunta difícil, pero con el paso del tiempo me di cuenta de que debí mostrar empatía ante su reacción. Entender el momento que el soldado estaba viviendo al final de un día en el que había realizado al menos media docena de vuelos de combate, y en el que al cansancio físico se sumaba el hecho de que en algún lugar de su mente estaría cavilando o asimilando los efectos de sus acciones, tratando de *justificar* la guerra con su loable sentido de deber y patriotismo, de que estaba defendiendo a su patria contra lo que él veía como agresores y terroristas. Quizás hasta estaba experimentando cierta culpa, por lo que prefería concentrarse por completo en su misión: destruir posiciones enemigas.

Ponerse en el lugar de otros y recordar que todos estamos librando batallas internas en todo momento es esencial para poder abordar esta profesión con compasión. Eso no significa que se tenga que evitar hacer preguntas incómodas a las personas o no cuestionar a quien se considere debe ser cuestionado. Sin embargo, no se debe perder de vista que es imposible saber qué está pasando en la mente de la *otra persona* ni de dónde vienen sus reacciones, pues es de esta manera como se logra un acercamiento más directo y quizás más profundo entre el periodista y su interlocutor.

Entender a estos hombres y mujeres que están dispuestos a dar sus vidas en la defensa de su país fue otra misión que me encontré en el camino. Ellos, igual que yo, también estaban haciendo su trabajo al pilotar aquellos aviones de combate.

Había entrado la noche de nuevo. Era hora de dormir para poder despertar temprano, bajar de mi habitación a la oficina que CNN mantenía en el primer piso del hotel Palestina y comenzar a leer los cables de agencias y reportes de los colegas apostados en diferentes puntos del país para arrancar con el trabajo del día.

Pero seguía clavado frente a mi computadora, sin poder dormir porque estaba chateando con mi nuevo, misterioso y anónimo ciberamigo. Había pasado todo el día esperando esos mensajes que titilaban seductoramente desde la pantalla. Entablar esa conversación por computadora, por más impersonal que pareciera, me permitía entrar en un intrigante y seductor mundo de fantasía. También exponía a la persona que me lo envió a posibles reprimendas, ya que al chatear estábamos violando una de las reglas de conducta fundamentales de la época dentro de las fuerzas armadas estadounidenses. Para mí no habría mayor problema, era solo un coqueteo virtual a distancia, facilitado por la tecnología y el advenimiento de grupos de chat en uno de los portales de internet que funcionaban en Irak, aun después de la invasión estadounidense de abril de 2003.

Mi misterioso y anónimo interlocutor nocturno era un soldado estadounidense, apostado en una base operativa de avanzada, o FOB, como se les conocía por su acrónimo militar en inglés. En muchas ocasiones las unidades apostadas a las FOB eran las más solitarias y por lo general se localizaban en puntos remotos del país. Mi interlocutor estaba muy lejos de Bagdad y de cualquier otro centro urbano. Lo único que supe era que estaba cerca de la frontera con Irán. Aislado en un remoto destacamento militar en medio del desierto y a su vez dentro de la misma unidad, sin poder compartir con sus compañeros combatientes su verdadero yo porque eso podría exponerlo a ser expulsado del ejército.

En 2003 la política sobre la participación de homosexuales en las fuerzas armadas estadounidenses prohibía que una persona LGTB hiciera pública su orientación sexual. Contar su verdad implicaba ser dado de baja de inmediato. Y decir su verdad en un grupo reducido de soldados, obligados a combatir y vivir juntos durante semanas, abría la puerta a actos de discriminación, hostigamiento o algo peor.

Esa noche la ventana de chat en nuestras computadoras era una ventana de libertad, distensión y relajamiento, la posibilidad real para el soldado de abrirse y conversar sin restricciones, y para mí la oportunidad de hacer un nuevo amigo con quien podía tratar asuntos íntimos y personales que no compartía con mis amigos colegas en el trabajo. En ese entonces yo ya había hablado abiertamente de mi orientación sexual con mi familia, amigos y colegas cercanos. Además estaba trabajando en una empresa que respetaba la diversidad, donde lo único que importaba era que se hiciera bien el trabajo, con sentido de responsabilidad, ética y apego a la verdad. Pero, a diferencia de mis colegas en Bagdad, para mí era prácticamente imposible tener alguna vía para expresar mi sexualidad, convivir con los míos, encontrar un escape temporal de la intensa, y a veces agotadora, realidad que se enfrentaba en la capital de un país en guerra.

Sin conocer nuestra identidad, ni siquiera nuestros rostros, el amigo misterioso y yo establecimos un diálogo esporádico, construido de charlas breves y restringidas por la imposibilidad para abrirnos del todo ante el otro porque ni nuestros nombres podíamos conocer. Aunque el anonimato también nos permitió conversar con libertad, sobre todo de distraernos hablando de cosas que podían ser tan banales como la música pop y el entretenimiento, hasta de opiniones políticas y de temas con matices eróticos cuando insinuábamos deseos que en esas circunstancias eran prohibidos y, por lo tanto, imposibles de hacer realidad.

La relación cibernética duró pocos días porque una noche el soldado dejó de contestar mis mensajes. Nunca supe qué sucedió. Si se aburrió, si un compañero lo descubrió y delató, o si cayó en combate. Pero lo que sí duró toda mi estancia en Bagdad, y aún sigue vivo en mí, es lo que significó ese gesto, ese efímero saludo, abrazo o beso imaginario, que atravesando el desierto iraquí por medio del ciberespacio en aquellas noches calurosas, oscuras y solitarias, juntaba a dos almas que, en medio de la destrucción, la violencia y la muerte, también titilaban en busca de lo más preciado: afirmar la vida y las ganas de vivirla.

El cielo azulísimo y la cal

Viaje a Centroamérica en huracán

Cuando un huracán aparece en los radares estadounidenses, la Fuerza Aérea suele enviar un avión para que se introduzca en él. Una vez dentro lo sobrevuela y lo va cortando en ejes. Desde el avión, en el cual además de los pilotos preparados para las maniobras van científicos, se dejan caer sondas en paracaídas mientras la nave va atravesando las «paredes» de nubes. Estas sondas pueden medir la presión barométrica y la atmosférica, y la temperatura, arrojando datos que permiten de alguna manera comprender el fenómeno y prever —hasta donde sea posible— la forma en que se va a comportar el huracán, su fuerza e intensidad. Yo estuve dentro de uno de esos aviones, dentro de un huracán.

Era el verano de 1993, una de las temporadas de huracanes más activas de la época. Siendo entonces reportero del servicio en español de CNN, le pregunté a mi jefe: «¿Qué tal si me meto dentro del avión para cubrir el huracán?» Se trataba de uno de tantos que chocan con la costa sudeste de Estados Unidos, de una intensidad mediana. Pensé: «¿por qué no, en vez de cubrirlo de la manera habitual, informando sobre las medidas preventivas que estaban tomando los ciudadanos para protegerse de la arremetida de los vientos y reporteando con las palmeras agitándose al fondo, hacerlo desde el huracán mismo?». Me comuniqué con la base aérea Dobbins, en las afueras de Atlanta, y hablé directamente con los oficiales encargados de la misión. Para mi sorpresa me dijeron «¿Por qué no? Vente con nosotros». Entonces estaba en Atlanta y, ante la *invitación*, le pedí al camarógrafo Raphael Rodríguez que viajara conmigo a la base en donde nos esperaba el avión que se introduciría en el huracán.

El vuelo era como uno intercontinental. Duraría unas once horas. El avión era un Hércules C130. La tripulación va sentada a los lados del vientre del avión, sujetos con los cinturones de seguridad, como se puede ver en innumerables películas bélicas. Cuando estábamos por entrar en la zona del huracán —aunque todavía no dentro de él—, el comandante nos dijo que nos sujetáramos bien porque iban a empezar las turbulencias. Lo que se siente en esos momentos es como ir en una montaña rusa, pero con la diferencia de que entre cima y cima —en el trayecto— la cabina tiembla incesantemente. Los tripulantes iban adormecidos mientras mi camarógrafo y yo nos sujetábamos a todo lo que estaba a nuestro alcance.

Debíamos atravesar una «pared» interior para poder llegar al ojo del huracán. Atravesamos la pared y la calma era de vértigo: sobre nosotros veíamos el cielo de un color azulísimo y debajo el mar claro. Las sondas cayeron justo cuando pasamos por la peor de las turbulencias, pero aquello no acababa ahí. El avión seguía rebotando en cada pared del huracán para dejar caer las sondas, como si se tratase de una jugada de billar, y de nuevo las turbulencias y de nuevo la calma. Y así durante unas once horas.

Claro que podría llegar a acostumbrarme, o al menos las turbulencias se hacían regulares. Pregunté si podía entrar a la cabina de los pilotos y me dijeron que no había problema, pero que me sujetara mientras avanzaba y lo hiciera de inmediato al estar dentro. Así lo hice. Los pilotos eran dos oficiales jóvenes, de unos treinta años. Por las ventanillas se podía ver cómo las alas se batían como si fuesen de hule mientras los pilotos conversaban de cualquier trivialidad. Para mi asombro, cuando volví al vientre del avión me encontré que incluso mi camarógrafo se había quedado dormido. Luego de tantas horas hasta la tranquilidad de la tripulación se vuelve contagiosa y estar dentro de un huracán pasa de ser algo de qué asombrarte a simplemente «estar» en él. Una de las cosas que aprendí en ese vuelo es saber todo lo que un avión es capaz de soportar. Este era un Hércules C130 que había sido construido en los años cincuenta y que tenía la capacidad de aguantar honorablemente las sacudidas de un huracán.

Y también aprendí que el miedo es domesticable. Es cierto que al estar en situaciones extremas —como estar dentro de un huracán— enfrentándote al peligro de morir, surge un impulso que te anima a jugártela, y la recompensa no es solo el espectáculo de una naturaleza que desborda la capacidad de asombro, sino también el descubrimiento de lo que uno es capaz de enfrentar. Pero hay que tener cuidado, no basta con esto para creerse una persona valiente: son las acciones y sus consecuencias, los resultados, los que hacen la distinción entre la valentía y la temeridad. Me enfrenté al miedo y salí bien librado. Suelo repetir una frase puntual sobre el miedo: es un vacío de información. El vacío tiende a llenarse con información, pero si no la hay, de lo que se llena es de miedo. Aunque este también puede ser un gran aliado al mantenerte alerta. Una de las cosas a las que más se les teme es la muerte, un temor que se debe al gran vacío de información al respecto. Pero más que miedo al acontecimiento de la muerte, lo que se le tiene es respeto por sus efectos sobre los que siguen vivos.

Con los años la temeridad dio paso a la prudencia, pero nunca sentí miedo a volar. Los aviones y todo lo que tiene que ver con la aviación siempre me han fascinado, pero en esta ocasión, años después del vuelo en el ojo del huracán, iba a realizar un vuelo diferente. Uno que me llevaría a enfrentar la tragedia, a condiciones duras, a vivir momentos desgarradores, a documentar sobre el hambre, la desolación y las pérdidas. No temo volar dentro de un huracán, temo lo que encontraré al aterrizar por donde ha pasado.

No hay calma. No hay cielo azulísimo ni mar claro.

Una madrugada gris y lluviosa de octubre de 1998 me subo a un avión en la Ciudad de Guatemala. Es la segunda escala del viaje a Centroamérica desde mi casa en la Ciudad de México. Las nubes son bajas, hay neblina, la pista del aeropuerto está húmeda. La lluvia no ha cesado en varios días. Estoy levemente ansioso ante la idea de tomar un vuelo en condiciones climáticas adversas. Los reportes de severos daños causados por el paso del huracán Mitch sobre el istmo centroamericano son el motivo por el que me encuentro en ese avión. Voy a Tegucigalpa, la capital hondureña, para cubrir el que resultaría uno de los desastres naturales más devastadores de aquellos tiempos.

El avión que a diario cubre la ruta de Los Ángeles, California, a las capitales centroamericanas despega a la medianoche para sobrevolar los cielos mexicanos en su ruta hacia el sur. Los pasajeros, en su mayoría centroamericanos inmigrantes establecidos en Estados Unidos, regresan por temporadas a ver a familiares en su tierra. El avión hace varias escalas, aterriza primero en Guatemala, bajan algunos pasajeros y suben otros antes de continuar al siguiente destino en el istmo.

Cuando el vuelo arriba a Guatemala a las seis de la mañana, los pasajeros llevan cinco horas de viaje. Aquellos que siguen en el avión porque su viaje es largo van trasnochados, malhumorados y hambrientos. Algunos se estiran un poco para espantar el sueño, una mujer hace intentos para que su niño deje de llorar, otro pasajero le pide un vaso de agua a un sobrecargo que lo atiende con indiferencia. A mi lado, un muchacho hondureño ocupa el asiento de la ventana, que mantiene con cortinilla cerrada y en la cual apoya su cabeza rapada mientras duerme sin darse cuenta de que el avión, en el que lleva horas, se ha detenido para recibir más pasajeros, entre ellos yo, su nuevo vecino de asiento.

El avión toma pista y despega, moviéndose como una batidora entre el viento y la lluvia, corta las nubes grises a medida que toma altura. El huracán lleva días estancado sobre la región, descargando toneladas de lluvia sobre las colinas y laderas de esta zona montañosa y volcánica.

Anuncian el inminente aterrizaje en el aeropuerto de Tegucigalpa, el joven a mi lado sigue dormido. Una sobrecargo le pide que por seguridad abra la cortinilla de su ventana, con una voz que denota nerviosismo a pesar de que, como profesional de la aviación, está entrenada para disimular cualquier sobresalto. Esa pista es una de las más inseguras del mundo porque es corta y los aviones tienen que realizar su aproximación pasando entre dos grandes montañas ubicadas en uno de los extremos. Realizar esa maniobra bajo la lluvia y fuertes vientos la hace aún más peligrosa. La mayoría de los pasajeros se muestran nerviosos y estoicos a la vez, una actitud propia de quienes han vivido mucho y la vida les ha enseñado que ante lo inevitable lo mejor es resignarse.

Aterrizamos sin mayores contratiempos, salgo del avión y me apresuro con mi camarógrafo Iván Torres y mi productora Mercedes Vargas-Lugo para dejar atrás la terminal aérea y encontrarnos con el chofer local que nos asignaron. Conduce con celeridad bajo la lluvia incesante un todoterreno lleno de diésel, comida y botellones de agua potable. Tomamos el camino hacia el improvisado campamento de refugiados que ha acogido a cientos de familias que perdieron sus casas en uno de los tantos deslaves provocados por el paso del huracán Mitch sobre el norte de Honduras.

Cubrir historias de desastres naturales ya no era nuevo para mí en aquella fase de mi carrera, a finales de la década de los noventa. Mi primer trabajo como reportero fue en 1986 para un canal local de televisión en la Ciudad de Guatemala. De golpe me enfrenté a un sinfín de tragedias causadas por los fenómenos naturales y exacerbadas por las condiciones socioeconómicas de mi país. El noticiario para el que trabajaba se llamaba *Siete Días*, y cuando apareció causó revuelo por la frescura con la que abordaba los informes, la innovación en el manejo de imágenes y la juventud de los periodistas que cubrían el acontecer nacional.

Tenía 21 años cuando me contrataron como reportero de calle, recién salido de la universidad, recién regresado a Guatemala después de cinco años de estudios en relaciones internacionales y periodismo en Washington y Nueva York. Comencé a trabajar lleno de entusiasmo y con la arrogancia de un joven privilegiado enviado a algunas de las mejores universidades del continente y preparado por la mejor educación privada que el país podía ofrecer. Tanto la soberbia como la seguridad artificial que brinda el crecer con privilegios en un país con desigualdades se derrumbarían de un solo golpe en mis primeros días de trabajo.

Las épocas de lluvias son largas e intensas en el istmo centroamericano. Su posición geográfica en el trópico hace que confluyan corrientes que causan el desarrollo de depresiones tropicales. Cuando esas condiciones del clima se combinan con lo accidentado del terreno y la precariedad en la que viven millones de personas en pobreza extrema, los efectos del clima se recrudecen de manera implacable.

Una de esas primeras tardes de trabajo en *Siete Días*, el jefe de asignaciones me ordenó cubrir la inundación de un barrio pobre. Un vecindario entero de casas de cartón y adobe estaba bajo el agua. Después de días de lluvia el nivel del agua ascendió de forma súbita y la zona quedó sumergida. Solo se veían los restos de casas de adobe y gente metida en el agua buscando lo que quedaba de sus pertenencias. Me metí de lleno en la inundación. Iba siguiendo al camarógrafo que, sospecho, quería ver si este novato con ropa de marca se atrevería a ensuciarse las manos y ponerse a trabajar. Lo seguí porque en ese momento me di cuenta de que si no lo hacía, jamás me ganaría el respeto de mis colegas, y también porque quería entender lo que estaba sucediendo. Quería entender, acercarme a la vivencia, a sentir qué se siente al estar rodeado de agua y haber perdido todo.

Casi vomité al ver flotar frente a mí una rata muerta, pero me armé de valor para llegar hasta donde estaba una mujer de mediana estatura, piel morena, y el cabello recogido y desordenado, de pie sobre un pequeño montículo de tierra. Estaba llorando desconsoladamente y retorciendo entre sus manos un delantal de colores que, aunque empapado y lleno de lodo, aún mostraba algunos destellos de lo colorido de su diseño. Cuando le pregunté por qué lloraba, me dijo que se le había perdido su hija de siete años. «Se la llevó la corriente», gritaba desesperada, «y no sé dónde está».

Comencé la entrevista frío y parco, como todo un profesional, siguiendo los protocolos académicos aprendidos. «¿Dónde estaba usted cuando se le perdió? ¿Cómo se le perdió?» Entre sollozos me dijo que estaba con la niña en el zaguán, afuera de su casa porque tenían miedo de que se derrumbara. Que la tenía agarrada de la mano y estaban tratando de abrigarse y protegerse de la lluvia cuando una corriente de agua pasó frente a ellas, le arrancó a la niña de las manos y se la llevó arrastrando, como si fuera un trozo de madera o un escombro más. La mujer no paraba de sollozar, desesperada porque no encontraba a la pequeña, mientras yo preguntaba y preguntaba, manteniendo la distancia objetiva y gélida que me había inculcado la escuela de periodismo.

Sin embargo, mientras el camarógrafo hacía tomas adicionales de la escena, yo seguía viendo llorar a la mujer desde una distancia prudente, observando su expresión deformada por la desesperación y a sus vecinas intentando consolarla mientras esperaba saber algo de su hija. De golpe me invadió un pensamiento que hasta la fecha me llena de vergüenza: «Esta gente también llora», pensé. Sienten las mismas emociones que siento yo, que sienten mis padres y abuelos, mis amigos y maestros.

Me avergoncé al caer en cuenta de que durante las primeras dos décadas de mi existencia estuve convencido de que mi condición de vida era la condición universal, totalmente desvinculado de la realidad de los demás, cerrado a la idea de que todos los humanos sentimos, lloramos, nos enamoramos y reímos. Fue una dura lección que me enfrentó de golpe a la realidad, a la miserable precariedad en la que vive la mayoría de la gente en Guatemala. A la fragilidad de la vida, que se recrudece aún más cuando se vive en extrema pobreza. Los momentos límite de los que fui testigo me hicieron ver que hasta entonces estaba incapacitado para reconocer la humanidad en otros, a darme cuenta de la *frialdad* y la falta de conciencia con la que veía las cosas.

Años después, en el asiento trasero de un todoterreno, camino a un campo de refugiados en Honduras, recordé aquel momento en Guatemala y pensé que nada había cambiado en la región, que seguía imperando la precariedad y miseria de la que antes había sido testigo, la cual desgarraba la existencia de muchas personas. Al menos ahora la frialdad y el desapego ya no habitaban en mí.

El campamento improvisado estaba a las afueras de Tegucigalpa, en un terreno baldío lleno de lodo y basura. Familias enteras se refugiaban en pequeñas carpas de lona negra para protegerse de la lluvia bajo el calor húmedo. Todo olía a sudor y a suciedad, y al humo de un fuego de leña que servía para calentar arroz y frijoles. Entre los riachuelos que se formaban por la lluvia había perros sin amo corriendo de un lado a otro, y las personas estaban sentadas bajo los techos de lona, viendo caer el agua y a sus niños llorando.

Me acerqué a una señora joven que tenía tomada de la mano a una niña que no tendría más de ocho o nueve años y le hice la entrevista de rigor. Le pregunté dónde vivían, qué había sucedido y cómo fue que terminaron refugiadas en aquel sitio infernal. Terminada la entrevista me dirigí a la niña y le pregunté cómo se llamaba, cómo estaba y qué quería ser cuando fuera grande, la pregunta natural que cualquier adulto le hace a un niño; y ella, orgullosa, me dijo que quería ser doctora en medicina para poder ayudar a su pueblo. La señora me dijo que la niña era su hija y que siempre decía lo mismo, que desde muy temprana edad tenía claro que iba a ser médico para ayudar a los demás.

Terminadas las entrevistas nos dirigimos de nuevo a Tegucigalpa y al hotel donde nos hospedábamos, en donde comenzaría a preparar mi reportaje. Cuando íbamos por el centro de la ciudad vi una juguetería abierta y le pedí a nuestro chofer que se detuviera. Encontré un juego de médicos: una caja de cartón envuelta en celofán que contenía un estetoscopio, un martillo, bisturís de cirugía y jeringas de plástico coloridas. La caja del juego mostraba la imagen de dos niños rubios sonrientes vestidos de médicos atendiendo a otro niño que se suponía era el paciente.

Con el juego en las manos regresé al campamento de refugiados, al mismo lugar donde había dejado a la niña con su madre, frente a la carpa de plástico negro que tenían asignada. Le entregué la caja a la niña diciéndole que era para que comenzara a practicar, porque llegar a ser médico requería mucha dedicación y esfuerzo. Y le dije que cuando regresara en un futuro a su país, si me tocaba ser paciente de un médico, esperaba que fuera ella quien me atendiera. Sabía que había cruzado una línea al involucrarme con mis entrevistadas, pero no me importó. También sabía que había hecho lo correcto y que, aunque ese juego de médicos no le iba a solucionar sus necesidades inmediatas, abriría una pequeña ventana de esperanza de que su futuro sería más promisorio. En ese gesto, aparentemente inútil, quedó concentrado el momento en que reconocí que los otros eran tan humanos como yo. El camino hacia ese reconocimiento es el que me motivó a hacer el viaje interior del que intento dar cuenta en estas páginas.

Después de varios días en Honduras me ordenaron trasladarme a Nicaragua, donde el huracán Mitch había sido aún más devastador. Cuatro días de lluvias incesantes habían desestabilizado la tierra a tal grado que el costado sur del volcán Casitas, localizado a unos

100 kilómetros al noreste de Managua, se había desmoronado por completo. Un enorme deslave arrasó las pequeñas comunidades de El Porvenir y Rolando Rodríguez, donde vivían unas dos mil personas.

En El Porvenir conocí a Rosa María Hurtado, quien todavía tenía su pequeña casa en pie, aunque era lo único que le quedaba, pues ese día perdió a tres hermanas y nueve sobrinos, que fueron arrastrados por el río de agua y lodo que devastó a la comunidad. Rosa María me contó que le quedaban cinco sobrinos, algunos de los cuales estaban internados en el hospital de Posoltega, a unos 20 kilómetros de distancia, hacia el cual emprendimos el viaje por un camino largo y tortuoso.

Tramos enteros de carretera habían desaparecido bajo el lodo, y solo porque nuestro chofer conocía muy bien la zona podíamos avanzar entre el fangal y los escombros. A la distancia, al lado de la carretera, se veía pequeñas humaredas. Eran los equipos de sanidad pública que utilizaban lanzafuegos sobre los cadáveres de las víctimas que encontraban en su camino. Los muertos eran tantos y las condiciones tan extremas que era imposible sepultar los cadáveres, así que las autoridades recurrieron a la incineración para evitar la propagación de enfermedades infecciosas.

Años después, mientras cubría otro desastre natural, aprendí que la creencia de que los cadáveres pueden ser focos de infección era un mito. Los protocolos de atención en áreas de desastre del Comité Internacional de la Cruz Roja indican que es más urgente atender a los sobrevivientes de un desastre que deshacerse de los cadáveres, que aunque requieren un trato digno, no son focos de infección; por lo tanto, pueden pasar a segundo plano en la lista de prioridades.

El humo era el indicador, la equis del mapa. Nos dirigimos hacia él para grabar unas imágenes. Íbamos despacio caminando entre el lodo, cuidándonos para evitar resbalar. Yo pisaba con cuidado, mirando hacia abajo; de pronto encontré frente a mis pies la silueta de una persona plasmada en el suelo. Era de color gris y estaba salpicada de polvo blanco. El polvo no escondía del todo la figura de un ser humano tirado en el suelo. Eran los restos de una persona dibujados con la ceniza y la cal que le echaron encima como medida sanitaria.

Mientras Iván Torres, mi camarógrafo, grababa detalles, comencé a estructurar el guion del reportaje de ese día, que comenzaría con la imagen de la silueta en la tierra. Con la experiencia se afina el instinto para reconocer en una imagen lo que podría conjugar el acontecimiento.

Ese *doblez* de la mirada sobre los hechos, y también sobre lo que puede transmitirse, se quedaría conmigo el resto de mi carrera. Es como si tomara un fragmento de una realidad que no es posible abordar en su totalidad e intentara concentrarla toda en él. En este caso el trozo era la muerte silueteada con cal.

Antes y después de la muerte emergen el drama, la tragedia, la tristeza, la pérdida, el dolor, el desgarramiento. Es respeto a lo que irradia la muerte, más que temor por ella. Y no suele decirse, pero yo le tenía asco a la muerte. En enero de 1999 me tocó cubrir el terremoto de Armenia, en Colombia, acompañado de mi productora Ingrid Arnesen, una veterana con cualquier cantidad de guerras y desastres naturales en su haber desde que inició su carrera en la década de los setenta, y el camarógrafo Alfredo de Lara, un risueño cubano-estadounidense cuya jovialidad delataba un temple enorme frente a la adversidad. En plena tragedia vimos a un hombre que buscaba a su sobrino. Lo entrevistamos y mientras los rescatistas hacían su trabajo dieron con él entre los escombros de un edificio. Estaba muerto. Ingrid, Alfredo y yo concordamos de inmediato: «Este es el reportaje, esta es la nota del día». Estábamos junto al hombre y el cadáver del sobrino. El hombre consiguió una *pick-up* para trasladar el cuerpo del sobrino y poder llegar a la morgue improvisada en una carpa donde estaban los voluntarios, la Cruz Roja y otros funcionarios. Yo no quería subirme a la camioneta junto al cadáver y me avergüenza decirlo, pero no lo hice. Me escondí. Le dije a mi camarógrafo que se subiese él y que nos encontraríamos allá, en la morgue. Yo me fui caminando entre los escombros.

Alfredo había levantado las imágenes. Se encontraba en la morgue. Y yo no pude entrar. El olor de la muerte me sacudió, me venció el asco. Vi salir a un médico vestido con una bata blanca y guantes, se le veía cansado. Recuerdo que era muy guapo, y lo hago porque es en esos momentos cuando uno busca reafirmar la belleza de la vida. Lo veo que se quita los guantes, busca un cigarrillo, lo enciende y se relaja. Ese «alejarse» de la muerte, esa pausa es propia en situaciones límite. Creo que sintió que lo observaba porque cruzamos miradas y fue como reconocernos vivos. En la mirada compartida se daba la vida en contraste con la mirada apagada de los muertos. También el asco —como el miedo— termina por ser domesticado. Del cadáver de una rata al de un ser humano media un abismo.

Contar la historia de un hombre que busca a su sobrino y lo único que logra es rescatar su cuerpo sin vida fue la manera que encontramos para poder transmitir la fuerza destructiva del terremoto. Le dimos rostro, hicimos la catástrofe personal. Y eso es lo que suelo hacer: concretar, ver a la persona, y verla ante una naturaleza portadora de una fuerza destructora implacable y a la vez portadora de una fuerza dadora de vida inacabable. Y el ser humano ahí, en ella.

Enfocado en el proceso editorial, y bajo la presión de una hora específica de entrega del reportaje vía satélite, no me detuve a reflexionar sobre la crudeza de lo que tenía frente a mí y sobre la *indiferencia* con la que abordé todo aquello. ¿O sería la perplejidad, que evitaba que cayera en cuenta realmente de lo que sucedía a mi alrededor? Horas después, al ver el reportaje al aire, vi que la decisión de utilizar aquella imagen potente de cal y desolación sobre un terreno baldío de Nicaragua había sido la correcta. No por el impacto mismo, sino por la fuerza que tenía para transmitir la desesperación que se descubría en esas medidas drásticas. Los equipos de sanidad tuvieron que recurrir a ellas por la falta de recursos para ser más efectivos de la manera más humana posible ante la desgracia.

Esa tarde llegamos al hospital de Posoltega. Enfermeros y médicos abrumados por la cantidad de víctimas nos dejaron pasar al área de recuperación para entrevistar a sobrevivientes. Allí conocimos a Bayardo Sandoval, un joven de 17 años oriundo de la aldea el Porvenir, agricultor de profesión.

Bayardo estaba recostado en una cama del hospital, su cabello negro y rizado contrastante con las sábanas blancas y su almohada. Su rostro de piel morena, dominado por grandes y expresivos ojos cafés, proyectaba una mirada tanto distante como desafiante. Nos contó que el día del deslave se encontraba en casa con su madre cuando escucharon el estruendo del río de lodo que comenzó a bajar del volcán. Él y su madre iban saliendo de prisa de su casa justo cuando el lodazal lo arrastró, ella gritó desesperada. Bayardo logró sujetarse al tronco de un árbol que flotaba a su lado y así fue arrastrado varios kilómetros de distancia, que le parecieron interminables, hasta que llegó a un sitio donde lo rescataron y lo llevaron al hospital. Sus heridas fueron leves, mas no así la pérdida, que fue devastadora. No tenía idea de dónde podía estar su madre, su única familia. Sin embargo, su voluntad era de hierro, estaba determinado a salir adelante, con absoluto estoicismo.

En mi reportaje de ese día destaqué la historia de Bayardo, de cómo aquel joven de tan solo 17 años, convertido en adulto de un minuto a otro, mientras era arrastrado con furia por aguas turbulentas, estaba determinado a recuperarse, conseguir trabajo y dedicarse a buscar a la madre de quien la naturaleza lo separó. No claudicaría hasta encontrarla. Estaba seguro de que estaba viva, así lo afirmaba con actitud serena. Bayardo, solo en aquella cama de hospital, sabía que algún día se volvería a encontrar con la única pariente que le quedaba en el mundo.

El reportaje sobre Bayardo le dio la vuelta al mundo en dos idiomas. La versión en inglés se repetía en cada noticiario de CNN Internacional. Días después de transmitirlo, la cadena recibió un mensaje de un televidente en Hong Kong que lo había visto y, conmovido por su historia, quería hacer contacto con él para ofrecerle ayuda, e incluso adoptarlo y llevarlo a vivir con su propia familia. Iván Torres, el camarógrafo con quien trabajé ese reportaje, hizo de enlace entre el televidente y la oficina de la Cruz Roja en Nicaragua, que mantenía listas con los datos de los refugiados y desaparecidos. Durante los siguientes meses se realizó un proceso exhaustivo de investigación para determinar que Bayardo realmente estaba solo y que, aunque fuera menor de edad, podía ser adoptado. Fue durante ese proceso de investigación que el joven se reencontró con su madre.

El día del deslave —horas después de que Bayardo desapareciera en un río de lodo— la madre fue rescatada y enviada a un campamento de refugiados en el sur del país, lejos de la zona del desastre. Durante varias semanas se resignó a la idea de que su hijo había muerto, segura de que era imposible que sobreviviera a la violenta corriente que se lo llevó. Vivía en aquel campamento, sola, sin saber qué le deparaba el futuro. La Cruz Roja, al combinar información entre los distintos hospitales, campamentos de refugiados y hogares temporales para las víctimas del Mitch, descubrió que la madre de Bayardo estaba viva y reunificó a la familia.

Es raro encontrarse en una situación en la que se cae en cuenta del impacto positivo que puede traer consigo el hecho de contar este tipo de historias. Cuando ocurren, le dan todo el sentido al esfuerzo que se realiza para ordenar, procesar, construir una narrativa elocuente y transmitir la información a los demás. Y casi siempre son los más afectados, las víctimas de los desastres, quienes dejan las más conmovedoras lecciones sobre la resiliencia del espíritu humano en las situaciones más difíciles.

Creo recordar que un personaje de una de las novelas de Saul Bellow, pasajero en un avión, decía que él era parte de la primera generación que podía ver las nubes desde abajo y desde arriba. Desconozco si soy parte de la primera generación que puede ver un huracán desde tierra, desde el aire y desde adentro. Pero es un hecho que he podido experimentar la calma y la belleza interior de algo tan destructivo cuando toca tierra y revuelve la vida hasta el desastre. Por momentos, al estar en aquella suerte de camino entre el cielo y el mar, se puede perder de vista que un fenómeno natural puede desatar tanto dolor. Esa misma perplejidad se puede suscitar ante los caminos impensables que se abren paso entre el oficio del periodismo, un oficio cualquiera, y una vida que da un vuelco hacia la alegría, hacia el reencuentro, hacia la esperanza. A veces podemos reconciliarnos con la vida luego de las desgracias. La silueta de cal quizás traza otro mapa en el que no solo se dibuja una pérdida, sino que, por rutas ocultas, conduce a celebrar la vida.

Involucrarme no es una decisión que tomé ante los hechos, no; decidí hacerlo desde el mismo momento en que quise ser periodista. Una vez que mi trabajo está hecho, me toca regresar a casa. He tenido la suerte de poder hacerme de un lugar en Guatemala, frente al lago de Atitlán, con el imponente volcán San Pedro al fondo. En medio de la reconfortante naturaleza me siento en paz, pero yo sé de lo que ella es capaz, así que, más que idealizarla o atribuirle la serenidad de mi ánimo como un romántico, prefiero respetarla.

La naturaleza te recuerda constantemente tu lugar, y estoy seguro de que mi manera de abordar el oficio de periodista está relacionada con mi actitud ante ella. Para mí la noticia es el efecto que la naturaleza tiene sobre la gente. Es como identificar el *lugar* que ocupa la persona, es decir, si *el lugar* que la realiza como persona ha sido violentado o sacudido. Ese *lugar* puede ser de orden material o emocional.

La presión barométrica, la velocidad o temperatura de un huracán, son datos que pueden ser relevantes, pero lo que realmente importa es documentar las consecuencias que ese huracán tuvo o tendrá en las vidas de los seres humanos, he ahí el objetivo del periodismo. Y yo las vivo con la gente, pero claro está que lo hago de manera distinta porque no las padezco. Me compadezco de quienes sí lo hacen. Vivo esas diferencias de acuerdo con eso a lo que se le suele llamar «conciencia de clase», intentando tener un referente de las injusticias. Sé que hay una línea delgada entre los privilegios, las diferencias, las desigualdades, los resentimientos y la culpa. Cuando me compadezco de los desfavorecidos, lo hago porque sé que son ellos quienes sufren más cuando llegan los desastres. Mi oficio periodístico expone esa realidad para que aquellos que pueden intervenir para cambiar el estado de las cosas lo hagan. Ese es mi trabajo. Y no siempre he encontrado afinidades con respecto al oficio periodístico en mi propio campo.

Una vez, cuando llegué a vivir a México, un periodista mexicano me llevó comer a una taquería popular. Como decía una amiga cuando estas cosas podían decirse, ese día comí aquellos tacos «como si fuese un pelón de hospicio», estaban deliciosos. Cuando terminamos, mi amigo me dijo: «Te traje aquí para que sintieras la raza». Hay quienes viven las diferencias de esa manera, comparándose con los otros como si no supiesen manejarlas. Somos privilegiados quienes sabemos que, una vez que hemos cubierto la noticia, volvemos a las comodidades materiales de nuestro modo de vida.

Cada situación tiene sus propios dramas. Cuando cubría aquella inundación en mi primer día de trabajo en el noticiario local en Guatemala, me vi en la necesidad de ir a un barrio pobre inundado e introducirme al agua, que me llegaba un poco más arriba de la cintura, y de soportar el olor a podredumbre y a muerte. Mi camarógrafo se metió al agua con la cámara al hombro y sé muy bien que estaba poniendo a prueba mi arrojo. Fue entonces cuando vi aquella rata muerta flotando a pocos metros de mí, una imagen que soporté gracias a mi arrojo, pero no era lo mismo para quienes padecían los embates de la naturaleza, para ellos era una señal de su desgracia. Y sí, incluso para mí era una muestra de las condiciones en que vivía aquella gente, en medio de las cuales estaba inmerso en ese momento. Esa rata significaba muerte, enfermedad, suciedad, miseria. A eso me refiero cuando hablo de «desigualdades». Yo abandonaría aquel lugar, echaría a la basura los pantalones y el resto de la ropa. Esa rata muerta nunca llegaría a mi casa.

Esa imagen especular da cuenta de mí. Y es cuando me digo a mí mismo que debo estar agradecido. Creo que la honestidad del periodista viene de la transparencia. Yo no llevo mis privilegios con complejos. Y cuando hablo de ellos no pasan de ser una suma de comodidades materiales y económicas. Como periodista, así como me compadezco del sufrimiento de otros, también tengo la necesidad —y vaya si es grato saberlo posible— de tomar distancia ante los dramas que frecuento. Y esto no desestima, no desmiente la sinceridad con la que abordo el sufrimiento de otros. Por lo general quienes tienen menos recursos para enfrentar esos sufrimientos son los pobres, por eso le temo a la pobreza, porque sé lo difícil que puede ser la vida. No idealizo la miseria, sin embargo, tengo que señalar que he visto a gente que está en la miseria más absoluta y aun así sonríe a la vida. Ese gesto de vitalidad y amor es sorprendente.

En las zonas afectadas por el Mitch en Nicaragua, sobre la carretera que sale de Masagua, me encontré con una familia entera que huía de lo que quedaba de su comunidad. La mujer, que me imagino que era la madre y líder del grupo, iba arrastrando un carretón de bueyes en el que llevaba todas sus pertenencias y a sus hijos pequeños. La mujer *hacía* de buey. En mi impertinencia juvenil y reporteril me puse a hacerle muchas preguntas. De pronto, sin detenerse, de manera parsimoniosa, y con la claridad del cielo —como si ella misma fuese el centro de un huracán—, me dijo: «Aquí me tiene, jalando la carreta, y jalando la carreta saldremos adelante». Esa resiliencia redunda en dignidad.

Así que cuando miro atrás, lo que veo es que en medio de las desgracias, las tristezas, las pérdidas, el dolor y el sufrimiento, siempre hay destellos de luz; por lo tanto, me he apoyado en esa idea para vivir y ejercer mi oficio. Algunos dirán que esas experiencias han encallecido mi alma, pero es todo lo contrario; la han abierto, ensanchado y, ojalá, ennoblecido.

La Guerra Fría y unos pequeños grandes objetos

Viaje a Moscú entre rusos y soviéticos

La pluma con la que Gorbachov firmaría los documentos que desmembrarían la Unión de Repúblicas Socialistas Soviéticas no tenía tinta.

El día de Navidad de 1991 era oscuro y frío en Moscú. Así deben de haber sido todos los inviernos soviéticos. El sol se había puesto a las cuatro de la tarde. Tan solo se habían tenido siete horas de una luz débil. La temperatura se mantenía en los siete grados bajo cero. Sin embargo, hacia el mediodía, cuando el sol hizo una tibia aparición entre la bruma y las nubes altas del cielo moscovita, se elevó a cero grados y se empezó a sentir cierta calidez. La naturaleza suele manifestar cambios más profundos que solo los climáticos.

Esas circunstancias obligan a asumir una mirada sobre la realidad. Para un joven corresponsal de Centroamérica que vivía en

Atlanta, la estancia en aquel Moscú helado era excitante. El frío que nos emocionaba daba paso a otro fenómeno al que no estamos acostumbrados: la caída del sol al comienzo de la tarde.

Volamos desde Atlanta con escala en Fráncfort y luego a Moscú. El vuelo aterrizó al filo del mediodía, y como aún no pasaba nada, —se esperaba que pasase—, lo que había era una tensión expectante en el ambiente. Junto a un productor fuimos a las oficinas de CNN, nos reportamos con la base en Atlanta y después nos fuimos a descansar. Yo me fui a dormir porque creí que ya era de noche, como le pasa a un loro tapado o a los pájaros en un eclipse. Me desperté a eso de las siete y no entendía qué estaba sucediendo.

A eso me refiero cuando doy cuenta de esos datos que parecen superfluos o al margen de los acontecimientos. Ya eso es en sí un acontecimiento que condiciona la mirada o la experiencia. Aunque estuve la mayoría del tiempo en las oficinas, la naturaleza se colaba, se manifestaba en el frío, en la caída del sol, en la llegada prematura de la noche. En mi trabajo el encuentro con la naturaleza es una constante; puede ser hostil o acogedora, pero por lo general tiene un impacto sobre mí. Las calles de Moscú se veían como una especie de ensoñación. Los desplazamientos por la capital estaban a cargo de un chofer ruso asignado a los corresponsales. Llevaba yo tres días en la ciudad del Kremlin, a donde había arribado como parte del contingente de 75 periodistas, productores y técnicos que CNN había enviado para cubrir la crisis política que terminaría con la disolución de la Unión Soviética, la caída de la Cortina de Hierro y la aniquilación, de un solo *plumazo*, de una de las fuerzas que tuvo mayor impacto sobre mi niñez y adolescencia, y que más influyó en mi formación como periodista en Centroamérica.

Los hechos de los que fui testigo en la Unión Soviética son quizá los de más resonancias históricas, no solo para la región, sino para el hemisferio, y para mí porque mis países bebieron —y siguen haciéndolo en alguna medida— de la ideología que sostuvo a ese gigante político de pies de barro, y porque ponen en evidencia cómo algo tan lejano, y en apariencia ajeno, influía y sigue influyendo en mi vida y la de otros. Durante veinte años fui corresponsal para CNN y en varias ocasiones vi la relación directa y las implicaciones que algún suceso o acontecimiento relacionado con la disposición ideológica de las grandes y pequeñas potencias ha tenido en mi vida.

La onda expansiva de estas fuerzas políticas puede impactar en la vida de cualquiera y, en mi caso, por decirlo de alguna manera, las consecuencias han sido inmediatas. Esa es la magia que envuelve el trabajo de un corresponsal extranjero, de un periodista a quien todo le atañe, aunque muchas veces demande la posibilidad de tener una vida íntima, vida privada en el sentido más común. Si bien los acontecimientos nos impactan a todos, un corresponsal está instado a acercarse, indagar, preguntar, buscar. Durante más de dos décadas, un café por la mañana podía ser interrumpido por la gripe de Fidel Castro, literalmente.

En la Nochebuena de 1991 yo tenía 26 años de edad y varios meses de haber comenzado a trabajar como escritor en la mesa de redacción del servicio en español de CNN. Estaba recién mudado a Atlanta, tratando aún de asimilar la idea de que mi gran sueño profesional, llegar a trabajar para la cadena de noticias más importante del mundo, se había hecho realidad. Las semanas previas a mi desplazamiento a Moscú las había pasado ocupado en la redacción de los guiones de parte de los noticiarios presentados por Jorge Gestoso y Cecilia Bolocco, los cuales escribía con base en los cables de las agencias noticiosas o los reportes del servicio en inglés traducidos y adaptados al servicio en castellano.

Mucho de lo que redactaba en esos días giraba en torno al conflicto en Centroamérica. Las guerras en El Salvador y Guatemala que enfrentaban a fuerzas izquierdistas y los gobiernos apoyados por Estados Unidos, el inexorable y constante flujo de migrantes balseros que salían de Cuba e intentaban tomar rumbo a la Florida y, conforme se acortaban los días y noviembre se convertía en diciembre, los cada vez más urgentes despachos noticiosos que provenían de la oficina de CNN en Moscú, que daban cuenta de la vertiginosa agitación con la cual el antiguo sistema político se desmoronaba. Estaba totalmente ocupado.

La tarde del domingo 15 de diciembre de aquel primer año de los noventa estaba en mi apartamento cuando recibí una llamada telefónica. En ese entonces se llamaba a las casas, no había celulares. Era Vicky Sama, productora ejecutiva del noticiario. «Whitbeck», me dijo, «te vamos a mandar a Moscú mañana». Me indicó que llegara a la oficina al día siguiente con la maleta hecha y pasaporte en mano. Pasaría el día a la espera de la expedición urgente de una visa de periodista antes de tomar un vuelo nocturno rumbo a la capital soviética. Aún no salía de mi estupor cuando llamé emocionado a mis padres a Guatemala para contarles la noticia. A los meses de haber comenzado a trabajar, iba a ocupar una butaca en primera fila frente a uno de los acontecimientos políticos más importantes de la historia (aunque pasarían muchos años antes de que cayera plenamente en cuenta de su importancia), uno de los que tendrían mayor impacto sobre la historia de mi país y la región en donde crecí. Durante décadas Centroamérica había sido uno de los grandes campos de batalla en la Guerra Fría entre Estados Unidos y la Unión Soviética.

Pero yo ya había estado en Moscú mucho antes de que fuese corresponsal extranjero. Y es que en la universidad había un programa de intercambio con Europa para aprender una lengua. Pensaba que el idioma que me ayudaría en mi carrera de Estudios Internacionales sería el francés, así que opté por el programa y fui a aprender francés en la Sorbona, en París. Durante un año estuve ahí y pude viajar al Moscú de entonces, es decir, a la Unión Soviética en pleno, no tambaleándose como la que cubrí muchos años después, cuando me acababa de convertir en periodista.

Aquella visita se promovía como unas *petites vacances* durante la Semana Santa. Visité la Unión Soviética cuando Guatemala estaba en plena guerra, hacia 1986. Cuando llamé a casa para decirle a mi padre que me iba a Moscú, lo que me dijo fue: «Vaya m'ijo, vaya», con esa calma permisiva y de autoridad con la que solía hablar. Mi padre siempre fue un patriota y estoy seguro de que me motivó a ir para que viera la miseria del socialismo. Era tan solo un estudiante de 20 o 21 años en la Unión Soviética de un incipiente Gorbachov. Comenzaba el desmoronamiento, pero cómo iba siquiera a intuirlo. Sin embargo, iba preparado para lo que me iba a encontrar. Sentía curiosidad por ver aquel mundo, pero también sabía que debía ser precavido. «Son comunistas», me decía a mí mismo, y esa sería la explicación para lo que encontraría en aquel primer viaje a la Rusia soviética.

Llevaba unas bufandas guatemaltecas, tejidas con un algodón muy fino y delicado, una de las cuales haría que se cuestionara mi manera de ver aquel mundo. Viajé a Moscú con un grupo de estudiantes formado sobre todo por estadounidenses. Llegamos al hotel que en aquel entonces era el más grande del mundo, el Cosmos, hoy sigue siendo uno de los más grandes de Europa. Había sido construido para los Juegos Olímpicos de 1979 y tenía capacidad para alojar a más de 3 000 personas. Es una estructura funcional, un gigantesco bloque con una leve curva en sus bases. En cada piso, dispuesta en los pasillos, estaba una mujer mal encarada que llevaba el registro de todos los que entraban y salían. Y es que era una sociedad con vocación de vigilancia. Y claro, nosotros asumíamos que las habitaciones estaban controladas, observadas, intervenidas, no podía ser de otra manera. Yo llevaba en la piel el bagaje histórico centroamericano, por eso podía reconocer las prácticas soviéticas. Nos asignaron como guía para las salidas del hotel a una mujer rusa.

Aunque, claro está, podíamos andar por la ciudad sin mayor supervisión. En ese entonces los estudiantes soviéticos que nos reconocían como extranjeros nos ofrecían intercambiar las hebillas del cinturón del uniforme soviético por nuestros jeans. Hice uno de esos intercambios y aún conservo una de aquellas hebillas icónicas. Estos objetos terminan por cargarse de un significado que me permite rememorar sensaciones, apreciaciones y anécdotas.

71

Tampoco olvido la bufanda y a Elena, la guía rusa, quien por cierto hablaba español e inglés a la perfección. La recuerdo como una mujer severa, fría, marcial. Todos la sentíamos de un ánimo metálico. El último día del viaje, como un gesto de agradecimiento por sus servicios y cuidados para con nosotros, le quise obsequiar una de mis apreciadas bufandas guatemaltecas. Quería que, así como yo me llevaba tantos recuerdos de su país, ella conservara al menos un detalle del mío. «¿Qué es esto?», recuerdo que me dijo como ofendida, debe de haber malinterpretado mi gesto como una compasiva y soberbia muestra de altivez occidental (gringa por demás), que le daba la prenda porque pensaba que la *necesitaba*. Esa actitud era muy distinta a la de los joviales estudiantes soviéticos con los que intercambié suvenires, esos chicos eran entrañables. Quizás ahí viví en la cotidianidad más genuina el principio del desmoronamiento del que sería testigo una década después. Elena no podía separar un simple gesto de cortesía de una ofensa a su tierra, no podía dejar de ser una funcionaria soviética y ser solo *Elena* por un instante.

La disolución de la Unión Soviética no era algo que estaba en mi radar cuando comencé a trabajar como periodista. Años antes de entrar como reportero en CNN, siendo estudiante de la maestría en Periodismo de la Universidad de Columbia en Nueva York, tuve contacto esporádico con diplomáticos de la misión soviética ante la ONU. Como estudiante de periodismo estaba acreditado y se me permitía el acceso a las conferencias de prensa que se realizaban periódicamente.

En ese entonces conocí también a algunos exsoldados soviéticos que habían desertado mientras participaban en la ocupación de Afganistán a finales de la década de los ochenta. Uno de ellos, Igor Kovalchuk, había logrado llegar a Estados Unidos gracias a la ayuda del entonces presidente estadounidense Ronald Reagan. Se había establecido en la comunidad predominantemente rusa de Brighton Beach, un suburbio de Nueva York. Asimilaba la cultura estadounidense, aprendía a manejarse en un mundo capitalista pujante, con un mercado dominado por la permanente *necesidad* de adquisición que puede abrumar a cualquiera, y también de oportunidades y leyes y seguridades. El joven Igor decía estar agradecido por la oportunidad de vivir en libertad, pero añoraba su tierra. «Aunque la vida en la Unión Soviética es tan diferente», me dijo, «sigue siendo mi patria y no quiero estar en una situación donde nunca pueda volver a ver a mi familia y a mis amigos». Cierta mirada de tristeza en los ojos de Igor me señalaba aquello que todo exiliado siente y no puede expresar. El desarraigo es afectivo. La patria son los afectos.

En aquellas clases de periodismo, y gracias al contacto que tenía con distintos personajes rusos que conocí en Nueva York, aprendí de primera mano cómo las fuerzas de cambio en una sociedad tan restringida podían ir abriendo brecha poco a poco en la conciencia colectiva. Esas fuerzas fueron como una especie de filtración de humedad que fue horadando la sólida pared hasta que se vino abajo.

Mark Koenig, un politólogo que había vivido en la URSS durante 18 meses como académico invitado, me habló del despertar político que se estaba viviendo en esa época y de cómo algunas políticas de Gorbachov permitían que los jóvenes se agruparan en clubes sociales y deportivos para intercambiar ideas, algo que bajo el totalitarismo de antes era imposible. Hablaba de cómo la gente comenzaba a expresar su descontento con un sistema en el que, para los últimos años del gobierno de Leonid Brezhnev, el antecesor de Gorbachov, la esperanza de vida promedio se había reducido y habían empezado a escasear los alimentos, en el que la economía estaba moribunda (sabemos que nunca gozó de buena salud). Durante esos ejercicios de periodismo en Nueva York en 1989, jamás imaginé que tan solo tres años después me estaría paseando por la Plaza Roja de Moscú, la noche antes de la «ceremonia» de disolución de la Unión Soviética.

En el aeropuerto de Sheremetievo me esperaba un chofer que, sin mediar palabra, me condujo hasta la oficina de la cadena, ubicada en un complejo de apartamentos viejos exclusivos para extranjeros, a pocas cuadras de la Plaza Roja. Al llegar a la oficina me presenté con mis colegas y de inmediato comencé a leer sobre los últimos acontecimientos. Tan solo unos pocos meses atrás, en agosto, Gorbachov había superado un intento de golpe de Estado. Junto a Boris Yeltsin, quien lideró la resistencia al intento de derrocamiento fundamental para continuar la *democratización* de la URSS, habían tenido que enfrentarse al propio Partido Comunista, de donde surgieron las fuerzas contrarias a las reformas y cambios. La oficina era un hervidero de periodistas y traductores que corrían de un teléfono a otro, intentando conseguir una entrevista exclusiva con el hombre de la mancha en la calvicie, una mancha que se convirtió en icono.

Tom Johnson, el entonces presidente de CNN, periodista veterano, había volado también a Moscú para poder presenciar lo que prometía ser un momento crucial de la historia reciente. Se escuchaban rumores de la inminente renuncia de Mijaíl Gorbachov, quien sería el último secretario general del PCUS; y del ascenso al poder de Boris Yeltsin, también miembro del Partido Comunista. Todos trabajaban apresurados y yo, el único periodista del contingente que reportaría para el servicio en español de la cadena, hacía lo posible para ponerme al día y recabar suficiente información para redactar mi primer informe desde Moscú.

Era tal el sentido de urgencia y la rapidez con que se desarrollaban los acontecimientos, que pocos nos dábamos cuenta de las enormes implicaciones de lo que iba a suceder. Durante varios días me dediqué a estudiar transcripciones de entrevistas con políticos soviéticos y analistas, y salía a la calle con un camarógrafo a probar suerte; esperaba toparme con algún ciudadano que hablara español y que, además, estuviera dispuesto a concederme una entrevista, que me diera sus impresiones sobre el proceso que se estaba desarrollando, de lo que estaba por suceder.

Yo era un estadounidense en lo que aún era la Unión Soviética, aunque en sus estertores. Con menos frecuencia de lo que hubiese querido, salía a las calles cercanas a la oficina a hablar con la gente, con moscovitas, sobre la atmósfera de cambio que ya se respiraba. Y también era un centroamericano en Moscú. Antes de interrogar a las personas primero les preguntaba si sabían hablar español y a menudo me quedé sorprendido por lo cultos que eran; cuando les decía que era guatemalteco se abrían y, los que sí hablaban una de mis dos lenguas, se mostraban dispuestos a responder mis preguntas. También hablo francés, pero es una lengua adquirida, aprendida, y aunque sé que los rusos cultos lo hablan, no me atreví a encararlos *a la francesa*. Y es que en aquel entonces, en plena Guerra Fría, las vinculaciones estaban a la vista. Aunque también hay que decir que la presencia soviética en mi territorio no era tan explícita como la estadounidense. Hay que recordar que es un juego de carambolas: las guerrillas centroamericanas eran apoyadas por Cuba, y la isla le respondía a la Unión Soviética. Era común oír que esta les otorgaba becas a jóvenes guatemaltecos para que fueran a estudiar allá, la práctica común para formar cuadros ideológicos que serían insertados en la guerrilla cuando regresaran.

Lo que estaba por suceder. Nada más y nada menos que la disolución del sistema político de una de las dos superpotencias mundiales, de una nación de naciones que cubría el territorio más extenso del planeta. Un cambio radical que pocos se imaginaban que sucedería y cuyos efectos se harían sentir alrededor del mundo. Tras la Segunda Guerra Mundial, la URSS sumó a sus naciones satelitales ocho países europeos que empezaron a orbitar alrededor del gigante de la hoz y el martillo: Polonia, República Democrática Alemana, Checoslovaquia, Hungría, Rumania, Yugoslavia, Bulgaria y Albania. Las naciones que estaban bajo el régimen comunista soviético terminarían siendo 23 en total. Estos fueron los primeros en separarse, entre 1990 y 1991; luego lo harían los países que inicialmente formaron la Unión de Repúblicas Socialistas Soviéticas: Armenia, Azerbaiyán, Kazajistán, Uzbekistán, Kirguistán, Turkmenistán, Tayikistán, Georgia, Ucrania, Moldavia, Bielorrusia, Lituania Estonia y Letonia.

Parte del mundo conocido se estaba desintegrando ante mis narices cuando estaba en Moscú, y sus escombros aún pesan sobre la historia reciente. Los casos de la desintegración dentro de otra desintegración son dramáticos: Yugoslavia, por ejemplo, se desmembró en siete naciones, así como Checoslovaquia se partió en dos.

Para mí, que crecí en uno de los países centroamericanos (otra desintegración) donde se libraba una de las grandes batallas de la Guerra Fría, las implicaciones eran aún mayores. Durante años se me inculcó que la URSS, por medio de sus aliados cubanos, era la responsable del derramamiento de sangre causado por las guerras en Nicaragua, El Salvador y Guatemala. Esa carga histórica pesaba mucho sobre mí cuando salía a las calles de Moscú a entrevistar a ciudadanos corrientes sobre el pasado reciente y el presente que prometía cambiar radicalmente su futuro.

Al revisar el cuaderno de apuntes que guardé de ese viaje, me encontré con anotaciones que señalan el pensar de gente común y corriente que se encontraba temerosa ante los cambios que se avecinaban. Cuando abordé a Gaya, de oficio costurera, en la acera de una transitada calle del centro de Moscú, me contó que la situación en ese momento era muy difícil, que no se conseguían alimentos de calidad, que se tenían que hacer largas colas para entrar a las tiendas en las que se encontraba muy poca ropa y zapatos, y que lo que había era sumamente costoso. Al final decía que no sabía qué traería el futuro y que eso le provocaba mucho miedo. Siento una curiosidad que no podré mitigar por saber qué me diría hoy aquella costurera de hermoso nombre cuyo oficio es enhebrar, unir, dar forma a lo informe, sobre el desovillado país que se le iba a deshacer en las manos.

Otro nombre que aparece en mi cuaderno es el de Sergei, un estudiante de un instituto técnico vocacional, quien me dijo que sabía muy poco de cómo eran las cosas en su país antes de la creación de la Unión Soviética, pero que sus padres le contaban que la vida era más fácil (o seguramente menos difícil). Le pregunté si creía que las cosas podían mejorar y me contestó que las cosas hubieran podido mejorar hace mucho tiempo, pero que ni él ni sus compatriotas nunca habían tenido la oportunidad de escoger.

La libertad es inseparable de la condición humana aun ante la pesada y asfixiante sociedad organizacional de un Estado comunista. Mientras esperaba y observaba desde lejos las intrigas y negociaciones políticas tras los muros del Kremlin, yo me pasaba la mayor cantidad del tiempo posible en las calles, intentando conversar con gente común y corriente. Para mí era fascinante poder observar cómo reaccionaban al cambio tan grande que se venía, como una avalancha. El derrumbe de un sistema político omnipresente, que mantuvo el poder absoluto durante mucho tiempo (casi un siglo de dictadura comunista), requirió de solo unos pocos meses, pues el poder, por más que dure, siempre es frágil. El cambio, tan dramático y repentino, en ese momento era aterrador para muchos.

Y fue en ese momento cuando me di cuenta de que el miedo se acrecienta cuando existe un vacío de información. Lo que generaba el miedo en los ciudadanos ante la posibilidad del cambio en un sistema que por varias generaciones pretendió resolverles todas las necesidades era el hecho de que nunca antes se habían tenido que enfrentar a un futuro incierto, que no sabían qué iba a suceder ni cómo enfrentarían *lo nuevo*. Y no es que otros sistemas puedan predecir el futuro, pero pueden prever y ajustarse a los posibles escenarios. En el comunismo no hay futuro porque la historia se ha detenido. Ese sistema había socavado la capacidad de los individuos para valerse por sí mismos; por lo tanto, cuando este se empezó a resquebrajar, no tenían de dónde sujetarse para no perder el equilibrio. Si bien la libertad es ínsita al hombre, bien puede olvidar que la tiene y asustarse cuando la recuerda. He ahí el vacío de información del que hablo: habían olvidado o desconocían la libertad, y la posibilidad de ejercerla les producía un miedo paralizante.

La noche de Navidad terminé mi turno en la oficina, hice la última transmisión del día y salí a caminar. Quería ver el Kremlin y la Plaza Roja iluminados. Estaba nevando con suavidad, como las nevadas de los suvenires de bolas de nieve. El cielo oscuro de la noche moscovita cobijaba los coloridos domos de la Catedral de San Basilio. Quizás me equivoco al pensar que las noches eran oscuras y frías, o tal vez mi mirada estaba iluminada. Se percibían las líneas severas del mausoleo donde aún yacen los restos embalsamados de Lenin, el padre del experimento soviético que en aquellos días se acercaba a sus últimas horas de vida. Unas personas se acercaban al mausoleo, otros paseaban lentamente por la plaza, maravilladas ante el espectáculo multicolor de los edificios iluminados. Un aire enrarecido se respiraba por la ciudad, se advertía el fin de una época. Sé que viendo las cosas en retrospectiva se pueden hilar las causas y los desenlaces, pero aquello realmente se *sentía* en el aire. El comunismo, un Estado opresor que había mantenido a sus habitantes bajo un yugo implacable, estaba por caer.

Mientras caminaba por la plaza pensé en los guerrilleros de Guatemala y El Salvador que seguían librando cruentas guerras en un intento por imponer sistemas similares en sus países. Pensé en Cuba y Nicaragua, cuya transición al modelo comunista fue facilitado y apoyado por los gobernantes que durante décadas despachaban tras los muros del Kremlin. Los que tenía justo enfrente y se convertirían en escombros. No debe ser una casualidad que al cuerpo embalsamado de su fundador no se le dé sepultura. Hay una resistencia que va más allá de los vaivenes políticos. Me pregunté si los líderes de esos movimientos se daban cuenta de que, en pocas horas, de un *tintazo* —porque la tinta llegaría—, su referente ideológico iba a quedar en el pasado y ellos quedarían como una última expresión, anacrónica, de un modelo de gobierno caduco. Como la momia de Lenin.

En ese momento, en mi país, a miles de kilómetros de distancia, elementos del Ejército Guerrillero de los Pobres luchaban en las montañas sin saber que todo estaba por terminar.

Visto lo visto, quizás fui el corresponsal más adecuado por las afinidades no electivas de las implicaciones. Este viaje a Moscú, esa cobertura fue solo emoción, deslumbramiento, el sueño cumplido de un joven que siempre quiso ser reportero. Antes de esos sucesos o acontecimientos yo vivía mi propio acontecimiento histórico personal. Porque solo a la distancia se puede calibrar que aquellos sucesos serían los de mayor impacto en el mundo tal como lo conocemos, hasta el atentado contra las Torres Gemelas de Nueva York, al que también asistí.

Mi último despacho desde Moscú, a principios de enero de 1992, termina dando cuenta de los jóvenes que, al heredar un nuevo sistema político, se mostraban cautelosos y entusiasmados por la novedad que se avecinaba, pero aún con temor ante la incertidumbre.

Dos días después de aquella noche navideña en la que deambulaba por las calles de Moscú, tuve en mis manos, por tan solo un breve instante, la pluma que utilizó el presidente Gorbachov para firmar el documento que oficializaba la disolución de la Unión Soviética. Cuando escribo estas líneas me invade el estupor ante tal recuerdo. Una pluma y el fin de una era, suena como el nombre de una gran obra literaria, incluso se podría interpretar como que un escritor dividió las aguas en la historia de las letras, pero no se trataba de eso. Y es que me ha dado por pensar que aquella pluma colapsó antes de que Gorbachov firmara los documentos porque, quizás igual que el propio Gorbachov, en lo más profundo de su ser se resistía a hacerlo.

Tom Johnson, el presidente de CNN, estaba presente en la ceremonia que fue televisada en exclusiva para el mundo. En el momento de la firma el plumón de fabricación rusa que Gorbachov tenía en las manos falló, no tenía tinta. Johnson, al ver lo que sucedía, se acercó al líder soviético y le ofreció su pluma Mont Blanc para que pudiese firmar el documento en el que presentaba su renuncia. Gorbachov la tomó, pero antes de rubricar el documento preguntó si era de fabricación estadounidense y solo la usó cuando se le aseguró que era de Alemania. Instantes antes un colega de Johnson le advirtió que le pidiera regresarla. Gorbachov se la devolvió.

Esa noche, en la oficina de CNN, nuestro jefe nos mostró la pluma y nos permitió observarla de cerca. Los objetos se cargan de su tiempo y a partir de ellos se pueden hilar los hechos más nimios con los acontecimientos más significativos. Me estremece, por ejemplo, la bufanda de Elena, que quizás terminó siendo un trapo de cocina; las hebillas que los jóvenes soviéticos estaban dispuestos a cambiar por unos jeans que no podrían sujetarse, y aquella pluma que tuve en mis manos y que estuvo en las de Gorbachov cuando firmó su renuncia, liberando a cientos de millones de personas que tendrían que volver a aprender cómo aprovechar la libertad.

La bandera roja que ondeó durante más de setenta años en el Kremlin fue arriada minutos después. En su lugar ondearía la rusa tricolor, aminorando la presencia del rojo y prometiendo una nueva nación democrática y libre. Conocemos el devenir de esa promesa.

En aquel momento apenas comenzaba a ejercer la profesión. No tenía ni treinta años de edad y ya estaba frente al acontecimiento global de mayor importancia de las últimas décadas. En perspectiva, hoy me pregunto si realmente entendía las implicaciones de lo que estaba sucediendo. Creo que no. No solo para los ciudadanos de ese país, sino para los ciudadanos del mío y de mis vecinos centroamericanos. Llevaba conmigo el bagaje de haber crecido en Centroamérica, una de las regiones con más influencia —por medio de las armas y la ideología— de la URSS. Desde muy joven se me había inculcado la idea de que el comunismo era un sistema injusto e hipócrita que soportaba en papel lo que era imposible poner en práctica de manera efectiva. Los hombres no lo soportarían en sus cuerpos ni espíritus. Sabía que el responsable de las muertes y desapariciones de decenas de miles de disidentes, e incluso de sus propios adeptos, era el régimen soviético, que exiliaba a miles para poder mantener el control absoluto sobre la forma de pensar, de expresarse, de *ser*, de sus ciudadanos.

Pero mientras llevaba esa información conmigo esos días en Moscú, mucho más que en los sucesos políticos, pensaba en lo que estaba sucediendo en mi entorno inmediato. Estaba más interesado en saborear la experiencia de ser uno de los grandes corresponsales sentados en la primera fila ante ese momento histórico que en asimilar las enormes implicaciones de lo sucedido. Error de novato y al mismo tiempo suerte de principiante, porque la experiencia personal fue de lo más enriquecedora.

Hoy, décadas después, lo que recuerdo con mayor claridad es la función de *El Cascanueces*, presentada por el Ballet Bolshoi mientras la nieve caía en una fría noche de diciembre; la imagen de Wolf Blitzer, una de las megaestrellas de CNN, invitando a todo el equipo tragos de vodka en el bar del hotel Rossiya, riendo a carcajadas, bromeando y haciendo chistes con los camarógrafos y productores; el gesto de generosidad y gentileza que mostró Tom Johnson, el presidente de la cadena, cuando el día de Navidad, después de la histórica conferencia de prensa, se puso un sombrero de Papá Noel y repartió regalos a todos los de la oficina, incluido el chofer, quien se desvivía por agradecerle por el reloj con el logotipo de CNN que recibió como regalo, y el cual de inmediato y orgullosamente se colocó en la muñeca. También tengo muy presente que me sentía como el «primo pobre» del grupo al percibir el desaire y cierta impaciencia de los colegas de la cadena de idioma inglés por tener que soportar la presencia de este joven e inexperto reportero de la naciente y muy limitada cadena de Telemundo CNN (como se llamaba CNN en Español en esos días), que tenía que apoyarse en los recursos de la enorme y todopoderosa cadena madre para realizar sus reportajes.

Otra cosa que también me marcó para siempre fue atestiguar la valentía de tres mujeres, la camarógrafa Jane Evans, la productora Siobhan Darrow y la corresponsal Christiane Amanpour, quienes en medio del caos generado por la inminente disolución de la URSS habían decidido volar a Tbilisi, capital de la República de Georgia, que estaba inmersa en su propia y sangrienta guerra civil, para entrevistar bajo fuego al presidente Zviad Gamsakhurdia. Las tres habían sorteado el camino entre balas para llegar al búnker del presidente, entrevistarlo y enviar el material a Moscú en un avión fletado especialmente para ello. Cuando regresaron a Moscú al día siguiente, fueron recibidas con aplausos y abrazos al entrar a la oficina y, aunque ya estaban lejos de las balas, en ese momento Jane Evans, la camarógrafa, estalló en llanto cuando comenzó a contar cómo, mientras estaba sola en el baño de su habitación de hotel la noche anterior, vio entrar un proyectil perdido que rompió en mil pedazos el espejo frente a ella. Y no era para menos, rozar la muerte al ver tu rostro despedazarse frente a ti no debe ser sencillo de asimilar.

Recuerdo la admiración que sentí por esas tres valientes mujeres y que me pregunté si algún día yo podría tener ese valor y sentido del deber como periodista. Ese día, Christiane, Jane y Siobhan se convirtieron en las heroínas de la cadena y en algüien a quien yo quería imitar. Al menos apuntaba a lo más alto. Esa experiencia en Moscú me reveló hasta dónde podía llegar en mi carrera en CNN.

Otra fría mañana invernal, diez años después, volví a aterrizar en el aeropuerto de Sheremetievo en las afueras de Moscú. Esta vez no me iba a quedar en Rusia, sino que realizaría una escala técnica en un viaje mucho más largo. Años después de aquella cobertura, Moscú fue el escenario del encuentro más cercano que tuve a nivel personal con el miedo. La Unión Soviética, y luego Rusia, me dieron el enorme regalo de enseñarme que si se le acepta, si se le entiende y se le permite brindar sus enseñanzas, el miedo puede ser un agente de cambio positivo y regenerador. Pero para ello hay que enfrentarlo.

Iba rumbo a Afganistán para cubrir la guerra librada por Estados Unidos contra los talibanes, militantes que practicaban una forma extrema del islamismo y controlaban el país desde 1996. Se les acusaba de ser los autores de los ataques a las Torres Gemelas de Nueva York y el Pentágono, en Estados Unidos, en septiembre de 2001.

Llevaba toneladas de equipo y provisiones para el grupo de CNN, pero el baúl más pesado en mi equipaje era el terror que me daba saber que por primera vez en mi vida iba a un lugar que era un campo de batalla, en donde se estaba librando una guerra de grandes proporciones.

Cuando mi jefe de asignaciones me llamó por teléfono para preguntar si estaría dispuesto a ir a Afganistán, Estados Unidos y sus aliados llevaban varias semanas bombardeando posiciones talibanes, las que a su vez batallaban contra las fuerzas de la insurgente Alianza del Norte, una agrupación de militantes y grupos paramilitares que buscaban derrocarlos. Yo estaba en Ciudad del Este, Paraguay. Junto a mi colega Ingrid Arnesen estaba investigando los nexos entre la red de contrabandistas en esa ciudad fronteriza de América del Sur y algunas células de Hezbola, la agrupación militante libanesa, y los talibanes en Afganistán. Cuando el jefe me hizo la pregunta, sentí un escalofrío.

Ir a Afganistán y cubrir el conflicto bélico era el sueño de cualquier corresponsal. Pero también era ir a una guerra de gran escala, vivir una experiencia nueva que me llenaba de dudas acerca de mi capacidad para enfrentarme a situaciones extremas y de si tendría la serenidad y el nivel de conciencia para reaccionar con celeridad. Por mi mente pasó de todo: ¿Qué les diría a mis padres? ¿Cómo tomarían la noticia de que durante dos meses estaría expuesto casi a diario a la amenaza de ataques, secuestro o el daño colateral de bombardeos? ¿Y cómo me prepararía para aquello si no sabía casi nada de estrategias en campos de batalla? ¿Cómo llegaría a dominar el miedo, esa fuerza inevitable que todos experimentamos y que si logramos controlar puede ser una potente aliada en situaciones de peligro e incertidumbre? Vino a mi mente el coraje que demostraron aquellas tres mujeres que llegaron a Tbilisi cargando sus mochilas, y entre una balacera y en territorio hostil, se atrevieron a entrevistar a la población para obtener las respuestas que el mundo necesitaba escuchar.

Travesuras, risas y cometas en la guerra

Viaje a Afganistán y más de treinta horas de vuelo

La sobrecargo del vuelo 179 de Air France, que cubre la ruta de Ciudad de México a París, me miró extrañada cuando se acercó a preguntar si necesitaba algo y le pedí la mayor cantidad posible de bolsitas para el mareo. «Está usted mal?», me preguntó. Sentía mariposas en el estómago y, de vez en cuando, una leve taquicardia, lo cual se debía más a mi estado emocional que a la calidad de los alimentos a bordo o a las turbulencias ocasionales. Llevábamos varias horas volando a más de 10 mil metros de altura sobre Norteamérica y comenzaríamos a cruzar el Atlántico.

Viajaba rumbo a Afganistán, el escenario de la primera guerra a gran escala que cubriría como reportero. El destino más lejano y exótico en el que viviría en las condiciones más extremas que hasta entonces había conocido en mi carrera.

Durante el viaje intenté leer algunas páginas de la novela *Caravanas*, del estadounidense James Michener. En ella se cuenta la historia de un grupo de diplomáticos y expatriados en Afganistán justo después de la Segunda Guerra Mundial. No fue una mala idea llevarme esa novela para ir tomando notas mentales y familiarizándome con el terreno. En un largo vuelo no hay nada como leer.

La reacción de la sobrecargo cuando le expliqué el uso que le daría a las bolsas de mareo que le había pedido me alertó más que mi inminente destino. Ella era muy joven y me dio la impresión de que ese era uno de sus primeros viajes como miembro de la tripulación de un vuelo trasatlántico. Al principio me miró extrañada y luego con cierta compasión, incluso con un poco de lástima. Pasó el resto del vuelo preguntándome si necesitaba algo más. Las bolsas no las necesitaba para aquella sensación que era más emotiva que fisiológica, en realidad las quería para guardar los recibos y comprobantes de pago durante mi cobertura de la guerra.

La misión era reemplazar a mi colega Amaro Gómez-Pablos, quien llevaba varias semanas en el teatro de operaciones afgano y tenía que regresar a su base en Londres por una emergencia familiar.

Cuando aterricé en París para hacer conexión a Moscú rumbo a Tayikistán, en la frontera con Afganistán, me acerqué a la puerta de salida del vuelo de Aeroflot. El agente que atendía el vuelo vio mi nombre en el boleto que le presenté, e inmutable como buen ruso, me dijo que había sido ascendido de clase ejecutiva a primera. «Sé adónde va, espero que disfrute de su vuelo», me dijo. Me imagino que el personal de Air France le advirtió acerca del pasajero que pedía bolsas para el mareo o, quizás por el control y la vigilancia *natural* del gobierno ruso, sabían que era periodista y que iba rumbo a Afganistán. Agradecí y disfruté del ascenso a primera, pero me inquietó el gesto.

«¿Será que me están tratando como a los condenados a muerte, ofreciéndome un plato especial como última cena?», me pregunté. Sería la primera de varias ocasiones en que me inquietaban las promociones imaginadas al inicio de un viaje a una zona peligrosa. En una ocasión en que viajé de Guatemala a Irak, mi madre me llevó al aeropuerto y al despedirme frente a la terminal me abrazó como nunca y lloró sin aspavientos. Mi madre no suele expresar de esa manera sus afectos. Me inquietó porque lo que sí hace a menudo es darles sentido premonitorio a sus sueños. A veces no nos damos cuenta del efecto que nuestras palabras, gestos o emociones pueden tener sobre otros. Mucho tiempo después me dijo que durante años le obsesionó lo que le dije al despedirme: «Me estás asustando». En fin, a ambos nos afectaron profundamente unas actitudes cuyo objetivo original era expresar afecto.

Semanas antes de mi partida a Afganistán, terroristas bajo el mando del saudí Osama bin Laden habían realizado una operación conjunta con el objetivo de atacar al mismo tiempo las Torres Gemelas en Nueva York, el Pentágono en Washington y la Casa Blanca, ataque del cual solo esta última se libró. En consecuencia, Estados Unidos y sus aliados decidieron invadir Afganistán en busca de la guarida de bin Laden y sus seguidores.

Guardar los comprobantes de los gastos en aquellas bolsas para el mareo era importante. Y es que llevaba conmigo mucho dinero en efectivo: 50 000 dólares estadounidenses empaquetados en varios sobres de manila que debía entregar a la gerencia de operaciones de CNN en Kabul. Afganistán, en el mejor de los tiempos, no contaba con un sistema bancario funcional, pero bajo el régimen talibán se había deteriorado aún más, y en las condiciones de guerra era imposible realizar transferencias internacionales.

Cada miembro del equipo de CNN que viajaba a Afganistán para apoyar la cobertura del conflicto llevaba consigo miles de dólares en efectivo, toneladas en equipos de televisión, provisiones de alimentos, medicinas y hasta ropa de invierno para surtir a los colegas en la antigua residencia del embajador de Italia en Kabul. La sede diplomática se había convertido en el centro de operaciones y hostal de la cadena informativa.

Un mínimo de 20 empleados de CNN habitaba aquella casa en la que había un entrar y salir constante de personas que llegaban y se iban cada tanto. El cocinero, un viejo afgano que durante décadas trabajó en la residencia del embajador, no se acostumbraba al grupo de extranjeros hambrientos y sedientos que trabajaban entre gran bullicio hasta altas horas de la noche, y que llegaban y partían a cualquier hora. La actividad no se parecía ni de lejos a las elegantes cenas y recepciones protocolarias que hacían los embajadores a los que prestaba servicio y que habían salido del país años antes.

El chef había cocinado para el antiguo embajador italiano y tendría que hacerlo para los reporteros y corresponsales. Hacía milagros con los ingredientes que conseguía en el mercado local y lograba crear platillos ricos y nutritivos. Un par de semanas antes del día de Acción de Gracias, a finales de noviembre, apareció en el jardín un pavo que se la pasaba de lo lindo, rascando el pasto apaciblemente y comiendo los granos de maíz que el cocinero le tiraba todas las mañanas. Alguien de la casa lo bautizó con el nombre de «Tom». El día antes de la tan importante celebración para los estadounidenses se esfumó tan misteriosamente como había aparecido. Volvió a aparecer hasta la tarde del día siguiente, asado sobre la mesa y acompañado por un par de botellas de vino francés. Los presentes hicieron un brindis por el amigo Tom, que había caído por «fuego amigo».

Antes de llegar a la residencia diplomática convertida en centro de trabajo en Kabul, y luego de las escalas en París y Moscú, hice una parada momentánea en Dushanbé. En 2001 la capital de la exrepública soviética de Tayikistán, que comparte frontera con el norte de Afganistán, era una polvorienta y caótica ciudad de medio millón de habitantes. Al inicio de la invasión de Afganistán por parte de la coalición liderada por Estados Unidos, la ciudad se llenó de periodistas que intentaban cruzar la frontera para cubrir el conflicto. A principios de diciembre de aquel año la Alianza del Norte, una agrupación guerrillera apoyada por Estados Unidos, que fue liderada por Ahmad Shah Wassoud hasta su asesinato el 9 septiembre de ese año, estaba a pocos días de tomar Kabul y derrocar a los talibanes, quienes habían establecido el Estado islámico desde 1996, y apoyado y dado cobijo a Osama bin Laden y a sus aliados mientras planificaban los ataques del 11 de septiembre de 2001. Había que castigarlos y Estados Unidos los fue a buscar a su propia casa.

La Alianza contaba con un puñado de viejos helicópteros artillados de fabricación rusa que utilizaba en sus operaciones militares. Uno de esos helicópteros se destinaba a transportar a periodistas extranjeros hasta Kabul, una prueba de que les importaba mantener buenas relaciones con la prensa internacional. CNN había convenido que se transportara a un contingente que incluía a la estrella de la cadena, Christiane Amanpour, su productor, su camarógrafo, dos consultores de seguridad británicos (que nos acompañarían durante la cobertura) y a un reportero para la cobertura en español, que en este caso sería yo.

Las mariposas que sentía en el estómago durante el vuelo de Air France se debían al temor que estaba experimentando. Nunca había estado en una guerra de gran escala. El riesgo era mortal: podía provenir de una bala perdida, de pisar una mina explosiva subterránea o de ser secuestrado por alguna de las decenas de organizaciones militantes y terroristas que operaban en el país. El miedo era real. A ver, siempre es real, lo que quiero decir es que realmente existía la posibilidad de morir. Y, además, sentía emociones encontradas. Me iba a unir a las «grandes ligas», sería el único reportero de CNN en Español que llevaría las noticias sobre la guerra a toda América Latina y al público de habla hispana en Estados Unidos por medio de Univisión, la afiliada de la cadena.

Mi nerviosismo se incrementó cuando me instalé en la habitación de hotel en Dushanbé. Justo al salir de la ducha y cuando me estaba preparando para descansar luego de más de 30 horas de vuelo entre México, París, Moscú y la capital de Tayikistán, alguien tocó a la puerta de mi habitación. La abrí y no vi a nadie. El pasillo del hotel estaba oscuro. De pronto escuché un grito y sentí que alguien cubierto con una burka, una prenda de ropa que cubre el cuerpo e incluso el rostro de las mujeres afganas, se abalanzó sobre mí como una sombra maligna. Yo también grité de pavor.

El tremendo susto se disipó al instante cuando escuché la carcajada que salió por debajo de la burka: era Amaro Gómez-Pablos, quien así me dio la bienvenida al territorio y me transfirió la batuta de la cobertura. «Diviértete, pero ten cuidado», me dijo, «recuerda que la bala de un fusil se desplaza a una velocidad de unos mil metros por segundo». Mi buen amigo sabía cómo hacerme reír y temblar de miedo. Después de eso no pegué un ojo en toda la noche.

Al día siguiente bajé a desayunar al restaurante del hotel con el consultor de seguridad y logística que me acompañaba. Me serví un café, saqué un teléfono satelital y llamé a CNN, a la mesa de asignaciones de Atlanta, para preguntar por la hora de salida del helicóptero. Esperaba estar al final del día instalado en la oficina temporal de Kabul, listo para informar. No fue así.

«Ese helicóptero salió ayer a Kabul», me dijo Bruce Conover, encargado de organizar los movimientos del personal en Afganistán. El resto del equipo había logrado adelantar su viaje mientras yo cruzaba el Atlántico. La cadena decidió adelantar el vuelo del helicóptero antes de que yo llegara al punto de partida. «Ve cómo le haces para irte, pero si se van por tierra, ten cuidado. Las montañas son altas y la situación en tierra es inestable, además tenemos informes de que se está aproximando una enorme tormenta de nieve», me dijo Bruce.

Como habían llegado antes, Amanpour y su equipo no dudaron en subirse al helicóptero y partir. Al principio sentí cómo la ira subía desde mis pies, pero la contuve en los tobillos. Lo más seguro es que yo hubiese hecho lo mismo. La estrella de CNN llevaba ya años siéndolo cuando yo llegué a la cadena. Siempre la he admirado. Era una periodista seria, comprometida con la búsqueda de la verdad, que se responsabilizaba de asegurar que quienes tenían que rendir cuentas lo hicieran. Además, siempre ha sido una gran narradora, una inigualable contadora de historias, una maestra en encontrar los elementos que pueden hacer que un reportaje cobre vida para que el espectador se identifique de manera entrañable e irrenunciable con los afectados. Nunca la consideré ni competencia ni contrincante, sino ejemplo y referente. De todas maneras, me hubiese gustado llegar antes, aunque ahora tengo una historia que contar y Amanpour está en ella.

El viaje por tierra desde la frontera norte de Afganistán hacia Kabul tomaría entre seis y siete días.

No había carreteras porque pocos se adentraban en esa región aislada por las montañas de la cordillera Hindu Kush. El único modo de recorrerlas era a través de una extensa y ancestral red de senderos que cruzaban las montañas, habitadas por pequeñas comunidades de pastores y campesinos, y la única manera de sortearlas era a pie o sobre bestias de carga. Recorrería parte de la antigua Ruta de la Seda y seguiría los pasos de decenas de miles de comerciantes, guerreros y aventureros que la transitaron desde el siglo I a. C. para «acercar» China al resto de Asia, Oriente Medio y África. Sin embargo, antes de pensar en la carga histórica de la ruta que me tocaba emprender, tenía que resolver asuntos más mundanos que no por ello eran menos urgentes. ¿Cómo iba a transportar los novecientos kilos de víveres y equipo por senderos que en algunos tramos solo pueden atravesar personas y bestias de carga? ¿Cómo nos recibirían en los poblados aislados que cruzaríamos, algunos de ellos tan remotos que no tenían energía eléctrica ni autoridad institucional alguna? Aquellas tierras acumulaban miles de minas antipersona, enterradas durante décadas de conflictos bélicos y en la guerra que me tocó cubrir cuando los bombarderos B-52 de la Fuerza Aérea estadounidense surcaban los cielos para atacar posiciones talibanes en el horizonte.

Cuando se trata de desplazar personal a zonas remotas, de alto riesgo, en donde se vive en condiciones extremas, la planificación es fundamental para sortear las dificultades. CNN utiliza los servicios de una de las varias empresas de seguridad que exmiembros de las Fuerzas Especiales británicas establecieron después de la guerra de los Balcanes, en la década de los noventa, para apoyar a periodistas y trabajadores de organizaciones humanitarias; aquellas personas que no son combatientes, no están armadas y, por consiguiente, corren riesgos distintos a los que se corren en los campos de batalla. Estos consultores, por haber sido soldados especializados, son maestros de la logística, magos que extraen soluciones de la manga y, en más de una ocasión, echan mano de sus armas para proteger y salvar la vida de quienes están bajo su protección.

Yo estaba acompañado por uno de estos consultores, un británico rubio, de ojos azules, que delataban cierta picardía, con un tremendo sentido del humor y un trato tan afable y cortés que escondía la dureza y frialdad que traía justo debajo de la piel. Se vestía siempre con ropa color caqui, botas militares y gafas oscuras. No voy a publicar su nombre por respeto a su deseo de anonimato. A sus cuarenta y tantos años había visto más vida y más muerte que cualquiera. Veterano de la SBS, Special Boat Service, la unidad de élite de la Armada inglesa, había pasado mucho tiempo en Belice, la excolonia británica que reclamaba Guatemala. La amenaza guatemalteca hacía que Gran Bretaña mantuviera un contingente militar pequeño pero permanente en el vecino país centroamericano. Su conocimiento de la región donde crecí nos hizo pasar largas horas conversando sobre su experiencia en Belice.

Lo que más me impresionó de él y de varios de sus colegas, a quienes conocí a lo largo de los años en distintas coberturas, eran su sólido sentido del honor, la disciplina, la rectitud y el respeto. Inspiraba tanta confianza y se veía tan seguro de lo que hacía que nunca llegué a dudar de las decisiones que tomaba. Le agradeceré por siempre la semana que pasé junto a él y un grupo de tres periodistas de la televisora británica ITN, con quienes compartí gastos e hice equipo para la desafiante travesía por tierra que nos llevaría de la frontera norte hacia la capital afgana.

En cuanto le dije que el helicóptero había adelantado su salida, el consultor salió del hotel diciendo que regresaría en unas cuantas horas. Mientras regresaba me quedé en mi habitación leyendo algo de la historia local para tratar de entender la dinámica social de Afganistán, un país que ha estado en guerra continua durante décadas y que ha sido capaz de repeler cualquier fuerza invasora, desde la británica en el siglo XIX hasta la soviética, que pasó una década intentando establecer su hegemonía sobre el lugar. Solo Gengis Khan y su ejército de mongoles logró conquistar por un tiempo tierras afganas, y eso fue a principios del siglo XIII.

Después de varias horas el consultor regresó al hotel para informarme que saldríamos a la mañana siguiente de madrugada hacia la frontera, en coche y con un par de camiones alquilados. Cruzaríamos a tierra afgana, donde tres viejos jeeps rusos más un camión de carga de media tonelada nos conducirían hasta donde termina el camino: en las faldas de la cordillera Hindu Kush. En ese lugar nos estarían esperando, con caballos, un centenar de campesinos afganos. Cargarían todo nuestro equipo, las maletas y las provisiones sobre las bestias, y cada uno de nosotros tendría su propio animal para emprender una ruta que subiría por la cordillera baja, para luego comenzar a descender hacia el Valle de Panshir, donde nos esperarían otros vehículos que nos conducirían hasta Kabul, nuestro destino final.

Hacía mucho frío y el ambiente estaba despejado y seco. El consultor y yo abordamos un taxi cada uno y formamos caravana con el equipo británico de ITN, listos para desplazarnos hacia la frontera. En el viaje, que duraría unas tres horas, recorreríamos enormes planicies de tierra que en algún momento se iban a convertir en carretera, pero que, como sucede tan a menudo en muchos países, se habían quedado solo en promesa, en una enorme explanada de polvo seco que los choferes de los taxis usaban como si fuera una travesía de un *rally*. El taxista que me tocó en suerte conducía a una velocidad vertiginosa, rebasaba a otros vehículos con temeridad, cruzando el camino de un lado al otro como quien salta la cuerda. En un momento entabló una carrera con un colega taxista que venía atrás de nosotros, riéndose diabólicamente y gritando «¡París-Dakar! ¡París-Dakar!», creyéndose, me decía a mí mismo, el único piloto tayiko en la historia de esa dura y peligrosa carrera por el desierto. Con la mano que tenía libre me sujetaba con fuerza a un viejo cinturón de seguridad desgarrado —porque con la otra me sujetaba el corazón—, mientras pensaba que sería el colmo que muriera en tierra de nadie y sin llegar a cubrir la guerra más importante, y no por una bala, ni una mina, ni secuestrado por terroristas, sino a manos de un taxista tayiko enloquecido y eufórico que no pisaba el pedal del freno por su desquiciado afán de ganar una carrera imaginaria.

En esos momentos, al sentir mi ritmo cardiaco acelerado, las manos sudorosas y la boca seca, me di cuenta súbitamente de que, si pretendía salir vivo y medianamente cuerdo de las situaciones imprevistas como la que estaba viviendo, y de la zona de conflicto en la que me estaba adentrando, tenía que aprender a controlar mis reacciones. Se dice que el miedo, además de ser la respuesta «al vacío de información», es la reacción natural ante lo desconocido. El ser humano, ante la incertidumbre, recurre a instintos que trae programados desde tiempos prehistóricos, de cuando tenía que defenderse constantemente para sobrevivir y solo tenía dos opciones: pelear o huir. Ese instinto emerge ante situaciones de riesgo o en las que no se cuenta con los suficientes elementos para tomar decisiones adecuadas, es decir, que están fuera de nuestro control. En este caso decidí resistir mis deseos de huir. Sabía que, en el fondo, si lograba entender a qué me enfrentaba, podría tomar las medidas necesarias para sortear las situaciones que tendría por delante.

Alrededor de las cinco de la tarde nuestro grupo llegó al poblado donde pasaríamos la noche antes de emprender el viaje a caballo. El sol caía mientras se levantaba un viento frío y cortante. Nos aproximamos a un grupo de chozas de barro en una llanura vasta y monocromática. A 4 000 metros de altura el aire se enrarece, se siente que falta oxígeno. A lo lejos, las cimas de las montañas cubiertas de nieve adquirían un intenso tono dorado por el reflejo de los últimos y débiles rayos del sol de invierno.

Los cinco extranjeros nos bajamos de nuestros vehículos, cansados y cubiertos por un fino polvo de pies a cabeza. De inmediato fuimos rodeados por una veintena de hombres, todos cubiertos con unas enormes frazadas color marrón, tejidas a mano con lana cruda, para protegerse del frío. Nos observaban con sospecha. No es muy frecuente que forasteros blancos, acompañados de una mujer con el rostro y la cabeza descubiertos y en pantalones, pernocten en el último poblado antes de llegar a los imponentes montes del Hindu Kush.

Tomé la mano de cada hombre y llevándomela al pecho les dije: «Salam aleykhum», que se traduce al español como «Que la paz esté con ustedes», el tradicional saludo en tierras musulmanas. Como respuesta a mi expresión cortés solo recibí una mirada solemne e inquietante. Unos niños, aunque manteniendo la distancia, me miraban de reojo con lo que creí era una enorme curiosidad. Saqué mi teléfono satelital para comunicarme con mi sede en Atlanta, a una eternidad de distancia. Unos cuantos niños me rodearon con asombro al verme hablar con el extraño aparato que me vieron sacar de una maleta de plástico negra.

Seguíamos rodeados de hombres curiosos y cautelosos que portaban fusiles kalashnikov, armas de asalto que los soviéticos habían introducido dos décadas atrás y utilizado con tan terrible precisión durante las guerras afganas que causaron unas 50 000 muertes.

En Afganistán es una obligación extenderle la mano a un viajero, aunque esa misma mano porte el fusil con el cual se le matará al día siguiente. Después de comer algo de las provisiones que traíamos, entramos a la casa que nos habían preparado para que pasáramos la noche. Todos traíamos paquetes de raciones tipo militar, unas bolsas de comida deshidratada (MRE) que se convertían en platillos completos al echarles agua caliente, como spaghetti a la boloñesa o arroz con pollo. Era alucinante estar en las montañas afganas, en plena guerra, y poder cenar unos raviolis de queso, un pollo Teriyaki o unas enchiladas.

Llevábamos bolsas de dormir que extendíamos en el suelo de la pequeña casa acondicionada para huéspedes que nos brindaban los lugareños. Eso sí, nadie se bañaba, lo más que podíamos hacer era lavarnos los dientes con agua embotellada. Los cuatro hombres del grupo dormimos alrededor de Glenda, la única mujer que nos acompañaba, una periodista con base en Sudáfrica que había vivido todos los horrores de las guerras civiles de los últimos años en el continente africano. Durante los siguientes días, Glenda mostraría la sangre fría y piel de cocodrilo que había desarrollado como mecanismo de defensa en sus años como reportera de guerra. El viaje aún no terminaba.

La noche cayó de súbito y por un instante se apoderó de mí una aterradora sensación. Me empecé a preguntar: ¿cómo terminé aquí, qué estoy haciendo tan lejos de mi cómodo piso en la Ciudad de México, en medio de la nada, en un país hostil y extraño y atrapado en una guerra? La respuesta, me doy cuenta ahora, está esbozada en todas las páginas de este libro.

Al día siguiente iniciamos la delicada tarea de negociar con los pobladores el precio de nuestro siguiente operativo y medio de transporte. Dos horas de discusión liderada por nuestro consultor de seguridad, y traducida velozmente al pastún por nuestro intérprete, resultaron en la compra de 54 caballos y un par de burros viejos por 5 400 dólares (en efectivo, no había otra manera de hacerlo). Así quedó conformada la caravana que nos transportaría por lo más alto de la cordillera y nos llevaría a cruzar una cima cubierta con tanta nieve que a veces llegaba hasta la panza de los caballos.

Los 50 000 dólares los llevaba en fajos de billetes dentro de una mochila, junto a mi computadora portátil y mis documentos de viaje. No le daba mayor importancia. Tiempo atrás era común viajar con grandes cantidades de efectivo. Las restricciones de seguridad y las medidas que todos conocemos contra el tránsito ilícito de dinero en efectivo y lavado de dinero no existían en ese entonces. Y en el lugar al que me dirigía no funcionaban las tarjetas de crédito, o las agencias bancarias no disponían de tanto efectivo para facilitar transferencias o retiros. Llevaba encima una pequeña fortuna para cualquiera, pero yo nunca le di tanta importancia al hecho, creo que fue gracias a eso que nunca perdí el dinero que llevaba. Si hubiera estado especialmente pendiente de la *mochila millonaria*, seguramente habría llamado la atención de algún bribón. Aunque en esas tierras hay pocas posibilidades de que te roben debido a la —entonces para mí reconfortante certeza— terrible costumbre local de castigar a los ladrones cortándoles la mano. Vaya costumbre, pero no recuerdo haber visto mancos por aquellas tierras.

El departamento de contabilidad de la empresa tampoco parecía darle mayor importancia. Cuando regresaba de mis viajes y entregaba mis reportes, muchos de los recibos que justificaban los gastos no eran más que sucios trozos de papel arrancados de mi libreta de apuntes con la firma ilegible del comerciante, la única prueba de que en efecto le había dado dinero a cambio de algún bien o servicio.

Por la tropilla afgana había guardado un recibo polvoriento con unos trazos incomprensibles. Los hombres nos acompañaban a pie y guiaban los caballos entre gritos y silbidos. Algunos cantaban con alegría, otros miraban de reojo nuestro valioso equipo y la cómoda ropa de invierno.

Glenda, una sudafricana alta, de pelo largo oscuro y grandes ojos cafés, desde el inicio del viaje había sido objeto de miradas adversas y cargadas de reproches, así que para no llamar tanto la atención optó por comprarse una burka en el bazar de una de las poblaciones por las que pasamos.

Esa prenda, bella en su diseño y a la vez controversial por lo que para algunos representaba, resultaba demasiado problemática en las condiciones en las que estábamos. Glenda decidió colocarse unos anteojos para esquiar que le cubrieron por completo la cara y le daban un aire cómico y surrealista de extraterrestre perdida. Las miradas de curiosidad, como es de imaginar, no cesaron.

Pasaron las horas y los caballos seguían caminando sin descanso (mis caballos, porque fui yo quien los pagó). Pero no llevaba ni una hora montado en un dócil ejemplar afgano cuando, al iniciar el ascenso a las montañas, el caballo relinchó y yo me fui resbalando hacia la grupa, despacio y muy suavemente, hasta que, cuando caí en cuenta, estaba tumbado sobre un banco de nieve escuchando a los guías afganos reírse de mí.

Cuando era niño y mi abuela vivía en una granja lechera a las afueras de Ciudad de Guatemala, todos mis primos mayores que yo tenían caballos. Eran parte del paisaje familiar. Uno de mis primos incluso llegó a representar a Guatemala en el equipo de equitación en los Juegos Panamericanos, para orgullo de mi abuela. Los domingos por la tarde en la finca, luego del almuerzo en familia, los chicos íbamos a las caballerizas mientras los adultos jugaban *bridge*. Yo era muy pequeño para tener mi propio caballo; además, no solo no me gustaban, sino que me daban miedo, y como los caballos son muy sensibles al estado de ánimo de los humanos, *sabían* lo que yo sentía por ellos. Nunca he tenido una relación amigable con los caballos, pero debo darle crédito a tan noble animal y reconocer que yo no he puesto de mi parte para que mejore. Más aún, la estirpe de jinetes se saltó mi sangre.

Justamente le había pedido al consultor de seguridad, el británico rubio que iba detrás de mí, que filmara parte de mi travesía para poder contar mi heroica hazaña de cabalgar hacia las planicies de Kabul. Creo que pocos estarían orgullosos de mi elegante silla. El video da cuenta de mi épica equina. Meses después de regresar a Guatemala, cuando se lo mostré a mi familia, mi sobrina, que en ese entonces no tendría más de seis años, soltó una carcajada que aún retumba en mis oídos.

La cabalgata duró cuatro días y tres noches. Fueron horas de ir montado sobre la bestia, horas de intentos infructuosos por adaptarme al ritmo de sus pasos y no perder el equilibrio. De tratar de dejarme ir, de dar rienda suelta. En no pocas ocasiones preferí caminar al lado del caballo, se me hacía más fácil usar la habilidad que conocía bastante bien; poner un pie seguido del otro, que intentar dominar a mi *Rocinante*. Los guías locales no entendían por qué andaba a pie jalando las riendas a mi caballo si lo había comprado precisamente para que él me llevara a mí sobre su lomo.

No sabía cabalgar, así que el momento de caer y enfrentarme a tan vergonzoso momento tenía que llegar. Me levanté entre risas, con mi dignidad levemente herida, pero reconociendo lo cómico de la situación.

Estábamos en un país en guerra y a la vez rodeados de los paisajes más hermosos que había visto en mi vida. Extensas laderas cubiertas de nieve y exuberantes y verdes valles se divisaban a lo lejos. Enormes montañas, formaciones rocosas y planicies monocromáticas, de tonos grises y cafés, se extendían por kilómetros y kilómetros hasta donde se perdía la vista, igual que el cielo de un azul intenso o de un suave tono café, dependiendo de la fuerza o levedad con que el viento acariciaba el polvo. De pronto, ya frente a la entrada de Kabul, las planicies se mostraban exuberantes, de un penetrante color verde, y llenas de riachuelos y campos de cultivo de frondosos árboles frutales. Una desgarradora belleza la de Afganistán.

De vez en cuando el cielo era surcado por un B-52 estadounidense, dejando entre las nubes, con sus cuatro reactores, la distintiva estela blanca que venía a recordarnos que el país estaba en guerra y a anunciarnos lo que veríamos al llegar a la sitiada capital afgana.

Conforme descendíamos por la cordillera y nos acercábamos al Valle de Panshir, la última parada antes de la recta final hacia Kabul, empezamos a observar otro *paisaje*, el formado por los restos de los tanques soviéticos quemados y abandonados a la orilla de senderos, los pedazos de cohetes y las ruinas de edificaciones bombardeadas que han dejado las guerras que han dominado al país asiático durante décadas.

Un colega que hizo el mismo viaje por el Hindu Kush semanas antes, en compañía de un grupo de periodistas rusos, me relató

cómo estos lloraban en silencio al ver la evidencia de una de las de-
rrotas más desgarradoras en la historia de las fuerzas armadas soviéticas. Y yo recordé que cuando estudiaba periodismo en Nueva
York entrevisté a Igor Kovalchuk, un exsoldado soviético exiliado
en Estados Unidos. Me contó que en 1982, siendo estudiante en un
instituto vocacional en Moscú, fue reclutado y obligado a ir al frente afgano: «Se nos dijo que realizaríamos misiones humanitarias,
pero la realidad era otra muy distinta, de humanitarias no tenían
nada». Esa fue su conclusión cuando vio caer a uno de sus compañeros abatido en combate.

Esa guerra, secuela de tantas otras, sembró las semillas de la
cultura de violencia y beligerancia que aún domina las dramáticas
y apasionadas tierras afganas. La guerra conduce a los seres humanos a tomar decisiones que en otras circunstancias son inimagi-
nables. El último día de nuestra travesía hacia Kabul tuvimos que
tomar una de esas decisiones que luego nos llenan de asombro e
incredulidad.

El último trayecto de nuestro viaje atravesaba el poblado de Jebal
Seraaj, bastión de la Alianza del Norte, en vía hacia Kabul, y lo hicimos sobre una carretera recta de 65 kilómetros localizada en la pla-
nicie de Shomali. El entorno era polvoriento, monocromático, de un
pálido color café, del color de la arena. La carretera se veía seductoramente plana y cómoda, pero solo había un vehículo transitándola.
Los locales en Jebal Seraaj nos dijeron que había sido minada por
fuerzas talibanes para entorpecer la entrada de tropas de la Alianza
del Norte a Kabul. Sin embargo, la única manera de llegar a la capital afgana era recorriendo esa carretera que podría despedirte por
los aires en cualquier momento.

Nuestros equipos y equipajes fueron transferidos de los caballos
a un camión y a un vehículo 4 x 4. Después de eso despachamos a
los campesinos, que hicieron un negocio redondo al venderme sus
bestias, las cuales les tuve que devolver al finalizar el viaje. Así que
estábamos solos frente a 65 kilómetros que nos separaban de nuestro objetivo. Sesenta y cinco kilómetros pavimentados de explosi-

vos. Consideramos la situación. Aún me pregunto si habría alguien que no lo hiciera.

Las consideraciones se acabaron cuando Glenda, la aguerrida periodista sudafricana, tomó una decisión temeraria. Le ofreció a un taxista 100 dólares para que condujera a 100 metros de distancia delante de nosotros sobre la carretera minada, de esta manera nos abriría paso e indicaría el camino más seguro. Si pasaba sobre una mina sería él y no nosotros quien volara en mil pedazos. El taxista aceptó correr el riesgo con una gran sonrisa, porque 100 dólares en Afganistán era muchísimo dinero, ese fue el valor que le puso a su vida. Y condujo con destreza y acierto. La prueba es que sobreviví para escribir esta historia. Y ahora que lo pienso, la vida de todos también costó esos mismos 100 dólares.

Estuve dos meses en Afganistán, durante algunos de los peores momentos de la guerra. El día que llegué a Kabul las fuerzas del Talibán abandonaron la capital y encontraron refugio en el área montañosa de la frontera con Pakistán. Cada mañana salía con mi traductor y mi camarógrafo, y con el consultor de seguridad, hacia uno de los frentes de batalla para observar, mientras caían bombas y misiles, los enfrentamientos de la Alianza contra las fuerzas talibanas. Por lo general los combatientes operaban en pequeñas unidades que se conducían en tanques de guerra. Los tanques artillados eran su modo de transporte, su arma y también su *casa* temporal. Vivían y dormían en el vientre de las máquinas acorazadas.

Cada contingente de cuatro o cinco hombres iba acompañado por un *tank boy*: niños y adolescentes que viajaban con los combatientes para servirles té y alimentos, ayudarlos en las tareas de limpieza y aseo personal y, por más vergonzoso que sea señalarlo (y no menos condenable), en algunos casos también para satisfacer sus necesidades sexuales. La existencia de los *tank boys* ha sido para mí la imagen más desgarradora y violenta de los terribles efectos que puede tener la guerra sobre las poblaciones civiles. Era imposible no reaccionar ante lo repugnante que es ver a un niño llevando a cabo tareas propias de un adulto y otras propias de la guerra, y peor aún, saber que posiblemente era victimizado para saciar el apetito sexual de los combatientes con quienes pasaban semanas de viaje malviviendo en los tanques.

Muchos *tank boys* que merodeaban por donde andábamos los periodistas habían aprendido a imitar con gran precisión el sonido de un misil entrante y se divertían mucho haciéndolo para asustarnos y reírse de nosotros. Los misiles emiten sonidos muy particulares cuando están en vuelo, cuando vienen de entrada —y no fueron lanzados desde nuestras posiciones— suenan muy distinto a cuando provienen del atacante, en cuyo caso la intensidad del silbido va aumentando gradualmente a medida que se acercan. Los chicos silbaban cual misil en vuelo para reírse de nosotros al ver cómo todos nos lanzábamos a tierra. Aquellas risas eran enternecedoras, pues era impresionante ver que, aun en medio de la guerra, y con las vicisitudes asediando, aquellos niños todavía conservaban cierta inocencia y encontraban el momento para hacer travesuras. Estaba dispuesto a echarme al suelo cada vez que los escuchara silbar, pero tengo que confesar que siempre fui engañado y sorprendido por el instinto, para luego conmoverme al escuchar las risas pícaras de aquellos jovencitos.

Ser testigo de la barbarie, la violencia y la crudeza de la vida cotidiana afgana llenó mis noches de pesadillas. Y también me quedé asombrado al ver cómo, al estar cara a cara con la violencia absoluta, se despierta en uno la voluntad de buscar con celeridad y empeño ejemplos de luminosidad. Fui testigo de cómo poco a poco los residentes de la ciudad empezaron a salir con lentitud y timidez, eso sí, desde y por debajo del opresivo manto de la ortodoxia islámica que imponía el antiguo régimen. Vi actos de generosidad que solo brotan en momentos límite, fui testigo del despertar de una población que había vivido demasiado tiempo bajo la tiranía y la crueldad.

La mañana de Navidad los integrantes de nuestro equipo afgano de traductores y choferes, la mayoría jóvenes, aparecieron en la casa de CNN con sus caras recién rasuradas. Todos se habían quitado la barba que el régimen Talibán les obligaba a portar porque interpretaba de manera estricta y dogmática la ley religiosa llamada Sharia, según la cual todo hombre debería dejarse una barba del tamaño de por lo menos el puño de su mano. Los hombres que no la portaban eran sometidos a latigazos. Bajo el Talibán estaba prohibido escuchar música grabada y bailar, y las mujeres no podían salir a la calle destapadas, y mucho menos sin la compañía de un hombre miembro de su familia, los niños no podían volar cometas, una de las más entrañables y queridas actividades de ocio en el país.

En cuestión de días fui testigo de un enorme y entusiasta despertar. Los hombres recién afeitados se entremezclaban en los mercados con mujeres que aún iban cubiertas, pero que no iban acompañadas por sus parientes varones. Reinaba el bullicio propio de un grupo de gente que celebra volver a la vida después de un largo sueño, o de una pesadilla. En la universidad de Kabul vi cuando una joven llegó a matricularse en la facultad de Medicina porque quería seguir los pasos de su madre y sus tías, quienes habían estudiado medicina bajo el régimen soviético.

Y una tarde soleada de invierno, cuando regresaba de un viaje al interior, vi volar sobre un descampado varios cometas de colores que bailaban al ritmo del viento mientras los niños que los hacían vibrar gritaban y reían de alegría.

Pero la guerra rugía por más cometas que danzaran en el cielo. Los bombarderos estadounidenses atacaban sin cesar las montañas y cuevas de Tora Bora para aniquilar los últimos remanentes de las fuerzas talibanas y a los seguidores de Osama bin Laden. Las minas seguían explotando y las diferentes agrupaciones paramilitares combatiendo para ocupar los vacíos dejados por la huida de los talibanes. Aun así, los ciudadanos de Kabul, en esas invernales semanas de fin de año, celebraban la vida. Se habían sacudido el miedo y vuelto a vivir después de cinco años de represión.

Y yo también, como ellos, en esas pocas semanas me había sacudido el miedo a enfrentarme a situaciones nuevas o desconocidas. Al enfrentarme a desafíos enormes y verme cara a cara con la desgarradora violencia de la guerra había enfrentado mi propio temor a la muerte, me había dado cuenta de que el miedo pierde su fuerza cuando se le enfrenta. Pero hay que precisar que ser valiente no significa ser temerario.

La guerra en Afganistán me hizo crecer porque me enfrenté a la humanidad en sus límites. Me hizo darme cuenta de que las situaciones extremas inspiran a su vez las expresiones más extremas. La maldad y la bondad en sus bordes. La crueldad que el comandante de una unidad de tanque artillado mostraba frente al *tank boy* que tenía *esclavizado* contrastaba con la nobleza y entrega mostrada por la doctora, voluntaria en un hospital de campaña italiano, que atendía sin descanso y durante días enteros a los civiles y combatientes heridos en los enfrentamientos. La risa de los niños al librar batallas aéreas con sus cometas que surcaban el cielo luego de años de prohibición, contrastaba con el estruendo de los aviones de combate que volaban el mismo cielo; toda la crudeza y el horror de la guerra contrastaba con el ambiente de algarabía que se escuchaba alrededor del campo de futbol del estadio nacional de Kabul mientras era remozado para que volviera a ser escenario de encuentros deportivos, en vez del lugar en el cual el régimen anterior realizaba las ejecuciones públicas para recordarle a la población lo que les esperaba a quienes no los siguieran.

En la guerra no solo se contrastan con crudeza la vida y la muerte. La guerra es injusticia y justicia, cobardía y heroísmo, oscuridad y luminosidad. Contrastes que se dan cuando el ser humano apela a los instintos más básicos de su ser y a las voluntades más nobles; instintos y voluntades que pueden hacer el bien o el mal. Esas semanas en las secas y monocromáticas planicies de Kabul, bajo el fuego cruzado y con la convicción de estar ejerciendo el oficio para el que estaba preparado, me enseñaron que todos llevamos adentro la condición de ser sombra y brillo. Ojalá la balanza siempre se incline de modo que las sombras sean lo menos oscuras posibles y las risas tan vivas como las de los niños traviesos.

Estuve cerca de dos meses en Afganistán. El día de mi salida, cuando empecé a preparar el viaje de retorno a casa, empaqué cuidadosamente mi maleta con mi ropa, libretas de apuntes y uno que otro *souvenir*. Uno de los que más me ilusionaban era el casquillo de un cohete que había encontrado tirado en un campo en las afueras de Kabul. Era de metal y estaba oscurecido por el fuego. Quería llevármelo y convertirlo en un florero; un final, según creía, poético y ennoblecedor para ese remanente de un proyectil de guerra.

Tomé un vuelo de Naciones Unidas en la base aérea de Bagram hacia Islamabad, la ciudad pakistaní desde donde volaría a Londres y de ahí de vuelta a México. Al aterrizar en Islamabad recuperé mi equipaje y pasé por la aduana, donde el inspector, un viejo panzón que portaba un desgastado uniforme que le daba un ligero aire a Cantinflas, abrió mi maleta y vio el casquillo cuidadosamente envuelto en un par de calzoncillos. Abrió los ojos con sorpresa y se me quedó viendo un instante mientras decidía qué decirme. Escogió sus palabras cuidadosamente. «Saca tu maleta de acá, sal de la terminal y, sin que nadie te vea, tira ese casquillo a la basura. Es un pertrecho de guerra y según nuestras leyes te debería mandar a prisión por viajar con eso entre tus pertenencias».

El Cantinflas pakistaní me salvó de pasar más de una noche en una celda, lejos de casa y quizás iniciando un conflicto diplomático por querer hacer de un casquillo de un cohete un objeto de arte decorativo que habría quedado perfecto en la antesala de la terraza, conteniendo unos tulipanes. En ese momento decidí que no volvería a entregarme a mi vocación de decorador mientras operaba en zonas de conflicto.

Y serás un hombre, m'ijo

Viaje a mi padre y a los años de Ríos Montt

Cuando escribí estas páginas sobre Harris Whitbeck, y luego de releerlas en contadas ocasiones, terminé por sentir que no le faltaba al respeto a la memoria de mi padre. Esa era una de mis preocupaciones fundamentales a la hora de encontrarme con su figura. Y su figura en relación con el gobierno más cuestionado de mi país, Guatemala.

Tenía que enfrentarme a esa cuestión. Enmarco la figura de mi padre y la circunscribo a esos años porque el gobierno del general Efraín Ríos Montt fue criticado con dureza precisamente por mis propios colegas periodistas. Tenía que hacerlo y fue así como descubrí que su recuerdo desborda cualquier intento por enmarcarlo, me di cuenta de que no hay manera, ya sea por su propio carácter o por la admiración que me inspira. El amor y el respeto que le tengo es superior a mi oficio periodístico, por lo que no sé si podría hacerlo sin detrimento de la verdad.

Pero cabe recordar que el niño que acompañaba a su padre en algunos viajes, el adolescente que aspiraba a ser periodista, muchos años después, cuando ya lo era, también cuestionaría lo que cuestionaban sus colegas. Yo me sentía obligado a encarar mis propios retos, y además sabía que era un privilegiado al estar tan íntimamente vinculado con alguien que formaba parte del equipo de aquel gobierno. El problema era que también me cuestionaría la posibilidad de que esa misma intimidad fuera un obstáculo para llegar a encontrar respuestas. Lo que hago acá no es un trabajo de investigación, no es un reportaje, no es un estricto ejercicio de periodismo. Es una indagación sobre mí mismo en un momento en el que puedo mirar atrás para poder encontrar un equilibrio anímico y espiritual que me permita continuar, que me dé la calma para pensar en el porvenir.

Toda búsqueda conducirá siempre al padre. Y yo estaba impulsado a resolver mi conflicto interno antes de poder al menos intentar dar respuesta a quién soy yo. Este ha sido un conflicto interno constante en mi vida adulta, desde que tomé conciencia de cómo la historia irrumpe en la vida de las personas. Cada vez que regresaba de cubrir algún acontecimiento en cualquier parte del mundo me preguntaba qué hubiese pasado si lo que dije, lo hubiese dicho sobre Guatemala. Estoy seguro de que si hubiera dicho sobre mi país, cuando estaba pasando por sus circunstancias más difíciles, lo mismo que dije en su momento sobre Haití, habría desatado una lluvia de críticas contra mí, por lo menos me habrían llamado comunista, entre otros calificativos.

Pero como estaba hablando de la realidad de otro país, era fácil elogiar mi labor: «Qué buen periodista es Whitbeck», «Es un orgullo nacional» «Está poniendo en alto el nombre de Guatemala». Mis reportajes se referían a circunstancias parecidas o semejantes a las que imperaban en mi país; pero por alguna razón en Guatemala —y seguramente en otros países que estaban en las mismas circunstancias— nadie lo veía así. Yo intento esquivar las perspectivas acomodaticias porque no creo que sean convenientes para ningún oficio, incluido el periodístico. Y tampoco ayudan a comprender y entender la naturaleza humana, si tal pretensión es posible. No pretendo señalar acá si la inclinación a ellas es «buena o mala»; esa no es mi motivación.

Tales críticas no me incomodaban ni me «quitaban el sueño», pero sí me llevaban a plantearme cuestionamientos que considero importante responder. Y las respuestas, que giran alrededor de mi padre, son un ancla para mis intenciones de ser un periodista responsable. No puedo evadir esas preguntas, y no puedo rehuir responderlas.

En la madrugada del 4 de febrero de 1976 un terremoto de 7.5 grados sacudió a Guatemala entera. Eran las tres de la mañana y la mayoría del país aún dormía. Unos lo hacían bajo techos de teja y en casas de adobe, otros pocos en casas de hormigón, concreto y ladrillo. Esa noche los perros ladraban sin cesar y algunos gallos cantaban, confundidos por el ambiente enrarecido. Bastaron 36 segundos para que una sola sacudida derribara por completo miles de comunidades y destruyera un tercio de la ciudad capital.

Cuando meses después se hizo un recuento, se supo que murieron más de 22 000 personas, que 76 000 estaban heridas y que más de un millón quedaron sin hogar. En ese entonces mi padre, ingeniero civil de profesión, se dedicaba a su empresa de construcción. Como muchos empresarios, se puso a las órdenes del Comité Nacional de Emergencia, la dependencia del gobierno militar en turno, y sacó su maquinaria a las calles para ayudar a remover escombros y abrir los caminos rurales que habían quedado tapados por los derrumbes, transportar víveres y personal de rescate.

Durante varios meses se dedicó de lleno a las tareas de reconstrucción. Salía de casa temprano y llegaba tarde en la noche, cansado y lleno de polvo, oliendo a sudor y tabaco. Los niños pasamos aquellos meses en casa porque nuestro colegio sufrió tanto daño que estuvo cerrado hasta que terminaron de hacer las reparaciones. Nuestra casa se convirtió en una especie de hostal temporal para los rescatistas que iban y venían del extranjero. También acogimos durante varias semanas a dos bebés, Francisca y María, que habían sobrevivido a la destrucción del orfanato donde vivían.

Un pueblo en particular, Chimaltenango, sufrió algunos de los peores efectos del terremoto. La comunidad, de mayoría indígena y localizada a tan solo 45 kilómetros de la capital, había quedado destrozada por completo. Décadas antes, en 1959, Carroll Behrhorst, un médico luterano proveniente de Estados Unidos, se había establecido allí para dar servicios médicos a las comunidades indígenas y entrenar a las mujeres en salud pública. Sus métodos fueron inclusivos y respetuosos de las costumbres locales y, luego de décadas de trabajo, el «hospitalito» del doctor Behrhorst se había convertido en uno de los pocos recursos de atención médica en toda la región.

En los días siguientes al terremoto, el hospitalito se transformó en el epicentro de los esfuerzos de respuesta inmediata para miles de víctimas y, para muchas personas, tanto en el gobierno como en el sector privado y en las comunidades, fue el único referente para los que brindaban ayuda o quienes la requerían.

Mi padre, que era amigo del doctor Behrhorst y por muchos años fue miembro de su junta directiva, abogaba para obtener recursos y servía de puente de comunicación entre su fundación y las élites económicas y militares del país. Esos nexos creados entre distintos sectores de la sociedad, que nacieron del sufrimiento compartido y de la búsqueda de soluciones, serían factores que influirían de manera importante en la vida futura de mi padre. Y de su hijo que, siempre curioso y observador, desde lejos veía todo sin decir nada, tanto que gracias a eso me convertí en periodista.

De 1978 a 1985, los años más cruentos de la guerra civil en Guatemala, el hospitalito de Chimaltenango nunca dejó de atender. Era un refugio neutral que salvó la vida de miles de víctimas del conflicto.

A pesar de esa neutralidad, casi dos terceras partes del cuerpo de promotores de salud del doctor Behrhorst fueron asesinados o desaparecidos.

Eventualmente el trabajo voluntario de mi padre en la clínica del doctor Behrhorst hizo que llamara la atención de varios oficiales del ejército, con quienes mantenía comunicación tratando de mediar para proteger la integridad de sus programas de salud comunitaria en la zona de conflicto.

El 23 de marzo de 1982 otro terremoto, esta vez político, sacudió de nuevo al país. Un grupo de oficiales jóvenes del ejército protagonizó un golpe de Estado contra el gobierno del general Romeo Lucas García. Aducían que era necesario encaminar el país hacia la democracia y liberarlo de las prácticas corruptas de los anteriores gobiernos militares.

A las pocas horas de sacar a Lucas García del Palacio Nacional, los oficiales acordaron entregarle el mando de una Junta de Gobierno Provisional al general retirado Efraín Ríos Montt, quien en ese entonces se dedicaba a liderar una iglesia evangélica.

Ríos Montt, un hombre autoritario, de carácter duro y contestatario, había intentado años antes acceder al poder por la vía electoral como candidato del partido de centro izquierda Democracia Cristiana.

Hasta ese momento mi padre nunca había incursionado en política. Una semana después del golpe de Estado recibió un mensaje de Ríos Montt en el que lo invitaba a una reunión al Palacio de Gobierno.

Ríos Montt había escuchado hablar de su trabajo en el hospitalito de Chimaltenango y quería entender más sobre su forma de manejar el desarrollo comunitario. A continuación le ofrecería a mi padre un puesto *ad honorem* en su gobierno, con el título de personero presidencial. Al aceptar el puesto se encargaría de coordinar los programas de desarrollo y ayuda humanitaria en el altiplano guatemalteco, en las zonas en donde aún se estaba librando una cruenta guerra entre ejército y guerrilla.

Durante un año, un mes y un día, como lo contó él, mi padre trabajó de la mano de Ríos Montt hasta convertirse en uno de sus hombres de confianza y su representante en numerosas visitas al extranjero. Se reunía en Washington con congresistas republicanos y miembros del gobierno del entonces presidente Ronald Reagan, atendía delegaciones de misiones internacionales y se encargaba de llevar a los corresponsales extranjeros a las zonas en conflicto. Algunos de esos contactos con corresponsales extranjeros serían favorables para mí. Por casualidades de la vida, dos de ellos llegaron a ser mis jefes en distintas organizaciones periodísticas.

Decididamente conservador, mi padre también era un pragmático, como suele suceder. Creía que una manera de evitar que Guatemala cayera ante la guerrilla izquierdista era atender las necesidades de las comunidades y empoderarlas para que se defendieran por sí mismas mientras se libraba la guerra. Coordinó el trabajo humanitario y de desarrollo del gobierno, así como la parte de los granos de un criticado plan de gobierno llamado «Frijoles y fusiles», mediante el cual se buscaba el apoyo de las comunidades indígenas dándoles alimento y armas para su autodefensa.

Mi padre pasaba sus días de visita en visita a comunidades, se reunía con líderes políticos indígenas y ladinos, atendía misiones internacionales de observación y ayuda humanitaria, mediaba entre fuerzas militares y guerrilleras en términos prácticos y discretos.

Sé, porque lo vi y escuché cuando se reunía con sus interlocutores y colegas en casa, que su trabajo era comprometidamente humanitario.

Décadas después me doy cuenta de que la inquietud por cómo fueron las cosas me ha acompañado durante toda mi vida adulta. ¿Qué pensaba? ¿Cómo se contaban aquellos tiempos? ¿Cómo los recordaba el hombre que fue muy cercano al general que años después sería acusado de genocidio y violaciones de los derechos humanos? ¿Quién fue mi padre durante aquellos años?

Decidí entrevistarlo a mis 54 años de edad, siendo ya un periodista con bagaje en estas lides, que se había visto frente a frente con personalidades como Hugo Chávez, Carlos Salinas de Gortari, el papa Juan Pablo II, el Dalai Lama, Vicente Fox, Carlos Andrés Pérez, el subcomandante Marcos, y docenas de militares golpistas en Haití, Venezuela y Ecuador. Nunca me había sentado frente a mi padre, grabadora y libreta de apuntes en mano, para hacerle el tipo de preguntas que rutinariamente le planteaba a cientos de figuras influyentes en otras partes del mundo.

Quería preguntarle si él había visto o estaba enterado de las muchas violaciones de los derechos humanos, masacres y actos genocidas de los que se acusaba a su entonces jefe, el general Efraín Ríos Montt.

Mis hermanos y yo habíamos acordado almorzar en casa de mi padre los miércoles de cada semana para poder vernos todos de manera rutinaria, que mi padre viera a sus nietos pequeños, que pudiéramos compartir en familia. Así que el día que escogí para entrevistarlo fue un miércoles, en un intento porque fuese parte de esa rutina y así aliviar mi propia tensión.

Mi relación con mis hermanas pequeñas ha sido relativamente reciente. Mis padres se divorciaron en mi adolescencia y mi padre formó su segunda familia cuando yo estudiaba en el extranjero. Mi relación con sus hijas había sido esporádica hasta hace poco. Visitas infrecuentes, conversaciones forzadas por la diferencia de edades y la distancia impuesta por las dinámicas que siempre se dan en familias separadas y (des)compuestas por el divorcio. Con el tiempo y la madurez forjamos una buena relación filial que se fortaleció durante esos almuerzos a mitad de semana.

A mi padre le encantaba ver a todos sus hijos juntos y organizaba los almuerzos con esmero. Días antes de cada miércoles nos indicaba en el chat familiar, llamado «Milanesas», cuál sería el menú del día y preguntaba quiénes iban a asistir. Le pusimos el nombre de «Milanesas» porque es el platillo favorito de todos.

La convivencia en la mesa fue amena, mis hermanas pequeñas comentaban las hazañas de sus hijos en el colegio; mi sobrina platicaba emocionada los detalles de los preparativos de su inminente boda; mi padre, sentado a la cabeza de la mesa, escuchaba a todos tranquilo, sin poner mucha atención, contento al saberse rodeado del amor y calor familiar.

El miércoles de la entrevista, después de la comida y de que mis sobrinos pequeños salieran a jugar en el jardín, mi padre y yo nos quedamos solos en la sobremesa, café en mano y frente a un plato de galletas. Saqué una lista de preguntas y comencé a entrevistarlo. Le dije que quería hacerle preguntas que muchos periodistas ya le habían hecho en el pasado, pero que yo también necesitaba hacerle para entender el papel que había desempeñado en el gobierno de la época. Mi voz era ronca y entrecortada porque recién salía de una bronquitis. Mi padre utilizaba aparatos para mejorar su audición, así que subió el volumen y me miraba atento, tranquilo, sereno como siempre lo había sido, satisfecho y a gusto por el hecho de pasar tiempo con su hijo mayor.

«DonHa», le dije. Usaba el sobrenombre de cariño, una combinación de «don» y la primera sílaba de su nombre, «Harris». ¿Cómo llegó a conocer a Ríos Montt, en qué momento decidió trabajar con él y cuáles condiciones impuso?

Mi padre fue tajante al decir que, en su puesto de personero presidencial, encargado de coordinar la asistencia humanitaria en las zonas de conflicto, siempre gozó de independencia y autonomía para desplegarse por todo el país (aunque sus movimientos en las zonas de conflicto siempre eran del conocimiento de las autoridades militares).

Me contó que pasaba semanas viajando por las áreas de conflicto, entrevistándose con líderes comunitarios, autoridades indígenas, estudiantes y religiosos. Era muy amigo de un grupo de monjas estadounidenses de la orden Maryknoll, que manejaba un colegio-orfanato en la localidad de Patzún, en el altiplano central de Guatemala, y ayudaba a algunos de los estudiantes huérfanos acogidos por las monjas a conseguir becas de estudios en el extranjero. Sin decirme por qué, me dio a entender que en varias ocasiones tuvo que ayudar a salir del país a gente que corría peligro.

En su oficina, en un edificio de dependencias públicas en el centro de la ciudad, se reunía con asiduidad con todo tipo de personajes, incluidos activistas y jefes de las organizaciones guerrilleras. En una ocasión en que fui a visitarlo a esa oficina me di cuenta de que no tenía fotos de nuestra familia. Cuando le pregunté por qué, me dijo que era por nuestra seguridad. Mucha gente entraba y salía de esa oficina y no quería que identificaran a sus hijos.

Hablar con mi padre sobre las acusaciones vertidas contra el general y sus oficiales era toparse con una respuesta tajante e inequívoca. «Durante el año, mes y día que estuve trabajando al lado del general, nunca vi indicios de que se realizaran masacres», me dijo. «Durante el periodo de gobierno del general yo estaba encargado de investigar los reportes de violaciones a los derechos humanos y nunca vi nada que indicara que eso sucedía. Es más —aclaró—, durante su gobierno, Efraín ordenó que se evitara masacrar a las comunidades de las áreas de conflicto, dijo que en vez de hacer eso había que ganarse su voluntad dándoles insumos para su desarrollo y fusiles para su autodefensa». Ya, *frijoles y fusiles*.

Cuando le pregunté acerca de los informes que hicieron varias instituciones nacionales e internacionales, sobre que durante el gobierno de Ríos Montt hubo masacres, violaciones a derechos humanos y hasta genocidios, el semblante de mi padre nunca cambió. Yo estaba nervioso, intentaba encontrar un delicado equilibrio entre la necesidad de hacer preguntas difíciles, y hasta cierto punto acusatorias, sin que el hombre que me dio la vida y me inculcó desde muy temprana edad valores de humanismo, apego a la verdad, solidaridad y entrega a los demás sintiera que le estaba faltando al respeto.

Mi padre, sosegado, seguro, confiado y en paz, en todo momento insistió en que no negaba que se habían violado los derechos humanos de las comunidades indígenas en la zona de conflicto y de activistas en los centros urbanos, pero que eso había ocurrido durante otros gobiernos militares; y agregó que él había forjado nuevas relaciones con la dirigencia indígena justamente para recuperar su

confianza y que pudieran construir una buena dinámica de trabajo con el gobierno. Rechazó tajantemente el término *genocidio*, diciendo que él nunca supo de una política sistematizada del gobierno
para exterminar a una etnia entera. Desde su perspectiva, la izquierda usó ese término como una estrategia política y de relaciones públicas para tratar a toda costa de desprestigiar y castigar a su exjefe y
amigo, el general Ríos Montt.

La historia siempre ofrece diferentes versiones, y quizás ninguna desmienta a la otra.

En este caso intervinieron dos comisiones de la verdad, auspicia-
das por la Iglesia católica y por Naciones Unidas, y su conclusión fue
que, en efecto, antes de y durante el gobierno de Ríos Montt hubo
casos documentados de masacres (en algunos casos por personas
de una etnia contra agrupaciones de la misma etnia), así como de
un sinfín de incidentes en los cuales murieron o desaparecieron
decenas de miles de personas.

Años después, mientras se enfrentaba a su juicio por genocidio y
violaciones de los derechos humanos, Ríos Montt admitió que posiblemente hubieran ocurrido «desmanes» durante su gobierno, pero
que, si ocurrieron, él nunca supo lo que sucedía.

La entrevista duró poco más de media hora. En ese momento mi
padre tenía 86 años y su salud era precaria, por lo que necesitaba
descansar en las tardes, así que no quise insistir. Su verdad era *su
verdad*, una tautología irrebatible, y ninguna pregunta o datos que
le mostrara modificaría su postura: durante el año, mes y día que
trabajó con Ríos Montt nunca vio ni oyó informes o reportes de los
actos de genocidio de los cuales se acusaba al general.

Hice las preguntas y registré sus respuestas, cumplí con mi trabajo. No llegué a contrariarme con mi padre a pesar de haber leído
un sinnúmero de informes que contradecían algunas de sus aseveraciones sobre la violencia que se dio durante la guerra. Me frus-
tré, sí, porque al escuchar sus respuestas me encontré frente a la
enorme contradicción que mantiene una herida abierta en la sociedad guatemalteca. Y esa contradicción latía en la casa de mi propio

padre. Pero resolví que lo único que podía hacer, como periodista y como hijo, era registrar las distintas versiones de lo sucedido y permitir que los lectores, los involucrados y los tribunales, sacaran sus propias conclusiones.

Ahora me digo, no sin sentir que es lo que prefiero creer, que cumplí como periodista. Y necesito pensar que también lo hice como hijo.

Quería saber si mi padre estaba al tanto o no de las prácticas de las cuales se acusaba a aquel gobierno. Si de autoridad y ejemplo se podría convertir en un hombre que cometió acciones que yo consideraría reprobables, o bien, que pudiera entender. Porque estaba seguro de que al entenderlo a él podría, al menos en parte, entenderme a mí. Supongo que les pasa a todos. Y es que de cualquier forma siempre sería mi padre, mi papá.

Siempre seré el hijo de Harris Whitbeck. A veces trato de recordar si mi padre fue severo conmigo, pero no fue así, más bien era distante. Una distancia que para él era un ejercicio de prudencia frente al hijo, la cual acortaba con gestos. Mi padre siempre ha sido una autoridad para mí; entre él y yo había una jerarquía, una verticalidad. Ahora que ya falleció pienso que una relación de amistad entre padres e hijos, una relación de paridad horizontal, termina por penetrar el carácter tanto de padres como de hijos.

Me llega a la memoria una vez que, siendo niño, me burlé de los jardineros de la casa porque no entendían las instrucciones de mi madre sobre cómo cuidar sus rosas. Cuando mi padre se dio cuenta se enfureció y me envió a mi habitación como castigo, pero antes de que me retirara me dijo: «En esta casa no nos burlamos de nadie, y mucho menos de quienes trabajan para nosotros». Recordar ese incidente me hace ver que su sentido de justicia y respeto a los demás se daba en todos los ámbitos. Y no me llamó la atención dándome un sermón tamizado por alguna ideología ni mucho menos. Me puso el ejemplo con la autoridad de su compasión y su sentido de justicia.

Y a esa conclusión he llegado con respecto a esos años que trabajó con Ríos Montt y aquellos en que prestó sus servicios para otros gobiernos. Su trabajo estaba motivado por un sentido noble de compasión y justicia, aunque creo que también le gustaba estar cerca del poder. Hasta cierto punto, como le puede pasar a cualquiera, le alimentaba su ego o reconfortaba su vanidad, en la medida en que estos pueden ser alimentados. A la edad que él tenía cuando trabajó para Ríos Montt, que es la que tengo cuando escribo estas páginas, cualquier hombre se podría envanecer al viajar por toda la república representando al señor presidente... siendo objeto de recibimientos, protocolos, traslados en helicópteros, encuentros diplomáticos... Mi padre, sin embargo, supo domesticar la vanidad sin que esto disminuyera sus anhelos.

Mi padre siempre quiso ser presidente. No sé si el hecho de que no haya alcanzado esa meta haya redundado en beneficio de todos. No sabemos lo que el poder puede hacer con las personas, pero la mayoría de las veces suele envilecerlas. Quien llegue a él debe hacerlo con una entereza y complexión moral lo suficientemente sólidas como para contenerlo. Me gusta pensar que mi padre tenía esas cualidades. Sé que en ocasiones, las menos de las veces, el poder ennoblece porque se pueden ejecutar acciones para el bien común, pero hay que alejarse pronto de él, abdicar del poder antes de que él te haga abdicar de tu nobleza. Creo que a mi padre no le sucedió porque su brújula moral era intocable. Él era ingeniero civil y llegó a levantar una de las empresas de construcción más importantes en el país. Su patrimonio lo hizo construyendo carreteras, contratado por el gobierno. Cuando el propio gobierno en turno, que era militar, lo instó a que se prestara a actos de corrupción, a malversar los fondos públicos que él sabía que tenían que rendir para el beneficio de toda la nación, cuando las presiones aumentaron, mi padre decidió cerrar su negocio. Habría podido hacerse inmensamente millonario, pero decidió ser fiel a sus principios, cuyos cimientos eran más sólidos que cualquier material de construcción.

Ese es el legado moral que nos transmitió, esa es la herencia que trasciende a cualquier marco discursivo. Y con esa consistencia moral mi padre prestaba sus servicios a los gobiernos, incluso al de Ríos Montt. Ahora veo que aquella distancia que imponía sobre sus hijos venía dada por su dedicación a la causa del país. Por supuesto que la mayor aspiración de mi padre era contribuir a que su nación mejorara para beneficio de todos y de sus propios hijos. Lo cual me lleva a ver sus acciones como un acto de amor en el que me dejaba participar. Recuerdo con enorme alegría una vez que, como sabía que mi sueño era ser periodista, me permitió acompañarlo en un vuelo de helicóptero a algunas zonas de la provincia guatemalteca para que conociera a una reportera que estaba trabajando en una investigación sobre posibles violaciones de los derechos humanos.

A todo lo anterior se suma que nunca me hizo sentir incómodo o presionado por mi orientación sexual. Por eso insisto en que la distancia de la que hablé se tornaba en o significaba sabiduría, en un dejar hacer que lo mantenía a él como faro de conducta. Y digo esto porque fui yo quien se enteró de que él ya lo sabía en vez de ser yo quien se lo revelara. En una de sus precampañas para convertirse en candidato a la presidencia nos reunió en familia para que escucháramos con atención las recomendaciones e instrucciones de un agente de seguridad israelí que trabajaba con mi padre. El agente nos dio una breve charla en la que nos informó que, mientras durase la contienda, la familia estaría en el foco de atención pública, así que debíamos ser cuidadosos con lo que hacíamos, teníamos que comportarnos con prudencia cuando estuviéramos en público. Una vez que el asesor de seguridad terminó de charlar con nosotros, mi padre se dirigió a mí para decirme: «Ya sabe m'ijo, ya no puede ir a ese bar de la zona cuatro».

Ese era el único bar gay del país. Mi padre lo sabía porque el asesor, quien se encargaba de nuestra seguridad, le reportaba nuestros pasos. No me sorprendió que lo supiese, pero sí me sentí agredido. Le dije a mi padre que no se preocupara, que sabría comportarme. Esa fue la primera vez que mencionó este asunto. Y creo que no solo lo hizo por proteger su imagen, sino también por protegerme a mí. Hasta hoy Guatemala sigue siendo una nación conservadora y religiosa, pero en aquel entonces mis acciones habrían causado un gran escándalo.

Pero mi padre no le dio ninguna importancia a mi homosexualidad, y la verdad no tendría por qué hacerlo. Estaba orgulloso de mis avances en mis estudios y en mi carrera como periodista, implicado en mi desarrollo profesional. Nunca hubo reproches, ni reclamos ni charlas pedagógicas. Se limitaba a contarme que su madre, mi abuela, le decía que había que caminar por la vida teniendo a la vista las tres «p»: paciencia, prudencia y perseverancia. Mi padre caminó honrando esas virtudes.

Cuando le dije a mi padre que estudiaría periodismo y que lo haría fuera de Guatemala, lo que hizo fue alentarme, nunca me cuestionó ni me sugirió otra profesión, no intentó persuadirme para que estudiara otra carrera. Me pagó todos mis estudios. Recuerdo que en una ocasión me dijo: «M'ijo, aproveche, yo solo estoy obligado a darle una buena educación». Y terminé siendo el primero de sus hijos que se fue a realizar estudios superiores fuera de Guatemala. Y además a Nueva York, en la Universidad de Columbia, donde hice una maestría; y también al estado de Maryland, al Washington College, donde hice la licenciatura. Esto representaba un costo significativo que mi padre cubrió con decisión. Me enviaba 500 dólares al mes para mis «chicles»; en ese entonces era mucho dinero (y lo sigue siendo ahora). A veces siento remordimiento por haber tenido esos privilegios, pero estoy seguro de que los aproveché para bien, para mi preparación profesional y para la experiencia vital. Creo, por la forma en que mi padre se comportó conmigo, que honré su generosidad. Esa era mi responsabilidad, para mí era un compromiso que yo decidí hacer, porque él no me lo exigió, y en todo caso vino a forjar y a reforzar mi carácter.

De alguna manera esos eran los valores que habitaban en mi hogar. Y es que sí, mi padre fue un buen hombre al que no tengo nada que reprocharle. Lo que en principio pudo haber sido una grieta —que no lo ha sido nunca— es un conflicto que podría haber partido de lo político para ir a instalarse en la intimidad de la familia. Me pregunto si me habría hecho esos cuestionamientos si mi vida profesional se hubiese ido por otros caminos, si hubiese sido médico, ingeniero o empresario. Creo que las preguntas surgirían, pero no hubiesen tenido la carga que tienen para mí por el hecho de ser periodista, porque quizás no tendría las herramientas o el oficio educado para dar con las respuestas. Las preguntas estarían ahí, de lo que no estoy seguro es de si me hubiese atrevido a hacérselas, a hacérmelas. Ahora me da paz saber que sí lo hice. La conversación que tuve con mi padre unas tres semanas antes de que muriese significó mucho para mí, me agradó haber podido hacerlo partícipe de mis búsquedas, de mi viaje interior, y su exteriorización —que es lo que estoy volcando en estas páginas— me alivia.

Una mañana de 1982, cuando tenía tan solo 17 años, estaba en la cocina desayunando, preparándome para ir al colegio, cuando mi padre entró para contarme que ese día iba a llevar a un equipo de periodistas de la televisión estadounidense a visitar el lugar donde se daba por supuesto que había ocurrido una masacre.

De inmediato le rogué que me dejara ir con él, me emocionaba la posibilidad de conocer a unos reporteros y ver de cerca cómo realizaban su oficio. Nos dirigimos al hangar del aeropuerto en donde nos esperaba un helicóptero. Parados frente a él estaban un camarógrafo, su sonidista, un productor y un traductor guatemalteco, y una de las más célebres corresponsales de NBC News. Una rubia cubano-estadounidense llamada Bonnie Anderson.

Los periodistas estaban en Guatemala porque el gobierno de Ronald Reagan, el entonces presidente de Estados Unidos, había decidido reanudar parcialmente la ayuda militar a Guatemala. Su predecesor, Jimmy Carter, había interrumpido la colaboración y asistencia militar debido a las denuncias e informaciones sobre matanzas y violaciones de los derechos humanos. Los reporteros querían determinar si era cierto o no que la violencia había disminuido.

Nos subimos al helicóptero y Bonnie le indicó a mi padre que no le iba a decir el lugar exacto adonde quería ir, sino hasta que la nave estuviera en el aire. Mi padre y el piloto accedieron, y tomamos vuelo rumbo a la comunidad de Nebaj, en la región Ixil, un área de predominio indígena en el centro del país. Casi una hora de vuelo después aterrizamos en medio de una cancha de futbol rodeada por un pequeño poblado y enseguida varios hombres de la comunidad se acercaron a la nave. Bonnie y su equipo se bajaron del helicóptero y se apresuraron a apartar a los líderes de la comunidad del resto de la comitiva para entrevistarlos. Quise escuchar lo que decían, pero la corresponsal me miró con una expresión que me dejó muy claro que prefería realizar esas entrevistas en privado.

La reportera no quería que sus entrevistados se sintieran intimidados por la presencia de un alto funcionario del gobierno y su hijo adolescente.

En 1996, más de una década después de aquel encuentro, Bonnie Anderson se convirtió en mi jefa al asumir la dirección de la mesa de asignaciones de CNN en Español. Trabajamos juntos durante varios años. Ella me asignaba informes alrededor del mundo, supervisaba y nutría mi desarrollo como periodista y luego como jefe de la oficina de la cadena en la Ciudad de México. Nos teníamos un cariño especial, yo porque sentía absoluto respeto por su brillante trayectoria profesional y ella porque recordaba a aquel adolescente inquieto que soñaba con algún día ser periodista.

Hoy Bonnie está retirada. Vive en una playa de Puerto Rico. Opera, junto a un capitán, un barco de pesca para turistas. Me comuniqué con ella porque quería preguntarle sobre ese viaje de cobertura que realizó a Guatemala, la impresión que le causó mi padre y la conclusión a la que llegó después de las entrevistas que realizó.

Ella me dijo, con evidente alegría:

Cuando te conocí me di cuenta rápidamente de que querías ser reportero. No eras uno de esos jóvenes que se deslumbran ante la celebridad y que les interesa estar en las noticias para ser famosos. Te veía como alguien que quería ser reportero de verdad, y noté cómo observabas nuestro trabajo y absorbías todos los detalles del oficio. Recuerdo que casi podía ver cómo grababas la información en tu cerebro y pensaba: "Este joven va a ser un periodista de verdad". Nunca me imaginé que años después estaríamos trabajando juntos.

Pero al hablar del reportaje que hizo ese día en Guatemala, y de las conclusiones a las que llegó, Bonnie adoptó un tono menos jovial. Le pregunté si durante esa visita y con sus entrevistas había encontrado evidencias, indicios que llevaran a pensar que había ocurrido alguna violación de los derechos humanos. Me respondió que no, que en ese caso no, pero que creía que Ríos Montt estaba mal de la cabeza. «Francamente, yo pensaba que Ríos Montt tenía un par de tuercas sueltas, —me dijo— y sí creo que durante su régimen sucedieron cosas muy feas. Sería muy difícil para mí creer que tu padre no se daba cuenta de lo que sucedía, pensaría que con el tiempo se le fue borrando la memoria».

Mi exjefa, una de las periodistas que más admiro en el mundo, la que contribuyó a inspirar mi carrera, me decía que su instinto le decía que mi padre sabía algo de lo que ocurría.

¿Qué hago con esa apreciación? ¿Cómo la manejo: como hijo o como periodista?

Mi padre formó parte de un gobierno que rompió el orden constitucional. No participó en el golpe de Estado, pero participó del gobierno que se instauró con este. Quienes estaban en el poder eran unos militares corruptos que socavaban la nación, algo con lo que se tenía que acabar. Aquello era una dictadura torpemente disfrazada, había elecciones que siempre ganaba el militar en turno. Mi padre sabía que la gente sufría aquella situación, reconocía que la mayoría del país padecía las profundas desigualdades que un sistema corrupto generaba en muchos. De ahí le viene su vocación de servicio.

Mi situación, y la de una minoría privilegiada, era distinta. Yo pertenecía a una clase social conservadora, de *niños bien*, iba a un colegio privado y estaba protegido por la estabilidad económica de mi familia; en fin, vivía en una burbuja, en un círculo banal, frívolo. La norma era ir de compras a Miami para adquirir camisas y pantalones de marca. Hasta ahora no sé cómo logré introducir un trabajo de responsabilidad social en mi colegio para reconstruir una escuela pública de una aldea pobre en el campo. Fue posible gracias a la ayuda de mi padre (eso sí, no muy lejos de la ciudad). Pero al menos fue uno de los pocos trabajos escolares que hice en esa época que impactó directamente en una comunidad que lo necesitaba.

A diferencia de la mayoría de la gente que conformaba ese círculo social, que quizás no veía más allá de su propia realidad, en mi casa había un interés por la cultura y el acontecer mundial. Mi padre estaba suscrito a la revista *Time*, por ejemplo. Esa revista llegaba todos los jueves y yo procuraba llevármela antes de que él la viera. Me encerraba en mi habitación para leerla de cabo a rabo. Era solo un chico con inquietudes, un chico de unos diez o doce años que quería ser periodista. Mi padre siempre contaba que tenía que entrar a mi habitación con mucho cuidado, cuando yo ya estaba dormido, y quitarme la revista de las manos para entonces poder leerla. En mi casa la lectura era habitual, mis padres eran lectores constantes, mas no intelectuales. Por sus manos pasaban constantemente novelas de misterio, espionaje e intriga política. Pero tengo que reconocer que mi actividad lectora se *intelectualizó* ya siendo adulto. Y quizás lo que contribuyó a ello fue que los libros de Graham Greene cayeron en mis manos. Desde entonces la imaginería de las novelas de ese autor me ha acompañado en mis viajes reporteriles.

No estoy seguro de si mi padre leyó a Graham Greene, pero me gusta pensar que así fue. No solía ser tan abierto como para dejarnos conocer sus gustos más personales. Aquella distancia que mi padre marcaba con nosotros quizás no lo hiciera un padre frío, pero tampoco era uno cálido al estilo latino.

Paciencia, prudencia y perseverancia. Mi padre tuvo esas virtudes y las mantuvo hasta que dejó el servicio público, en 2008. Tenía entonces 74 años. Digo «el ejercicio público» porque en el hogar y en sus círculos íntimos siempre las tuvo, para él esa era su forma de estar en el mundo. Cuando falleció, a los 86 años, apenas unas semanas antes de que yo terminara de escribir estas páginas, alguien me preguntó si había quedado algo que decir entre nosotros. Lo pienso y concluyo que no, no quedó nada por decirnos. Estaba orgulloso de mí. Lo sé y eso hace que me invada una calma cercana a la satisfacción. Maduramos cuando mueren nuestros padres ¿no?

En el momento en que comencé a trabajar, decidí tomar una actitud pragmática (quizás como lo hizo mi padre durante décadas para enfrentar algunas realidades). Recién llegado a CNN le informé a la cadena que no cubriría noticias en Guatemala porque existía un conflicto personal dados mis nexos familiares. Años antes, en la universidad, me incorporé al capítulo local de Amnistía Internacional para abogar por los derechos humanos. Sin embargo, del capítulo Guatemala decidí abstenerme porque las cosas que oía me confundían demasiado, pues contradecían lo que sabía de mi padre.

Al escribir estas páginas decidí también tomar esa actitud. Estas notas, estos apuntes, no son la investigación definitiva sobre lo acontecido en Guatemala en algunos de los años más sangrientos de su historia, no pretenden ser más que la travesía de un periodista que mira atrás e intenta ordenar lo vivido. La única conclusión a la que puedo llegar es que, en mi país, como en muchos otros, hay muchísimas versiones de la verdad; cada quien tiene la suya, pero es importante que todas esas verdades se ventilen y que siempre se ajusten a los hechos, pues estos no pueden ser desplazados por las opiniones.

¿Qué motivó a mi padre a sumergirse en la política durante la sangrienta década de los ochenta y continuar en ella durante los siguientes 30 años? ¿Tomó decisiones pragmáticas, quizás duras y frías, al preferir enfocarse en áreas donde podía ayudar a mejorar las condiciones de vida de muchas personas, aunque a su alrededor estaban sucediendo cosas terribles? ¿Decidió asumir un silencio o cerrar los ojos sabiendo que el resultado de su trabajo salvaría vidas y le daría posibilidades de un mejor futuro a miles de personas que vivían en las áreas de conflicto? ¿Y qué dice eso sobre el papel que yo, como periodista, he asumido a lo largo de mi carrera?

El periodista debe ser implacable en la búsqueda de la verdad, asegurarse de ventilar con ecuanimidad los distintos puntos de vista sobre determinados acontecimientos, permitir que el receptor de la noticia tenga suficiente información para llegar a sus propias conclusiones sobre el acontecer. Debe ser un observador activo, convertirse en un vehículo de datos que aporta elementos sobre los hechos para que la sociedad pueda reconocer el mundo en el que vive y con base en ello tomar sus decisiones.

Cuarenta y tres años después, en 2019 y a las 4:01 de la madrugada —con una hora de diferencia de aquella en la que aquel terremoto sacudió al país— salí todavía desperezándome a la terraza de mi casa, café en mano, sintiendo el intenso aroma del grano tostado guatemalteco con el que suelo espantar el sueño. Me estaba preparando para iniciar otro viaje. De nuevo a mi interior, a intentar conciliar lo irreconciliable, ser hijo y periodista cuando el *hecho*, el *suceso*, es mi padre.

El Cinturón de Orión, conocido también como Las Tres Marías por estar formado por tres brillantes estrellas, se veía con claridad en el cielo oscuro. En la distancia, a esa hora previa al alba se divisaban los perfiles silenciosos de los tres volcanes que custodian el lago de Atitlán.

Yo iba a Quiché, específicamente a la región Ixil, porque quería ver con mis propios ojos y escuchar de primera mano las historias de los habitantes de esa región donde mi padre, durante su paso por el gobierno del general Efraín Ríos Montt, había trabajado coordinando la ayuda humanitaria mientras —según los señalamientos— se realizaban algunas de las masacres más sangrientas de la guerra. Semanas antes lo había entrevistado para entender el papel que desempeñó durante los conflictos armados. Pero de repente fue solo eso, un *intento* de entrevista, un intento para entenderlo como periodista y como hijo. Este viaje lo hacía para recabar más datos y así lograr ordenar las contradicciones que me inquietaban sobre lo que se ha informado que ocurría durante el gobierno del cual mi padre formó parte. ¿Cómo lo percibían los habitantes de la región y los sobrevivientes del conflicto?

La noche antes de partir había sido una de beber varias botellas de vino y mucha conversación con mis amigas Ana Carlos y Tatiana Palomo, las dos cineastas de generaciones distintas a quienes había invitado a acompañarme en el viaje que estaba por iniciar. Habíamos conversado mucho sobre filosofía, amores y desamores, de literatura y cine, de los más recientes chismes sobre los políticos en turno y, en especial, del pasado y el efecto que este tiene sobre el presente. Había escogido con mucho cuidado a estas compañeras de viaje.

Ana, documentalista, productora y directora de cine, es una de las personas que mejor conocen Guatemala y su historia reciente. En la década de los setenta pasaba mucho tiempo en el altiplano del país viajando por las comunidades indígenas en labores humanitarias. Cuando comenzó el conflicto armado entre la guerrilla de izquierda y el ejército, trabajaba en algunas de esas comunidades con monjas de la orden Maryknoll, aquellas con las que mi padre forjó amistad, y llevaba ayuda a las áreas afectadas por la pobreza extrema y la guerra. Ana Carlos es una mujer profunda, con una curiosidad insaciable que la lleva a entablar conversaciones con cualquiera que se le ponga enfrente. Desde muy pequeña su padre le inculcó que era libre para preguntar cualquier cosa. Con los años se convirtió en mi mejor referente para entender las complejidades de nuestro país.

Tatiana era la más joven del grupo. Es una milenial llena de energía y con una espiritualidad que le brota de la piel, es actriz y también fue la directora de un corto cinematográfico sobre un doloroso momento en la historia de su familia: el asesinato a manos de la guerrilla, en 1975, de su bisabuelo Luis Arenas, a quien mataron cuando estaba pagando la planilla quincenal a los trabajadores de su finca localizada en Quiché, en el altiplano guatemalteco.

Cuando salimos de viaje a Quiché, una tierra desgarradoramente bella y herida por la violencia del pasado, Ana, Tatiana y yo no parábamos de hablar. Ana nos contaba cómo al salir de la adolescencia, y viviendo su juventud en plena «era de Acuario», tenía algunos amigos de la burguesía guatemalteca que eran miembros de una de las agrupaciones guerrilleras responsables de acciones subversivas en áreas urbanas. Sus amigos eran jóvenes que vieron en las armas la única herramienta para acabar con las injusticias y desigualdades en Guatemala. Eran jóvenes apasionados, lo que les llevaba a tomar esa clase de decisiones radicales. Contó cómo dos de esos amigos, un matrimonio, desaparecieron para siempre víctimas de la represión, víctimas también de la guerra que decidieron librar. Recordó lo difícil que fue llevar en silencio el duelo por sus amigos, sin poder compartirlo con nadie porque en su entorno social hubiera sido peligroso, además de escandaloso, expresar dolor por un guerrillero caído.

La historia de Ana reflejaba la gran confusión y división que se dio en Guatemala durante el conflicto armado. División entre los que odiaban a los regímenes militares que ostentaban el poder desde el derrocamiento en 1954 del centroizquierdista Jacobo Árbenz, promovido por la CIA y los de la derecha tradicional conservadora, que preferían mantener el *statu quo* en muchos casos a costa de las mayorías trabajadoras, indígenas y campesinas.

Al emprender el viaje hacia la región Ixil aquella madrugada, pesaba sobre los tres la historia reciente de nuestro destino. Cada uno, de cierta manera, se iba a enfrentar a momentos del pasado que influyeron en nuestras vidas de manera imborrable.

Lo relatado por Tatiana en esas horas de camino rumbo a Quiché también señalaba la confusión que provocan estos conflictos desgarradores, aunque su historia aconteció décadas después. Meses antes de nuestro encuentro, Tatiana había producido un cortometraje sobre su bisabuelo, un finquero reconocido y poderoso en la zona que visitábamos, que había sido asesinado por la guerrilla. Había logrado contactar y entrevistar a Yolanda Colom, una exintegrante de la agrupación del Ejército Guerrillero de los Pobres, quien confesó haber ordenado el asesinato. Recordó lo intenso que fue el momento en que conoció a una de las asesinas y la forma en que reaccionó la anciana exguerrillera al enterarse de que estaba frente a la bisnieta de una de sus víctimas. Nos contó que la exguerrillera justificó el crimen como un acto de guerra. También hablamos de cómo sus propios parientes, conservadores, la recriminaron por haber entrado en contacto con una de las protagonistas de uno de los momentos más desgarradores para su familia.

Los tres llevábamos cierto bagaje en ese viaje a Quiché, cada uno por distintas razones, pero estábamos unidos por el sentido de confusión que la historia reciente de nuestro país sembraba en nosotros, una confusión que genera dolor y que aún se respira entre gran parte de la población guatemalteca.

Antes de partir había hecho contacto con Nicolás Corión, un campesino que dirige una cooperativa agrícola formada por una treintena de familias sobrevivientes del conflicto armado. Quería conocer su versión de cómo se vivió la guerra en esa zona. Quería ver si existían puntos de acuerdo entre su versión y la de mi padre. Quería enfrentarme cara a cara con la realidad de lo sucedido, escucharla de boca de quien la había padecido.

Tatiana tenía sus propias razones para reflexionar en ese viaje. La finca donde mataron a su bisabuelo se encontraba en la misma región y quería entender el contexto que rodeó ese hecho que marcó a su familia para siempre. Su bisabuelo era conocido como «el Tigre de Ixcán». En su finca de café vivían y trabajaban decenas de familias. Era odiado por la guerrilla, quien lo acusaba de financiar los movimientos armados paramilitares de extrema derecha. Fue asesinado por una unidad del Ejército Guerrillero de los Pobres frente a los trabajadores, en el patio de su casa.

Durante las cuatro horas de viaje sobre caminos recién asfaltados que cruzaban el pie de la cordillera de los Cuchumatanes, subimos montañas y bajamos a verdes y fértiles valles, apacibles en la extraordinaria belleza del altiplano, que como apenas se estaban sacudiendo el agua de la temporada de lluvia que acababa de terminar, estaban engalanados con enormes y coloridos campos de flores silvestres. Era difícil imaginar que tan solo tres décadas atrás esta zona había sido el escenario de algunos de los acontecimientos más sangrientos en la historia del país.

Nicolás Corión nos recibió en un pequeño despacho de su oficina en la ciudad mayoritariamente indígena de Nebaj. Era un hombre corpulento y de baja estatura, con ojos achinados y oscuros que reían al mismo tiempo que sus labios se estiraban en una sonrisa. Sus manos y brazos se movían al compás de su relato, como si fueran parte de su aparato vocal, y con ello le agregaba histrionismo a la historia que nos contó.

Dijo que una mañana de 1982, cuando tenía 8 o 9 años de edad, vio entrar a la casa de su familia a un grupo de hombres que llevaban uniformes del ejército guatemalteco. Él alcanzó a escapar y a esconderse detrás de un árbol, y desde allí vio aterrado cómo los soldados sacaron a su abuela de la casa y la acribillaron sin mediar palabra, acertando un tiro que la mató. El pequeño Nicolás, oculto tras el tronco del árbol para que los atacantes no lo vieran, y sin poder hacer nada, vio cómo la sangre fluía del pecho de su abuela. En los días subsiguientes los soldados encontraron y mataron a sus tías y a sus hermanas.

Sentado frente a él, con mi libreta de apuntes en la mano, no podía dejar de verlo a los ojos mientras escuchaba su relato, sin intentar preguntarle algo o hacer un comentario para no interrumpirlo.

Mi padre me había dicho tajantemente que mientras él estuvo en el gobierno de Ríos Montt nunca vio ni escuchó historias de masacres, ejecuciones sumarias o desapariciones a manos de fuerzas del gobierno. No negó que pudieron haberse dado muchas matanzas y hechos de violencia, pero los atribuía al régimen militar anterior, que había sido derrocado por el general Ríos Montt. Yo estaba escuchando una de esas historias en boca de alguien que las había sobrevivido. Le pregunté a Nicolás qué sentía al contarme su historia y si sabía quién era mi padre.

Su respuesta aún resuena en mi mente. «Solo la persona sabe si trae el bien o el mal en su corazón», me dijo. «No sabemos si tu padre sabía o no las cosas que ocurrían, pero eso no importa aquí. En todo caso, los hijos no tendríamos que pagar los pecados de nuestros padres», concluyó. Nos regresó al presente, al momento, a la practicidad y sosiego de alguien que ha trabajado su duelo y, con una serena sabiduría, borró el conflicto interno que se revolvía dentro de mí como un torbellino, en un esfuerzo por intentar conciliar mis cuestionamientos como periodista con el amor, admiración y respeto que siento por mi padre.

Lo que sí es verificable y que sí puedo publicar con certeza no viene de la entrevista que le hice a mi padre, sino de conversaciones con muchas personas que lo conocieron y trabajaron con él a lo largo de casi 30 años de servicio público. De hablar con personajes como don Tomás Saloj, el alcalde indígena de Chichicastenango, conocido como la máxima autoridad de la etnia quiché, quien almorzaba regularmente con mi padre. Ambos viejos pasaban horas conversando con la ayuda de un traductor, porque don Tomás no hablaba castellano. También de conversar con las monjas Maryknoll de Patzún, quienes me contaron que la ayuda de mi padre fue fundamental para salvar la vida de jóvenes líderes indígenas que eran perseguidos por ejercer su liderazgo en comunidades enfrentadas al ejército. De hablar con viejos empresarios de derecha que lo consideran un gran patriota, con exdiputados que aún hablan de algunas de sus propuestas de ley del servicio civil y la descentralización del Estado, propuestas que siguen archivadas en el Congreso de la República, sin ser promulgadas porque se convertirían en poderosas herramientas en la lucha contra la corrupción.

Al final, no sé cuánto supo mi padre sobre lo que sucedió durante el año que estuvo en el gobierno de Ríos Montt. Lo que sí sé es que hoy, y aun siendo periodista, no es mí a quien corresponde juzgar ese pasado. Ese trabajo ya lo hicieron los activistas de derechos humanos, los familiares de las víctimas, los documentalistas, fiscales y operadores de justicia, los jueces en los tribunales. A mí me toca celebrar lo que me heredó: el enorme amor por su país, su vocación de entrega y servicio dirigido al bien común, y su compasión y respeto hacia los demás.

Y como la verdad puede ser un archipiélago, recordé a una persona que por entonces hacía un trabajo valiosísimo y, como tal, no exento de polémica. En esa época llegó a Guatemala Jean-Marie Simon, una fotógrafa y activista de derechos humanos estadounidense. Publicaba con regularidad sus fotos en la revista *Time*, y como reportera *freelance*, trabajaba con equipos de documentalistas europeos. Su nombre llegó a sonar dentro de los distintos círculos del país porque su oficio, como el de muchos, generaba admiración en algunos y controversia en otros. En mi casa, en opinión de mis padres, generaba controversia. Simon era considerada parte de ese grupo de periodistas e intelectuales izquierdistas revoltosos que usaban los derechos humanos como un arma para atacar al gobierno militar en turno, como el de Ríos Montt. Al escribir estas páginas pensé que sería interesante saber la opinión de Jean-Marie sobre la época de gobierno de Ríos Montt, si conoció a mi padre, si creía que él sabía las cosas que pasaban. Sería un esfuerzo más por adquirir elementos para esclarecer la verdad y eliminar los sentimientos encontrados que me atormentaban.

Así que contacté a Jean-Marie, quien en el periodo entre la época en que llegó a Guatemala y el momento en que inicié mi acercamiento con ella sacó su título en leyes, con especialidad en temas de derechos humanos por la Universidad de Harvard. La publicación y posterior reedición de su libro, *Guatemala, eterna primavera, eterna tiranía*, seguía haciendo que su nombre fuera muy conocido en el país, un referente en el tema de derechos humanos en Guatemala.

Cuando contestó a la carta que le envié, y en la subsecuente conversación que sostuvimos por teléfono, recordó con cálida candidez lo vivido en la Guatemala de la época y la opinión que se ha formado con el paso de los años.

Los números sobre la cantidad de desapariciones forzosas y muertes han sido gravemente inflados y la razón es clara. Es un juego de cifras para conseguir la atención de la prensa internacional, es por eso que en Guatemala esas cifras han sido grotescamente exageradas. Es más, si esos números fueran ciertos tu padre y yo nos hubiéramos estado tropezando con cadáveres cada vez que íbamos a Quiché.

También remarcó que, aunque creía que la mayoría de violaciones a los derechos humanos en Guatemala se habían dado a manos del ejército, a muchos se les olvidaba que las fuerzas guerrilleras también cometieron masacres. Y en el punto donde fue tajante fue en el uso del término «genocidio» para calificar las acciones de Ríos Montt. «Como abogada, tengo que estar de acuerdo con lo que dice tu padre. Esto no fue genocidio, por eso nunca he utilizado ese término en los libros que he escrito. Muchos académicos y activistas se agarraron del término *genocidio* por su valor dramático, solidaridad y, por qué no decirlo: por dinero. En Guatemala no hubo genocidio porque para comprobarlo se necesitan dos elementos de juicio, los cuales nunca se dieron, uno de ellos es que el ejército haya querido destruir por completo a una población, y el otro es que haya querido destruir a la población ixil simplemente por ser ixil. Lo que hizo el ejército fue imperdonable, pero no se puede calificar como un acto de genocidio».

Jean Marie me contó que en esa época tuvo la oportunidad de conocer a mi padre y de entrevistarlo en varias ocasiones. «Sí creo que tu padre no vio cadáveres porque los escondían o destruían de inmediato. También creo que puede ser que en efecto cerró los ojos para no ver lo que pasaba, como creo que quizás lo hicieron algunos simpatizantes del movimiento de la izquierda, y creo que quizá lo hizo porque llegó al punto en que esa era la única opción para alguien que quería hacer que las cosas cambiaran para bien.»

En el viaje de regreso de Quiché, después de haber escuchado la desgarradora historia de Nicolás Corión y haber decantado nuestras propias historias en torno al conflicto, cayendo la tarde y frente a unas vistas espectaculares de los valles quichelenses, se me ocurrió encender la grabación de un mantra budista que llama a la compasión y al perdón. Lo tenía guardado en mi móvil, era un detalle que en fecha reciente me había enviado un amigo español que era maestro de yoga, quien me lo envió en uno de esos gestos de generosidad espontánea que se dan cuando se tienen que dar y que en ese momento resultó un bálsamo para nosotros. La compasión y el perdón.

Agradecí la oportunidad de conocer a Nicolás guardando profundo respeto por la manera en que manejó su dolor ante la tragedia que desgarró a su familia y a su comunidad. Fue una lección sobre el poder de la conciliación, de lo importante que es reconocer que la manera en que asimilamos el pasado influye enormemente en nuestro presente.

Hoy Nicolás lidera una empresa con otras familias que también fueron víctimas de la guerra, se esfuerza por crear oportunidades de empleo y desarrollo económico para favorecer que las comunidades puedan ejercer la autodeterminación. Sus hijos y nietos sabrán la historia de su familia porque es indeleble. Pero también sabrán que ese niño que se escondió tras un árbol mientras mataban a su abuela se convirtió en un exitoso líder que ayudó a otros a enfrentarse a su propio dolor y a salir adelante.

Mi padre, cuando lo entrevisté, se enfrentó a ese pasado con la misma serenidad que noté en Nicolás, con paz en su conciencia y con la certeza de que las décadas que trabajó en el servicio público contribuyeron a establecer las bases y los programas del gobierno que proporcionarían bienestar y oportunidades a muchos.

Mientras escribía estas páginas mi padre falleció repentinamente. Fue una noche de miércoles, el día del tradicional almuerzo familiar con milanesas que tanto le gustaba. Esa noche cayó víctima de un paro cardiorrespiratorio fulminante mientras tomaba un whisky, tranquilo, en la sala de su casa. Fue solo tres semanas después del día en que lo entrevisté. Murió un miércoles, repito, el día en que era feliz al vernos reunidos a su alrededor.

Me quedé tranquilo por la forma en que murió y sé que él también se fue tranquilo, porque me contó su verdad y la dejó registrada. Como me dijo Ana, y como lo reiteraron tantos amigos más en los días que siguieron a su sepelio, mi padre se fue en su ley, como él quiso, con la conciencia tranquila y satisfecho por la enorme contribución que hizo a su país, así como por haber criado a hijos conscientes de la responsabilidad de honrar su legado.

La madrugada en que emprendí el viaje a Quiché, las Tres Marías de Orión destellaban con una luminosidad extraordinaria. De cierta manera fueron mis guías, igual que, según el Viejo Testamento, lo fueron para Job, quien aprendió en el dolor lecciones de conciliación, paciencia y perdón.

Durante el sepelio se presentó un destacamento de marines, el que custodia la embajada estadounidense en Guatemala, para rendirle homenaje a mi padre. Y es que mi padre fue un *marine*, se había alistado en el ejército en la década de los cincuenta, cuando estaba estudiando en Estados Unidos y estalló la Guerra de Corea. Nunca dejó de ser un guatemalteco, pero también fue leal a Estados Unidos, la tierra de su padre, mi abuelo. Su sentido del compromiso y la obligación ciudadana estaba dirigido hacia ambos países.

Como corresponde en estos casos, se llevó a cabo la ceremonia en que se recoge la bandera estadounidense con la cual se cubre el ataúd y luego se dobla de una forma especial y se entrega a los seres queridos. La elegida para recibirla fue mi hermana mayor. Luego de la emotiva ceremonia formal, el ataúd con el cuerpo de mi padre fue llevado a las afueras del edificio funerario al ritmo de la melodía *When The Saints Go Marching In*, la canción de jazz popularizada por los afroamericanos de Nueva Orleans para sus funerales. Fue un deseo expreso de mi padre, quien hasta en el último adiós conservó el buen humor que lo caracterizaba.

En el cementerio algunos miembros de la Orquesta Sinfónica de Guatemala le rindieron homenaje tocando los himnos religiosos que le gustaban. Fue un momento inolvidable, solemne y reconfortante. Empezaba a caer el sol y notas musicales de violines llenaban el aire que rodeaba al precioso cementerio. Fue como si mi padre nos hubiese dado la oportunidad de reconciliarnos con la vida y sus avatares más duros antes de despedirnos de él. Me tocaba decir unas palabras y elegí leer el poema *Si*, de Rudyard Kipling, y cuando lo hice sentí como si conversara con él y me dijera por última vez: «Y serás un hombre, hijo mío.»

El espectáculo de una invasión

Viaje a Haití, huésped en el Oloffson

El hotel Oloffson, ubicado en el centro de Puerto Príncipe, es una vieja mansión de madera construida en el estilo arquitectónico conocido como «pan de jengibre», un estilo que nació en Haití y fue llamado así por los turistas estadounidenses que visitaban la nación caribeña en la década de los cincuenta del siglo pasado. Los visitantes comparaban las tradicionales construcciones de madera pintada en colores pastel, con aires victorianos y toques decorativos fantasiosos, con las casas de pan de jengibre que se comen en muchos países anglosajones durante las fiestas de Navidad.

La edificación construida en el siglo XIX sirvió de mansión para la poderosa familia Sam, liderada por su jerarca Tirésias Simon Sam, quien fue presidente de Haití desde 1896 hasta 1902, cuando fue derrocado por su primo Vilbrun, quien a su vez fue derrocado cinco meses después por pelearse con la élite mulata. En 1915, Tirésias llegó a ejecutar a 167 opositores políticos en tan solo un día. Esa masacre provocó un levantamiento popular que dio como resultado que Woodrow Wilson, el presidente de Estados Unidos de entonces, enviara a infantes de marina a invadir Haití, la primera república negra del mundo que había sido proclamada en 1804. La familia de Sam tuvo entonces que desocupar la mansión, la cual pasó a manos de un marinero sueco y su esposa haitiana, quienes decidieron convertirla en un hotel de lujo.

La leyenda del Oloffson está íntimamente vinculada a la historia del Haití moderno, que de ser una riquísima colonia francesa en el siglo XVIII, pasó a convertirse en una de las primeras expresiones de republicanismo democrático en el hemisferio, para luego caer en la noche oscura de la sangrienta dictadura de la familia de François Duvalier y su hijo Jean Claude, quien gobernó la isla de 1957 a 1986.

Durante la época en que la mansión, rodeada de un apacible jardín tropical en el mismo centro de la caótica capital haitiana, funcionó como hotel, se convirtió en el punto de encuentro literario, musical, intelectual y político más célebre del Caribe. Durante las décadas de los sesenta y setenta del siglo pasado era el destino predilecto de estrellas de cine y miembros del *gliteratti* de la época. Jacqueline Onassis y Mick Jagger se codeaban con novelistas y artistas como sir John Gielgud y Graham Greene, quien inmortalizó el hotel en su novela *Los Comediantes*, en donde plasmó la represiva era de los Duvalier. El lugar era preferido por artistas y famosos, así como por periodistas, políticos y sacerdotes del vudú, pero también era visitado con asiduidad por los Tonton Macoute, nombre con el que se conocía a los miembros de la temida policía secreta de la dictadura. Hasta la fecha el Oloffson sigue siendo un referente ineludible, obligado e imprescindible para tomarle el pulso a la vida cultural y política, no solo de Haití sino del Caribe, aunque quizás ya no sean tiempos tan glamorosos como los que vieron nacer las narraciones del novelista inglés.

Contratado por CNN, llegué por primera vez a Haití en diciembre de 1990. Como reportero *freelance* debía cubrir las primeras elecciones democráticas desde el derrocamiento de los Duvalier. Nunca antes había trabajado como corresponsal extranjero. Haití fue mi bautizo como reportero internacional y fue realmente de fuego, no de agua bendita. Me enfrenté de golpe con la violencia desencadenada y alimentada por las pasiones, la represión, las creencias espirituales, la codicia, la ambición de poder y la frustración de millones de personas que vivían bajo los yugos de la pobreza, la ignorancia y condiciones precarias de vida.

Y el hotel Oloffson fue la base de operaciones de mi misión periodística. En el lugar conocí a nuevos colegas, entrevisté a una buena cantidad de personajes pintorescos y coloridos, oí por primera vez el género musical «mizak rasin», una suerte de *reggae* enraizado en las tradiciones y ritmos del vudú. En el hotel conocí y contraté a un sacerdote vudú de nombre Abouja, quien también trabajaba como guía y chofer para los corresponsales extranjeros que entraban y salían del país con frecuencia. Un escenario de novela.

Abouja era alto, corpulento, de piel negra y ojos penetrantes. Usaba siempre una tradicional camisa con motivos africanos. Era una persona de carácter muy simpático, de esas que en cualquier parte se encuentran con conocidos y que cuando transitan por las calles de la capital saludan de automóvil a automóvil a un sinnúmero de personajes. Su involucramiento en el movimiento espiritual del vudú, lejos de parecer amenazante, le daba un aire de misticismo. El perfil de Abouja contrastaba con la energía serena y pragmática de su esposa Carole, quien trabajaba en el área administrativa de una de las tantas organizaciones multilaterales que operaban labores humanitarias en el país. Mi guía daba la impresión de que sabía a la perfección lo que estaba sucediendo en todo momento en la capital. Sabía a dónde llevarme para tomarle la temperatura al enrarecido ambiente político.

Una forma de medir la tensión que acompañaba a la temporada electoral era acercarse todas las mañanas a la morgue del hospital público. Esta visita aportaba la cantidad de muertos que habían aparecido la noche anterior en las calles del centro de la ciudad. El nivel de violencia y caos se concretaba en los depósitos de cadáveres en el lugar. El hospital, construido en los años cincuenta, era un edificio viejo y sucio en cuyas puertas siempre se podía ver a personas que esperaban noticias sobre algún familiar enfermo y, cerca de la entrada a la morgue, a los representantes de funerarias a la caza para conseguir a un nuevo cliente entre los dolientes que se acercaban a diario. Pero muchos de esos dolientes salían de la morgue sin haber reconocido a su ser querido y sin contratar los servicios de las funerarias, que la mayoría de las veces no conseguían clientes allí porque casi todos los cadáveres apilados en su interior carecían de identidad, así que terminaban sepultados en fosas comunes.

Esa forma de tratar a los muertos, indiferente, fría, insensible a la pena de los familiares que les sobrevivían y los recordarían, me dejó claro cómo era en aquellos tiempos y para muchos haitianos la realidad de su país. Me mostró la actitud obligadamente resignada ante el sufrimiento inevitable que había adoptado la gente de Haití cuando su nación, la más pobre, corrupta e ingobernable del hemisferio occidental, se empezó a deslizar lentamente hacia un abismo sin fin. Al menos, los muertos eran enterrados.

En medio de la noche, como huyen los delincuentes y algunos amantes, y a bordo de un avión militar, el hijo del dictador original, Jean Claude «Baby Doc» Duvalier, huyó del país acompañado de su esposa Michelle Bennett. El destino fue el exilio dorado en la Costa Azul francesa. En 1990, cuatro años después de que la pareja presidencial abandonó Haití, la infortunada isla estaba en ruinas. Aunque debo aclarar que estas podrían ser hermosas si fueran vestigios de una civilización otrora pujante, pero en Haití solo había escombros.

El país, que era controlado por militares, muchos de ellos corruptos e involucrados en el tráfico de drogas, estaba sumido en la pobreza extrema, las desigualdades más oprobiosas y sin nada con lo que pudiera fomentar el desarrollo económico, 75% de la población ganaba menos de dos dólares al día. Las instituciones públicas a duras penas funcionaban y la tierra estaba arrasada, deforestada casi por completo por la continua tala de árboles para la producción de carbón. Las paradisíacas playas caribeñas estaban desérticas y los hoteles de lujo de antaño abandonados a la maleza. Puerto Príncipe, tan caótica como siempre, estaba repleta de personas empobrecidas que sobrevivían trabajando en las calles como vendedores ambulantes de frutas, en mercados improvisados o en talleres artesanales haciendo trabajos menores.

Una mañana soleada de ese caluroso primer día de diciembre de la década de los noventa salí con Abouja y mi camarógrafo a cubrir una manifestación de partidarios de Jean Bertrand Aristide, el candidato a la presidencia, un exsacerdote salesiano que había sido uno de los opositores más visibles al régimen durante la dictadura de Duvalier.

Mi camarógrafo, con más años de experiencia que yo, me advirtió que la manifestación podía llegar a volverse muy peligrosa. Las calles estaban llenas de gente que gritaba su apoyo a Aristide. El opositor había trabajado durante décadas en las barriadas más pobres de la capital e inspirado el apasionado clamor de miles de haitianos, quienes a diario salían a manifestar su apoyo incondicional para el exreligioso convertido en aspirante a la presidencia.

El bullicioso ambiente estaba impregnado del olor a sudor de la gente acalorada. Entre la muchedumbre se distinguían grupos de civiles armados con machetes que la gente aseguraba eran los remanentes de los temidos Tonton Macoutes, los paramilitares que hacían el trabajo sucio de represión para Duvalier. La tensión era palpable y, mientras mi compañero filmaba, yo intentaba entrevistar con mi francés apelmazado a cualquiera de los manifestantes.

Caminábamos por una de las calles del centro de Puerto Príncipe cuando nos topamos con un grupo de personas reunido alrededor de algo que estaba tirado en el suelo. Al acercarnos, vimos que se trataba del cadáver de una mujer negra, gorda, tirada boca arriba con las piernas dobladas en una posición que indicaba que ambas estaban rotas; en su abdomen descubierto tenía un enorme tajo de machete que dejaba a la vista sus entrañas y el amarillo de su grasa. Quienes la rodeaban la observaban impasibles, ni siquiera intentaban espantar las moscas que se posaban sobre su vientre al descubierto. La imagen era horrible. A la distancia es metafórica: así estaba Haití.

La violencia no faltaba en las manifestaciones bulliciosas que acontecían todos los días, y que yo cubría mientras entrevistaba tanto a personas que me encontraba en la calle como a representantes de los organismos multilaterales y de países amigos que intentaban ayudar a encontrar una salida pacífica ante aquel baño de sangre. Escribía reportajes todas las tardes y los enviaba vía satélite a la sede de la televisora en Estados Unidos.

Durante años en mis visitas a Haití seguí el mismo itinerario: salir a las calles a cubrir la protesta del día. Nada fuera de lo que corresponde a un reportero, pero había algo que estaba obligado a hacer sin importar en dónde estuviera ni qué estuviera haciendo. Tenía que cumplir una regla de *etiqueta ciudadana*, si es que tal cosa existe. En Haití, a cierta hora de la mañana, sin importar lo que esté uno haciendo, ya sea caminando o conduciendo un auto o una bicicleta, o en medio de una entrevista; hay que detenerse, ponerse de pie y guardar silencio al escuchar los acordes del himno nacional que acompaña al izamiento diario de la bandera.

Me enteré de esa costumbre (y de la tremenda falta de respeto que implica seguir la actividad en la que estemos ocupados y no detenernos para saludar a la bandera) una calurosa mañana en la calle, justo frente al Palacio Nacional. Iba caminando por una de las calles que transitaba con regularidad y de pronto fui blanco del estrepitoso y alarmante grito de un hombre mayor. Me estaba llamando la atención ¡y de qué manera!, porque no me detuve en el momento en que la bandera de su país era izada. Me impresionó que aun entre tanta desolación y violencia el patriotismo estuviera a flor de piel, o quizás se debía precisamente a eso.

Quise entender Haití desde sus entrañas más escondidas y oscuras. Me interesaba saber por qué en esa cultura con tanta *vitalidad*, cuya superficie estaba cubierta de color, bullicio, risas y alegría, la frontera entre la vida y la muerte era tan tenue. Una muestra inmediata de esto es cómo el ambiente festivo de un mercado improvisado en las aceras de una calle cualquiera; lleno de personas que venden frutas y verduras, ropa usada, enseres de cocina y fritangas, que estallan en cualquier momento llenas de algarabía, bailando y riendo al ritmo de la música que toca un grupo, cambia de un momento a otro y la gente tiene que soportar el ser espectadora de un cruento asesinato a machetazos.

Haití fue uno de mis destinos predilectos durante buena parte de la primera mitad de la década de los noventa. Desde la sede en Atlanta viajaba cada cuatro o cinco meses a Puerto Príncipe para cubrir la manifestación ciudadana más reciente que se desarrollaba conforme se deterioraba la relación entre el flamante presidente Aristide, elegido por el voto popular, y la cúpula militar que buscaba derrocarlo a toda costa. La resistencia duró hasta septiembre de 1991, cuando un golpe de Estado encabezado por el general Raoul Cedras derrocó a Aristide.

De inmediato la Organización de Estados Americanos comenzó a hacer gestiones diplomáticas con el fin de restablecer el orden democrático en el país, las cuales fueron apoyadas sobre todo por el gobierno canadiense y por el expresidente estadounidense Jimmy Carter. Este último realizaba delicadas negociaciones para intentar convencer a Cedras de que dejara el poder. Al ver que las negociaciones no iban por buen camino y que Cedras y sus compañeros del alto mando militar se aferraban al poder, la comunidad internacional decidió aumentar la presión. El 30 de octubre de 1991, el entonces presidente de Estados Unidos, George H. W. Bush, anunció que la OEA (Organización de Estados Americanos) les impondría un embargo económico y que este sería supervisado por las fuerzas militares de varios países latinoamericanos.

Estos acontecimientos me llevaron a navegar durante una semana entera las plácidas aguas del Caribe a bordo de la corbeta argentina ARA *Guerrico*. Casi una década atrás, en 1982, y siendo yo aún estudiante de secundaria, esta nave protagonizó breves momentos de gloria durante la Guerra de las Malvinas, hasta que sus tres cañones dejaron de funcionar y tuvo que replegarse del área de combate, dejando el orgullo atrás. Pasé varios días a bordo de esa noble embarcación observando cómo los infantes de marina argentinos estaban alertas por si aparecían barcos de carga tratando de llevar mercancía de contrabando a puertos haitianos, lo cual implicaría violar el embargo.

Fue una de las asignaciones más aburridas de mi carrera hasta entonces. Pasaba los días mirando hacia el horizonte, tratando de encontrar algún indicio de actividad que rompiera la monotonía y me diera algo qué informar. Lo más cercano o parecido a la acción que llegamos a ver en esos días fue el incendio, en medio del mar, de una pequeña embarcación de pescadores haitianos (y fui yo quien la detectó y dio la voz de alarma al oficial de guardia). Nos acercamos a revisarla y estaba vacía, nada qué informar. «Sin novedad», diría un tripulante de la corbeta. Los momentos más entretenidos en aquella misión, y teníamos la vara bastante baja, ocurrían a la hora de la comida. Mi camarógrafo y yo nos las arreglábamos con lo que había en el comedor de oficiales, quienes se la pasaban añorando el mejor bife de chorizo del mundo, que solo se conseguía en un pequeño local escondido en la calle Lavalle de Buenos Aires.

Apenas a 14 millas náuticas de distancia, miles de familias haitianas pasaban hambre por la escasez de alimentos, mientras que en los hoteles de lujo de Petionville, el barrio residencial de la ciudad, mis colegas corresponsales y otros representantes de la comunidad internacional se deleitaban el paladar con langosta fresca y vinos franceses.

El embargo, a mi juicio, solo sirvió para que los militares haitianos en el poder recibieran el mensaje de que su *travesura* no pasaría desapercibida.

En septiembre de 1994 los esfuerzos diplomáticos fracasaron y Estados Unidos invadió Haití como lo había anunciado. Desplazó a sus fuerzas militares desde puntos de partida en el sur de la Florida y Puerto Rico. Los días previos a la invasión yo llevaba varias semanas en Puerto Príncipe. CNN tenía reservadas casi todas las habitaciones y salones sociales del hotel Montana, un hermoso lugar construido en los años cuarenta, en las laderas de Petionville, el cual tenía una vista panorámica de la ciudad, su puerto y el aeropuerto internacional. El contingente de la cadena era muy grande. Productores, reporteros, traductores y técnicos entraban y salían del salón de fiestas convertido en improvisada sala de redacción. Los ingenieros de satélite instalaron una enorme antena de transmisión en los jardines del hotel que nos permitía transmitir en vivo y en directo a cualquier hora.

Mi rutina era similar a la que seguí cuando cubrí otras grandes historias y la cadena ponía a nuestra disposición enormes recursos para darles cobertura. Me despertaba muy temprano, desayunaba en la habitación y después bajaba a la sala de trabajo de CNN. Una vez ahí llamaba por teléfono satelital a la mesa de asignaciones para recibir las instrucciones del día, las cuales dependían de lo que los editores habían oído o investigado en los servicios de agencias noticiosas, o bien, de la información filtrada desde el Departamento de Estado o el Pentágono por mis colegas de CNN en Washington.

Todos los días la consigna era la misma. «Estén pendientes, porque en cualquier momento comienza la invasión». Pasaban las horas y los días y nosotros solo «esperábamos». Mientras tanto yo aprovechaba para visitar los barrios pobres, en especial la barriada de Cité Soleil, que albergaba a cientos de miles de personas que vivían en condiciones paupérrimas, sin acceso a ningún servicio público de salud.

En los alrededores del puerto grupos de jóvenes se aglomeraban para ver hacia el horizonte del mar, buscando divisar el primer buque de guerra estadounidense que entrara. El ambiente era casi de celebración, anticipaban un gran suceso que cambiaría sus vidas de una u otra manera.

Una mañana amaneció en el horizonte un buque de guerra estadounidense, la primera de 17 naves, junto al portaaviones *USS Eisenhower*, que habían sido enviadas para anunciar al régimen del general Cedras que sus días estaban contados.

Para ese entonces el contingente completo de CNN estaba en Puerto Príncipe y la cadena usaba la información que su enorme red de contactos e informantes en Washington le proporcionaba para diseñar la cobertura de la invasión. Las llamadas de conferencia que enlazaban Atlanta con Washington y Puerto Príncipe ocurrían todos los días en varias ocasiones. La que se dio el día antes de la invasión se me quedó grabada y me hizo entender el alcance de CNN. Decir que fue una llamada editorial de las acostumbradas no sería exacto, porque en vez de eso fue una dirección telefónica de producción en la que se detalló paso a paso el procedimiento que se seguiría para la transmisión en vivo y a todo color de uno de los operativos militares estadounidenses más importantes en el hemisferio.

Eason Jordan, el entonces jefe de operaciones periodísticas internacionales, comenzó la llamada haciendo un recuento de los recursos de la cadena desplazados en la capital haitiana que sería, según su información, el escenario del desembarque estadounidense. Nos anunció que las operaciones de la cadena serían dirigidas desde su sede en el hotel Montana, y que los ingenieros de CNN ya habían instalado antenas de microondas en puntos estratégicos de la capital para poder transmitir los acontecimientos en directo. Nos puso al tanto de la cantidad de teléfonos satelitales y demás equipo con el cual contaríamos para cubrir la invasión, de tal manera que la cobertura ocurriera sin ningún tropiezo técnico, y de cuáles serían las calles y avenidas más estratégicas, así como los puntos que estarían cubiertos por las cámaras de televisión porque en ellos se anticipaba mayor actividad.

El corresponsal de CNN en el Pentágono, Jamie McIntyre, tomó la palabra para informar que la operación militar comenzaría con una incursión nocturna de efectivos de las fuerzas especiales de la armada, los célebres SEAL, quienes tomarían y asegurarían el control del aeropuerto internacional. Estos serían secundados por efectivos de las fuerzas Delta, otro destacamento de las tropas especiales que se encargaría de capturar a Cedras y a otros líderes de alto rango del ejército haitiano. McIntyre también nos hizo saber que el Pentágono —era una posibilidad— avisaría con tiempo a los jefes de CNN para asegurar que la transmisión se diera en el momento indicado.

La producción de televisión más exitosa es la que mejor se planifica; y la mejor planificación es la que se da con la mayor y mejor información que se tiene a la mano. CNN estaba posicionada para transmitir la invasión de Haití como si fuera la inauguración de los Juegos Olímpicos.

Esa noche recibimos indicios de que algo estaba por suceder cuando escuchamos el motor de un avión de hélices en el cielo oscuro. Yo estaba sentado en una de las terrazas del hotel, disfrutando de un momento de tranquilidad y viendo las luces de la ciudad a lo lejos. Recuerdo que no dejaba de sentirme extraño y de pensar en la rara situación en la que estaba: me encontraba esperando el comienzo de un operativo militar como un aficionado que está en espera de que comience un partido de futbol.

Al oír el motor del avión alcé la mirada hacia el cielo y logré divisar la silueta de un C-130, un avión militar que se distingue por sus cuatro hélices y proa puntiaguda que lo hacen parecer un delfín volador. De la parte trasera del avión comenzaron a caer cientos de pequeños paracaídas con cajas de cartón que contenían pequeños radios de transistores y batería incluida. Los radios estaban presintonizados en una estación que transmitía una grabación en creole y francés que indicaba que la invasión era inminente, e instaba a la población civil a mantener la calma, a no aglomerarse en la vía pública y a seguir con atención la información de la radio.

Esa misma noche efectivos de la policía secreta haitiana confiscaron miles de radios, los cuales al poco tiempo estaban a la venta en los mercados callejeros de la capital, aunque ya no estaban sintonizados en la estación de propaganda estadounidense.

La invasión había comenzado, y CNN estaba al pie del cañón. Cuando los primeros efectivos del ejército estadounidense desembarcaron en una playa cercana a Puerto Príncipe, lo primero que vieron fue a un camarógrafo de CNN y a Peter Arnett, el célebre corresponsal de guerra, quien se dirigió al oficial que lideraba el desembarque, lo saludó y le dijo «Bienvenido a Haití.»

Si no hubiera sido un escenario de carácter trágico, el de la invasión por una fuerza extranjera del país más pobre del hemisferio, la situación habría sido ridícula. Y eso es lo que me ofrecía Haití, momentos de tremendo absurdo sumados al profundo sopor de los efectos de la opresión y la corrupción, y la ausencia absoluta de respeto por el derecho ajeno. A todo esto se sumaba la posibilidad de ver escenas como las que vi en la ceremonia de vudú a la que me llevó Abouja una calurosa noche en Puerto Príncipe. La ceremonia se realizó en una pequeña casa de madera ubicada en un barrio pobre de la ciudad, la cual estaba llena de mujeres que bailaban con desenfreno al ritmo de tambores que los hombres tocaban sin cesar. Todos eran miembros de una «sociedad secreta», una agrupación dedicada a la práctica vudú. Hacía mucho calor y el olor a sudor y a ron barato que los celebrantes escupían al piso hacía de aquel lugar un garito sofocante. Una de las mujeres, que era la sacerdotisa, utilizaba cal blanca para dibujar en el piso de tierra unas complejas y hermosas figuras que representaban al *loa*, el espíritu que estaban invocando esa noche. Otra mujer, que se destacaba del grupo, giraba la cabeza y me veía con los ojos desorbitados sin enfocar la mirada, lanzándome una intensa descarga de energía que me provocaba escalofríos en todo el cuerpo. Finalmente se me acercó y me dijo algo en creole, que por supuesto no entendí. Abouja me dijo que me estaba invitando a entrar a la habitación más sagrada y escondida del lugar, el recinto donde vive el *loa* al que estaban convocando esa noche. Accedí (hábitos del oficio) y la seguí hacia el fondo de la casa en medio de la oscuridad y un calor asfixiante. Abrió la puerta y del interior salió una ráfaga de aire frío que me erizó la piel. No podía ser aire acondicionado porque no había electricidad. Hasta la fecha no sé si me lo imaginé, pero estoy seguro de que se me pusieron los pelos de punta.

Pero esa no fue la única aventura de la que Abouja fue responsable. En otra ocasión me invitó a ir con él (de nuevo acepté por el hábito de oficio) a visitar a un joven que era especial, o al menos eso era lo que aseguraba su familia. Cuentan que había sido rescatado de un *houjan*, es decir, de un sacerdote inescrupuloso que lo había convertido en zombi, un muerto resucitado, para que fuera su esclavo. Abouja me juró y perjuró que sí existen seres que deambulan como si estuvieran entre la vida y la muerte y que solo obedecen las instrucciones de su amo. Esta suspensión entre la vida y la muerte la conduce un sacerdote que primero mata a la persona y luego la revive a voluntad.

Esta incursión en el mundo de la espiritualidad haitiana no dio como resultado ningún reportaje, mis jefes de redacción se hubieran reído en mi cara si les proponía la nota. Sin embargo, más adelante me di cuenta de que el vudú, las sociedades secretas y la «existencia» de los zombis son elementos intrínsecos en la organización de la comunidad rural haitiana.

Nunca logré apartar el tiempo durante mis apresuradas visitas a Haití para conocer al zombi resucitado, pero sí entendí el porqué de la supuesta existencia de estos seres. Abouja me contó —y luego lo verifiqué al investigar en trabajos académicos— que algunos sacerdotes crean a los zombis envenenando a la persona con una mezcla de sapos, lagartijas, serpientes marinas y una que otra hierba que secan y trituran hasta que se hace polvo. Los investigadores determinaron que este polvo contiene una sustancia que en efecto es un veneno, la cual, administrada en la dosis correcta, ralentiza el metabolismo de la persona a tal nivel que quienes la ven creen que está muerta y la sepultan. Pasadas unas horas después de que la sepultan, el sacerdote regresa para reanimarla y es entonces cuando comienza a deambular con aire catatónico. Y listo, ha nacido un zombi.

Algunos antropólogos creen que, en el fondo, las sociedades secretas del vudú, además de cumplir con una importante función espiritual, sirven para que las comunidades se organicen, se disciplinen y se gobiernen ante la ausencia del Estado y de instituciones sólidas y confiables. Se podría decir que el vudú comienza a hacerse presente cuando y en donde la autoridad empieza a estar ausente.

Los sacerdotes ostentan mucho poder y su credibilidad aumenta cuando se les ve como amos de los zombis. El miedo a ser convertido en uno es un poderoso elemento disuasorio para quien quiera sobrepasar los límites (sean estos los que sean). En efecto, es un sistema *policial* activo en las zonas rurales y aisladas de Haití que logra mantener bajos los índices de criminalidad y con ello un cierto grado de paz.

Habría sido un reportaje fantástico, pero en ese momento la cadena estaba más ocupada en cubrir los vaivenes de las delegaciones diplomáticas, las maniobras militares y las consecuencias geopolíticas de largo alcance de la invasión.

Y así se dio mi *debut* en el mundo del periodismo internacional. En un país hecho escombros y destruido por la avaricia y las ansias de poder de una pequeña familia que logró dominar a la primera república negra del mundo; una nación que convive con la vida y la muerte de una manera *sui generis*, donde ambas están a la vista y absolutamente tangibles en todo momento. En un país colorido, musical, artístico, de sabores y olores maravillosos y exóticos, pero sumido a la vez en un letargo permanente impuesto por la desesperanza y la desdicha que impulsan y procuran quienes pretenden «administrarlo». En una cultura vibrante enraizada en tradiciones ancestrales de una África profunda que se abre paso para expresarse, para manifestarse desde lo más oscuro, para recibir y traer algo de luz. En un país con gente con tal sentido del humor que puede sonreír y hasta reírse de las situaciones más disparatadas e incluso las más trágicas, y a la vez, con gente que vive en un terrible y desgarrador abandono, en las peores condiciones de pobreza y desesperanza.

Haití me marcó profundamente. Allí afiné mis habilidades como observador y comunicador, aprendí a hacerlo en condiciones difíciles, a veces peligrosas, y siempre llenas de misterio y encanto. Haití me hizo ver, de manera dramática y contundente, que en toda historia, en toda entrevista, en todos los personajes con los que un periodista convive durante su labor, hay destellos de luz y de oscuridad, de magia y razón, de misterio y claridad.

El hotel Oloffson, testigo silencioso y a la vez estrepitoso de la vida nacional contemporánea de Haití, sigue de pie en Puerto Príncipe. Ha sobrevivido a los conflictos, los golpes de Estado, las manifestaciones y hasta el terrible terremoto que en 2010 acabó con el palacio presidencial y con la vida de más de 300 000 personas, y causó pérdidas materiales que ascendieron a más de seis mil millones de dólares. La vieja mansión de pan de jengibre, sus paredes de madera desgastadas y sus pisos de colores chillones siguen guardando por igual los fantasmas de Graham Greene y los de los faranduleros que lo habitaron en sus años de gloria, así como la energía que muchos de los que atestiguamos los momentos trágicos de la historia reciente de la isla caribeña dejamos allí.

Una isla que se asemeja a un zombi revivido.

Semillas en la devastación

Viaje a Sri Lanka entre lodo y esperanza

De la mesa a la sobremesa, como suele suceder. Aquel día de diciembre amaneció soleado y acariciado por una brisa fresca, estaba en el Lago de Atitlán, en Guatemala. Había ido a pasar las fiestas de fin de año en mi casa con un grupo de amigos guatemaltecos y neoyorquinos. Esa mañana ellos decidieron tomar una lancha para visitar algunos pueblos cercanos. Yo me quedé en casa. Añoraba pasar unos momentos de soledad y tranquilidad, además quería ponerme al día en mi lectura y empezar a preparar los platillos para el almuerzo que compartiría con mis amigos en la tarde, el cual anticipaba que transcurriría entre muy agradables conversaciones y, por lo tanto, se alargaría durante horas.

Estaba en la cocina cuando sonó mi móvil. Era Donna Mastrangelo, entonces vicepresidenta de CNN en Español. «Harris, we need you to go to Sri Lanka». Ese mensaje era para mí como un orgasmo. Como entrar en acción. Como el pistoletazo de salida del nadador. «Necesito que te vayas lo antes posible a Sri Lanka. Un tsunami. Las primeras imágenes son devastadoras». Cuando la noticia que hay que cubrir es de alto impacto, las asignaciones vienen directo de los altos mandos de la cadena. Cuando se requiere el movimiento de recursos importantes, las decisiones se toman en los niveles directivos. Que yo fuese asignado para cubrir distintos eventos de importancia no significaba que estuviese en un escalafón superior o inferior dentro del organigrama de CNN. Quien me asignaba una tarea de reportaje podía ser el presidente de la cadena o la mesa de asignaciones regulares. Solo el boleto costó unos 11 000 dólares, y lo recuerdo muy bien porque lo pagué yo con la tarjeta corporativa de la empresa. CNN desplazó equipos a todo el sudeste asiático en un operativo impresionante. Desde Christiane Amanpour hasta Anderson Cooper, las estrellas de la cadena mayor, hicieron reportajes desde Sri Lanka.

Los desastres naturales han sido parte constante de mi trabajo como reportero. El terremoto de más de nueve grados de intensidad ocurrido frente a Sumatra, Indonesia el 26 de diciembre de 2004 provocó un tsunami que arrasó con las costas de catorce países, y tras él dejó 230 000 muertos y cientos de miles más desamparados. Evidenció a la humanidad en su máximo dramatismo y vulnerabilidad. La sobremesa entre amigos llegaría, pero tendría que esperar.

El entusiasmo inicial no es indicador para que se crea que subestimo el suceso por el cual se me envía. La emoción no está reñida con la responsabilidad y con lo que sé que me encontraré, que por lo general son desgracias, sufrimiento y dolor. No es que haya que separarlos, no; es imposible, se trata de que somos seres complejos y en nosotros conviven en pugna y armonía muchos sentimientos y emociones, razones y sinrazones. Es mi trabajo. Ninguna emoción opaca a la otra, sino que emergen cuando tienen que hacerlo. Quien maneja una ambulancia no desea que lo llamen, pero una vez que recibe la llamada, quiere cumplir con su deber.

Salí de Guatemala con rumbo a la Ciudad de México, luego a Fráncfort, donde tomé un vuelo hasta Singapur y de ahí a Colombo, Sri Lanka. Pasé un día entero viajando, si no es que un poco más. Eso puede ser agotador, tanto que quizá es solo por el entusiasmo que se siente al salir que se tiene la energía suficiente para soportarlo. En el trayecto de vuelta lo que motiva es la satisfacción de la labor cumplida, el alivio por poder volver a casa y la esperanza de tener la oportunidad de descansar.

En el trayecto entre Fráncfort y Singapur, en el aeropuerto alemán, un grupo de rusos reclamaba subir al vuelo en el que yo iba. Todos tenían sus boletos y documentación en orden. Me preguntaba por qué reclamaban airadamente ir hasta las zonas del desastre natural más potente de las últimas décadas. Cuando me acerqué al lugar del escándalo y observé con atención me di cuenta de que se les había prohibido abordar el avión porque todos estaban completamente borrachos. *Exigían* seguir sus vacaciones. Por lo visto no estaban informados, y mucho menos en condiciones para ir ni siquiera a Disneylandia. Solo estaban furiosos porque no iban a poder seguir la fiesta, ya que tenían que permanecer al menos un día en Fráncfort antes de que se les pasara la borrachera. Querían ir a una zona de desastre donde hubo casi un cuarto de millón de muertos.

Durante el viaje me iba informando en la medida de lo posible de cuál era la situación en el país asiático. Es habitual que en esas circunstancias piense que el mundo es un hervidero de conflictos, un caos desbordado que el orden no logra contener. Y en un ejercicio de reducción —o desde alguna perspectiva de distanciamiento— doy con los mismos conflictos en cualquier lugar. Si bien es cierto que hay rasgos distintivos en cada cultura, región, localidad y comunidad, los conflictos y problemas son universales porque el ser humano lo es. Y siempre, siempre, son los más desfavorecidos los que más sufren y padecen las peores consecuencias cuando se desata el caos. He ahí uno de esos rasgos comunes.

Pero los héroes muchas veces emergen precisamente de entre los desfavorecidos. He ahí otro rasgo común. Y otro más son las luchas por el poder, los conflictos políticos armados. Voy al otro lado del mundo solo para encontrarme, en medio de la catástrofe, con los tamiles, un grupo guerrillero que se enfrenta a las fuerzas del Estado. Este grupo insurgente repite la misma situación de otros grupos insurgentes centroamericanos que son campesinos de día y guerrilleros de noche. La misma gente que se puede ver en los mercados populares trabajando es la que forma estos grupos guerrilleros. La lucha de los tamiles tenía un componente religioso distintivo, pero primordialmente separatista: quería establecer un Estado independiente.

Sri Lanka. Jamás había estado en el sudeste asiático, y la idea de viajar hasta allá me llenó de emoción. Aclaro: la emoción de alguien que sabe que está ante una oportunidad, no ante una desgracia de esas dimensiones. No hay contradicción; la catástrofe no está en mis manos, ir y exponer ante el mundo el drama humano sí, ser eco de las necesidades también, así como llamar la atención de quienes sí pueden intervenir para mitigar los sufrimientos. Hacer el trabajo para el cual me preparé y aprender las lecciones que no me dieron en las aulas.

El viaje no comienza cuando uno se sube al avión, sino horas antes. No olvidemos que me estaba preparando para almorzar con mis amigos y de pronto, en poco más de un día, tendría el lodo hasta las rodillas. Me comuniqué con la mesa de asignaciones internacionales de CNN, desde donde se coordinaban todos los movimientos y desplazamientos de cientos de reporteros, productores, camarógrafos y técnicos a los catorce países afectados por el fenómeno natural. Con las instrucciones recién recibidas para llegar a Colombo, la capital de Sri Lanka, comencé a buscar vuelos, empaqué raudo mi maleta e intenté comunicarme con mis amigos para decirles que tendrían que pasar el resto de las fiestas sin mí. Tomé mi auto y salí disparado al aeropuerto.

El inicio del viaje fue tan sorpresivo, y los preparativos tan apresurados, que no tuve tiempo para acomodar mis ideas, respirar profundamente y comenzar a leer la pila de artículos de prensa, el material de investigación sobre los tsunamis y los escritos generales sobre la situación sociopolítica de Sri Lanka que no abrí sino hasta que estuve sentado en el vuelo trasatlántico rumbo a Fráncfort.

La información que llegaba de la zona de desastre era poca. En esos tiempos —que aunque recientes parecen tan lejanos— los aviones no contaban con señal de internet a bordo. Leí un poco sobre la historia del país y acerca del conflicto entre las fuerzas guerrilleras tamiles que luchaban contra el gobierno para establecer un Estado independiente. Lo hice también sobre la confluencia de culturas y religiones que hizo de Sri Lanka un país diverso, cultural, artística y gastronómicamente, y que, sin embargo, creó diferencias étnicas y religiosas que durante décadas bañaron de sangre grandes extensiones de su territorio. Los Tigres de Liberación del Eelam Tamil eran una agrupación guerrillera formada en 1976, que pretendía crear un Estado independiente en el noreste de Sri Lanka.

Aducían que tradicionalmente habían sido objeto de discriminación y abuso por parte de las mayorías. Practicaban la religión hindú y una minoría era islámica, y eso llevaba a confrontaciones violentas con los ceilaneses que profesaban el budismo. El conflicto, que comenzó en 1976, incluyó varios ataques de bombarderos suicidas y causó la muerte de miles de personas.

Luego de 30 horas de haber dejado mi casa en Guatemala, y a poco más de 17 000 kilómetros de distancia, aterricé en Colombo, la húmeda, caliente y caótica capital de Sri Lanka. Me dirigí a un hotel de cinco estrellas atiborrado de periodistas, turistas refugiados, representantes de organizaciones humanitarias y demás personas relacionadas con el desastre. En el *lobby* había personas confundidas y desesperadas, algunas en estado de *shock* luego de haber sido evacuadas de la zona afectada.

Cuando llegué a Colombo me asignaron a la región del norte, donde no había cobertura noticiosa. Así que la información que adquirí con lo que leí en el avión me fue vital para poder desenvolverme, porque esa era la zona de influencia de los tamiles. Y me encontré con una región devastada. Lodo, fango, aguas sucias y el hedor de la muerte por todas partes. Había cientos de cadáveres soterrados. El mar entró en la región y dejó sobre ella peces y algas que se pudrían por doquier junto a la comida de las casas que fueron arrasadas por las oleadas. Todos esos residuos orgánicos quedaron expuestos. El calor y la humedad aceleraban la descomposición. Sería el peor de los desastres naturales que había cubierto durante mi carrera.

Una breve búsqueda en el lobby del hotel en Colombo bastó para encontrarme con Raphael Rodríguez, uno de los camarógrafos estrella de la cadena, quien viajó desde la sede en Atlanta al mismo tiempo que yo volaba desde México. Raphy ya había contactado a Vishkian, el productor local contratado por CNN, quien sería nuestro guía y traductor durante toda la misión. Me di una breve ducha (no tomaba una desde la mañana del día anterior) y salimos a trabajar. Teníamos instrucciones de dirigirnos hacia el norte de la isla, que estaba bajo el control de guerrilleros tamiles, porque de esa región no había información sobre los efectos del tsunami.

Fueron varias horas de viaje sobre caminos asfaltados pero rudimentarios, entre selvas exuberantes, humeantes, cálidas y llenas de vida natural. Me sorprendí al ver a nuestro chofer detener el auto para darle paso a un elefante y su cría que cruzaban el camino, impasibles e inmutables, ante la urgencia de los pasajeros del todoterreno detrás de ellos. En Sri Lanka los elefantes son considerados muy valiosos. El elefante asiático, a diferencia del africano, se puede domesticar. Cuando aún existía la monarquía en Ceylán, el elefante era utilizado como bestia de guerra y en las fiestas religiosas. Generalmente son dóciles cuando no se sienten amenazados, y cuando están en su hábitat natural mantienen una relación de mutua indiferencia con los seres humanos con los que se topan. Ante el desastre natural provocado por el tsunami, también eran indiferentes.

Después de horas de camino llegamos a Konkilai, un pequeño pueblo de pescadores a orillas del mar. La población, de unos 2000 habitantes, estaba desolada. No quedaba estructura íntegra. Todo era lodo, agua, escombros, basura. Entre los cascotes de una casa, agitado por la brisa, revoloteaba un pedazo de tela de color rosa. Un grupo de vecinos se acercó a lo que fue una vivienda antes del desastre. Gritaron exaltados al darse cuenta de que era un trozo de la ropa de una mujer que yacía bajo los restos de las piedras. El sari en Sri Lanka, y en la cultura tamil, se llama *osayira* o *podavai*, y es prácticamente idéntico a la prenda utilizada por las mujeres en todo el subcontinente indio. Consta de un largo lienzo de seda y algodón que cambia según el uso, el que se usa a diario difiere del que se utiliza para ocasiones especiales, en este último se usan telas con brocados y colores especiales, rojo para la novia en una boda y blanco para las viudas.

En Sri Lanka, las mujeres tamiles se colocaban la parte inferior de la prenda de manera que indicaba que venían de una casta más baja en el sistema de estratos sociales. Esa sería la única pista sobre la vida de la mujer cuyo cadáver se asomaba entre los escombros. La tela de su osayira revoloteaba en la suave brisa que venía del mar. El color rosa destacaba entre el marrón del barro y los ladrillos de lodo. Lo que quedaba del vestido rosado de aquella mujer fue lo único que pudo *escapar* de los escombros. Los objetos pasan a ser signos cuando están implicados hasta *contener*, como el trozo de tela, la muerte y la vida de una joven, como si su alma fuese del color de las rosas pálidas.

Mientras grabábamos aquella escena de una belleza desgraciada, se me acercó un hombre delgado y de mediana estatura. Tenía unos 30 años, llevaba unas gafas gruesas y, aunque se veía sucio y desarrapado, tenía un aire de dignidad y serena sabiduría. Su nombre era Munwan y tenía una historia que contar. Nos dijo que le gustaba leer y desde muy pequeño había leído todo lo que le caía en las manos. Que se pasaba horas con los ojos pegados a las páginas de *Mecánica Popular*, *Discover*, o cualquier puñado de hojas suficientes para tener lomo que saciaran su voraz apetito por la lectura.

Según nos contó, quien le llevaba los ejemplares de viejas revistas inglesas y estadounidenses era un tío comerciante que las compraba en sus visitas de trabajo a Colombo. Nos contó también que en el pueblo se burlaban de él por leer tanto, que incluso le habían puesto el apodo de «El Diccionario» porque sabía de todo.

La mañana del tsunami, Munwan estaba comprando pescado fresco en el muelle del pueblo cuando de pronto se dio cuenta de que estaba pasando algo extraño y casi de inmediato entendió de qué se trataba: el mar se estaba alejando de la orilla, separándose de la tierra, desplazándose varios metros mar adentro. Munwan se quedó unos segundos observando el fenómeno y, al darse cuenta de lo que ocurría, comenzó a correr hacia el centro del pueblo gritando despavorido. «¡Viene un tsunami!» gritaba a todo pulmón, «¡Busquemos refugio!». Mientras el mar se retiraba para volver con furia, Munwan, a su vez, se retiraba despavorido del mar. Nos comentó que recuerda que al principio nadie le creyó y que muchos incluso se burlaron de él. Finalmente una mujer y su hija lo siguieron en su carrera tierra adentro, buscando un montículo para resguardarse. En el camino se les unieron otras veinte personas, más o menos, y justo cuando acababan de encontrar un lugar seguro, las fuertes marejadas de agua salada comenzaron a entrar a la población, inundando y destruyendo todo a su paso.

El grupo de personas que lo siguió fue uno de los pocos que sobrevivieron en aquel pequeño poblado de pescadores llamado Konkilai, ubicado en la costa este de Sri Lanka. Aún estaba sumergido en el lodo, entre escombros, cuando me relató su historia, tratando de convencerme de que aunque la gente que antes se burlaba de él ahora lo veía como un héroe, no era eso lo que el buscaba al contarme su historia, sino que la gente se diera cuenta del poder de la lectura y el conocimiento. En medio de un desastre tan apabullante que arrasó con su comunidad, con su gente, el joven agradecía el don de su inclinación a la lectura y la fortuna de haber podido adquirir los conocimientos que años después salvarían su vida y la de algunos vecinos. Pasábamos los días en el norte de Sri Lanka recorriendo las comunidades costeras. Salíamos sin rumbo con la única consigna de recoger suficiente información para armar un reportaje y transmitirlo a tiempo para los noticiarios estelares de la sede de CNN en Atlanta. La escena era la misma en cualquier lugar al que llegáramos. Los poblados estaban destruidos, llenos de agua de mar estancada, y en la atmósfera dominaba el olor a muerte y putrefacción.

En uno de los tantos poblados que conocimos nos encontramos con un grupo de voluntarios de Médicos del Mundo, una organización privada española que desplazaba equipos de rescate por todo el mundo para atender desastres naturales. Pasamos un par de días con ellos, compartimos provisiones y cigarrillos e intercambiamos información. La noche del año viejo, mientras a miles de kilómetros de distancia mis amigos preparaban su propia celebración en mi casa, yo comía una lata de atún y brindaba con agua junto a mis nuevos amigos españoles, que agotados y consternados como yo por la pérdida de tantas personas, conjurábamos deseos de esperanza para que el año que comenzaba fuese mejor.

La mañana siguiente nos encaminamos hacia el distrito de Trincomalee, en el sudeste del país, para reforzar la cobertura en una de las zonas más devastadas de la isla. Llevábamos prisa porque en la sede de Atlanta nos habían pedido que estuviésemos listos para transmitir un reportaje en directo a una hora determinada. Teníamos que encontrar una historia que contar, grabar las imágenes, preparar un guion, editarlo, enviarlo y preparar el equipo técnico para levantar la señal de satélite justo antes de la hora precisa de transmisión.

Llegamos corriendo a la comunidad de Akber, al lado del mar, con tanta prisa y tan concentrados en hacer nuestro trabajo que yo casi ni me fijé en los detalles del lugar. Recuerdo que había sido un pequeño asentamiento de pescadores y que no había quedado ni una sola casa en pie, lo único que permanecía en su sitio era un almendro que aún brindaba un poco de sombra sobre lo que había sido la plaza central de la comunidad.

En Akber nos encontramos con Ingrid Arnesen, íntima amiga y productora de CNN, cuya perspicacia y tenacidad siguen siendo legendarias en el mundo del periodismo televisivo estadounidense. Con el tiempo apremiándonos, e Ingrid al teléfono con Atlanta, Raphy logró montar la cámara y levantar la señal de satélite. Me paré frente a la cámara, con mi libreta en la mano y el auricular en mi oído, atento y preparado para realizar una transmisión en vivo más, listo para contestar las preguntas del presentador sentado en un estudio al otro lado del mundo.

Esperaba el enlace, en un estado de concentración absoluta, cuando sentí un pequeño tirón en mi pantalón. Volví la mirada y vi que quien me jalaba era una niña de unos cinco o seis años. Llevaba un vestido de fiesta color rosa (de nuevo el rosa) y estaba descalza. Me miró con unos ojos negros enormes, me tomó la mano y puso en mi palma un puñado de semillas de un árbol. Estaba por entrar al aire, así que guardé las semillas en una cajetilla de tabaco vacía y me olvidé del asunto. Al terminar la transmisión busqué a la niña y a su padre, quien por medio de un traductor me contó que entre la gente de su pueblo era tradición hacerle un obsequio de bienvenida a un extraño cuando llega a su hogar. Lo único que me pudo regalar esa niña era un puñado de semillas, las cuales hasta la fecha atesoro, dentro de una pequeña caja de metal tallado, en uno de los estantes de la biblioteca de mi casa en Guatemala.

Yo había llegado a su *hogar* y ella fue mi anfitriona. Ese es otro rasgo universal, la hospitalidad. Esta clase de encuentros son los que me hacen recordar la importancia de reconocer la humanidad en otros, que todos somos capaces de decidir partir desde el bien o desde el mal cuando tenemos que tomar decisiones para enfrentarnos a la vida. Una niña que apenas podía articular palabra, y mucho menos podía entender la magnitud de la tragedia que la rodeaba y arrasó a su comunidad, descalza porque la furia del agua hizo desaparecer su casa y sus pertenencias, encontró en sí misma el impulso para realizar un acto de generosidad que me hizo resignificar todo lo que había a mi alrededor. Las semillas significaban que el futuro era promisorio, y el color rosa pálido de su vestido, que había vida y esperanza.

Una tarde visitamos un monasterio budista que estaba en medio de la selva y servía como refugio temporal para una docena de familias que lo habían perdido todo. Los monjes, ataviados con sus tradicionales *hábitos* color naranja, servían platos de arroz blanco para los refugiados, hombres, mujeres y niños que, aterrados por lo sucedido, no podían dejar de mirar con agradecimiento a los monjes. El principal, un hombre de unos 35 años, me contó que un par de años antes ese mismo monasterio había sido el escenario de una de las tantas masacres cometidas por guerrilleros tamiles en contra de la población budista. Años atrás, treinta de los hermanos de estos monjes, incluido su líder, habían sido asesinados allí mismo. Las familias refugiadas que ahora atendían eran de la misma comunidad tamil de donde provenían los asesinos.

El monje me contaba que al darles refugio a los parientes de quienes asesinaron a sus hermanos protagonizaban un acto de perdón. Aquella actitud era lo único que los liberaría de la angustia de haber sufrido un ataque tan cruel. El perdón se fundaba en la gratitud con la vida por tener la oportunidad de encarar a sus enemigos y tenderles la mano en los momentos de necesidad. La tragedia borró las diferencias étnicas y religiosas entre los tamiles y los budistas, y en un solo gesto sepultó décadas de enemistad. En medio de la tragedia, una luz de esperanza marcó a todos los que la presenciamos.

Sin embargo, las dimensiones de lo sucedido eran difíciles de asimilar. Enfocado en solo un par de regiones de Sri Lanka, mi capacidad de comunicación con el resto de mis colegas destacados en la región era poco menos que imposible. Trataba de entender que los hechos que cubría se repetían sin cesar en miles de comunidades alrededor del océano Índico, pero me sobrepasaban.

A medida que el intenso sol iba calentando el ambiente, continuaban apareciendo más muertos y comunidades desoladas, cubiertas de lodo y agua estancada, y surgiendo cientos de historias de pérdidas y tragedias personales, relatos de heroísmo individual y gestos de generosidad desinteresada, muchas de las cuales no podrían ser narradas, honradas.

No fue sino hasta que salí de Sri Lanka, cuando me di cuenta de que más de 200 000 seres humanos habían muerto, 500 000 habían resultado heridos y cerca de dos millones habían quedado desamparados, condenados a vivir hacinados durante meses en campamentos de refugiados.

El día en que mi equipo y yo salimos de Colombo rumbo a casa, volamos vía Dubai a Nueva York. Iba en la cabina de primera clase de una de las líneas aéreas de los Emiratos Árabes Unidos. No era un asiento, era una cabina privada. El champagne iba y venía, y el menú, empastado en cuero, ofrecía la posibilidad de pedir la cantidad que se deseara de platillos elaborados con ingredientes exquisitos. Tenía a mi disposición cientos de horas de películas y programas de televisión para entretenerme, un cómodo pijama para instalarme en la cama y descansar arropado con las más finas sábanas. La tripulación de cabina no podía ser más atenta con el pequeño grupo de pasajeros que ocupaban esa zona exclusiva. Era como si nada extraordinario estuviese sucediendo a 10 000 metros debajo de nosotros.

Me sentía incómodo —por decir lo menos—. Vacilaba entre mi natural inclinación por disfrutar de los placeres de la vida (¿a quién no le gusta?) y apreciar la oportunidad de viajar lujosamente sin pagar nada de mi bolsillo (porque me habría sido imposible) y no perder de vista que atrás se quedaban personas que seguirían enfrentando momentos terribles. Y es que, cuando compartieron conmigo sus historias, de cierta manera pasaron a ser parte de *mi propia historia*.

Es paradójico que una palabra exprese lo que no puede expresarse, la capacidad de asimilar y transmitir lo vivido, la magnitud del dolor y el horror presenciado. Inefable. El dolor de los demás es intransferible e inefable. Las imágenes del desastre quedaron grabadas en mi memoria y en los aparatos que pudieron captarlas.

En casa, a tan solo un par de días de haber regresado del otro lado del mundo, la mujer que hace la limpieza encontró una destartalada cajetilla de cigarrillos en uno de los pantalones sucios que sacó de la maleta. La sacó y las semillas secas que contenía fueron a dar al suelo. Me las mostró y de golpe regresé a Sri Lanka, a la pequeña comunidad junto al mar donde una niña vestida de rosa, en un gesto puro e inocente que transmitía la obstinada fuerza vital de los seres humanos ante las desdichas, me regaló lo único que tenía. Regresé también al monasterio budista en medio de la selva, en Trincomalee, donde de manera inmediata, tangible y conmovedora, se vivía el perdón como un acto de sanación entre dos pueblos enfrentados con furia. En ese momento, cuando tenía 36 años de edad y diez de carrera como corresponsal extranjero, me di cuenta de que el oficio del periodista era mucho más complejo de lo que imaginaba.

Es crucial mantener cierta distancia para observar y captar todos los elementos de una situación y ser capaz de *dibujar* un cuadro lo más ajustado posible a la realidad y, sin embargo, empecé a sentir que desde lo más profundo de mí surgía una resistencia a no involucrarme en las cosas que me tocaba presenciar y con las personas a las que entrevistaba, a las que les pedía testimonio. Lo que pasaba es que no podía evitar sentir compasión. Y tampoco podía dejar de reconocer que las personas, cuando atraviesan situaciones extremas, son capaces de mostrar lo peor y lo mejor de la humanidad, y no me refiero solo a las víctimas de aquellos desastres naturales.

Comencé a considerar, aún más, que era yo un privilegiado al tener la oportunidad de aprender más sobre las formas en que otros actúan y responden a las acciones de los demás.

Mientras trabajaba en este libro, y siguiendo el consejo de un amigo escritor que me sugirió que escribiera en las mañanas y leyera en las tardes, un día comencé a leer una vieja edición de *El americano impasible*, del novelista inglés Graham Greene. Era parte de una docena de libros de bolsillo publicados en 1973 que me regaló Ingrid Arnesen, la productora y a la vez amiga entrañable, y la mejor periodista que conozco, con quien trabajé en Sri Lanka, Haití, Afganistán y, para hacer la lista breve, en todos los países de América Latina.

Greene, novelista, periodista y por un tiempo agente secreto en Gran Bretaña, siempre me llamó la atención porque muchas de sus novelas se desarrollan en lugares donde yo viví o trabajé como reportero, México, Cuba, Haití, Indochina. Es por eso que mi colección de novelas de Greene tiene un valor especial para mí.

El americano impasible cuenta la historia de Thomas Fowler, un corresponsal británico, destacado en Vietnam, que cubre la guerra cuando era colonia francesa. En un pasaje del libro, Fowler describe su abordaje del periodismo: «No cuentes conmigo», dije. «Yo no estoy involucrado». «No estoy involucrado» repetí. Era parte de mi credo. Como así es la condición humana, yo dejaría que se peleen, se enamoren, asesinen, yo no me involucraría. Mis colegas periodistas se dicen corresponsales; yo prefiero el título de reportero. Yo me limitaba a escribir lo que veía —no hacía nada—, en los medios hasta una opinión es una acción.

No me considero un Fowler. Creo que las herramientas del periodismo permiten observar, entender los distintos puntos de vista de una situación, y que la *frialdad* y la distancia son elementales para mantenerse enfocados, en particular cuando se trabaja en circunstancias complicadas, sin embargo, es imposible desvincularse por completo y ser pasivo ante los altibajos que comprometen a la condición humana.

El desprendimiento de aquella chiquilla que me regaló las semillas de un árbol —que por cierto nunca sembré—, produjo en mí una conmoción emocional muy alejada de lo que se espera de un periodista. El conocimiento y el lenguaje que Munwan «El Diccionario» adquirió con la lectura se me abre en las propias páginas de la novela de Graham Greene, quien estoy seguro de que compartiría la fascinación y compasión que despiertan en mí el pueblo budista y los tamiles, en cuyas vidas me involucré, no solo reporteé, porque creo que en ellos se realiza lo que somos, seres humanos, sufrientes y gozosos de tenernos unos a otros. Estas páginas son, o de alguna manera pretenden ser, los frutos del árbol que resultaría de sembrar las semillas que me regaló la pequeña del vestido rosa.

Un puñado de monedas

Viaje a Venezuela entre golpes y contragolpes

La cena navideña encargada a la suite del hotel Eurobuilding en Caracas era de una opulencia que no correspondía con el ánimo de los comensales.

Había llegado a Venezuela en 1999 para cubrir las primeras elecciones parlamentarias desde que Hugo Chávez se estrenara en el poder. Estábamos a mediados de diciembre y ya el equipo estaba agotado, nos disponíamos a descansar y a hacer nuestras maletas para volver a casa y pasar las fiestas con nuestros allegados. Al día siguiente nos despertamos muy temprano con dos noticias. El deslave que devastaba el Estado Vargas y la orden de cubrir la catástrofe.

Aquella cena fue un gesto de la cadena para aliviar el desánimo, la tristeza y la conmoción causados por la cobertura que hicimos de la tragedia: de los desplazamientos de personas por la fuerza de la naturaleza, la separación de familias, la gente desaparecida, la pérdida irreparable de vidas y bienes. Tuvimos que pasar Nochebuena en Caracas, lejos de nuestros seres queridos, viviendo una desgracia y desbordados por tanto sufrimiento. No pudimos probar bocado.

Esa tragedia —como me di cuenta con el paso de los años— fue el preludio de otra que no se gestó en tres días, como el deslave, sino en dos décadas. Durante mis muchas visitas a Venezuela acumulé información, datos, opiniones, vivencias y experiencias que nunca pude compaginar. Y es que Venezuela es una tierra de paradojas y contradicciones que generan tensiones irresolubles. Muchos años después de la tragedia de Vargas (como es conocido el deslave que incluso modificó el mapa de parte de la costa norte de Venezuela) regresé al país para cubrir las manifestaciones en contra del gobierno de Chávez y estuve, de nuevo, en el «ojo del huracán».

Incluso hoy me exige un esfuerzo inusual intentar recordar aquella experiencia. ¿Y cómo no, si la última vez que estuve allí para cubrir los hechos, y subrayo, *los hechos*, tuve que abandonar el país después de haber estado encaramado sobre el techo de una estación de venta de gasolina porque manifestantes enardecidos nos agredieron a gritos a mi equipo y a mí acusándonos de «vendidos» al proyecto chavista? Si fuese venezolano con seguridad hubiese estado entre ellos expresando mi descontento. Quisiera pensar que no estaría gritándole «vendido» a otro corresponsal.

Sí, tuve que subirme al techo de una estación de venta de gasolina. Hoy, a mediados de 2020, mientras escribo estas páginas, la Venezuela confinada por la pandemia del coronavirus parece estar inmovilizada, no por temor al contagio, sino porque no tiene gasolina. El país con una de las mayores reservas de petróleo del mundo no tiene gasolina ni para cubrir la demanda interna de sus principales ciudades, ha tenido que importarla de Irán. Y la mayoría de aquellos enardecidos manifestantes de entonces, si no es que todos, se fueron del país. El caso es que de aquel festín que hubiese podido darme en la Nochebuena de hace ya unas dos décadas, solo me quedó el recuerdo de unas bandejas repletas de delicias que nadie probó. ¿Y quién habría podido hacerlo?

Lo que no recuerdo es cómo logré subirme al techo de la estación de servicio. Una «bomba», como les dicen a las gasolineras en Venezuela. El plan era subirnos al techo para lograr una perspectiva que permitiera medir la magnitud de la manifestación que estábamos cubriendo. Pero allí estaba encaramado, sudoroso, lleno de polvo, con un leve tufo a gas lacrimógeno, despeinado y furioso. Empezaba a caer la tarde y conforme desaparecía el sol la temperatura en Caracas comenzaba a bajar un poco, para dar paso a una de esas noches templadas que entre las montañas del trópico y en tiempos apacibles se llenarían del aroma de las acacias rojas, el sonido de los grillos apenas era perceptible entre el bullicio y el tráfico de la ciudad.

Pero no eran tiempos apacibles, sino agitados. En todas partes de la ciudad olía a gas lacrimógeno y a pólvora. Era diciembre de 2002, sí, otra Navidad y Año Nuevo en Venezuela, esta vez junto a Ingrid Arnesen, mi aguerrida productora; el camarógrafo Jean Pierre Salinas y un consultor de seguridad galés. Llevábamos semanas en la capital venezolana cubriendo la ya prolongada pugna entre el gobierno de Hugo Chávez, empecinado en permanecer en el poder, y un movimiento ciudadano de oposición cada vez más vociferante, frustrado y enojado al ver la dirección que estaba tomando su país.

La tarde en cuestión, cuando me encontraba sobre el techo de la bomba, una multitudinaria marcha de la oposición, compuesta por decenas de miles de jóvenes, amas de casa, estudiantes y extrabajadores de la estatal petrolera PDVSA, se dirigía al palacio de gobierno para manifestar su descontento y, más aún, con la esperanza de lograr que el gobierno desistiera.

Me encantaba ir a Caracas. Solía hospedarme en el hotel Intercontinental Tamanaco, casi idéntico pero mucho más grande que su hermano menor en Managua, conocido simplemente como el «Inter». Era una edificación construida en forma piramidal, contaba con exuberantes jardines que rodeaban la enorme piscina y, en un horno de leña, bajo una palapa al borde, se horneaban las mejores pizzas de Caracas. Después de un largo día de trabajo solíamos pasar las noches allí, bebiendo vino tinto y disfrutando de la buena vida a las faldas de la montaña El Ávila, tan querida por los caraqueños. Como sin duda alguna lo hicieron los turistas y los propios venezolanos durante décadas.

La realidad afuera del hotel, adonde no llegaba el aroma de las pizzas horneadas a leña, la conformaba una clase media bullente, una vida cultural efervescente y un nivel de educación y de oferta intelectual que daban envidia. Y al fondo de la ciudad, rodeándola, estaban los barrios precarios que se prendían de las montañas, donde cientos de miles de personas vivían en condiciones que serían intolerables para cualquiera.

Pero hay que tener en cuenta que esa era una realidad muy propia, *sui generis*, porque estamos hablando de un país donde el dinero fluía, se desparramaba de distintas maneras por todas las capas sociales, al grado en que incluso en las más marginadas se desparramaba también cierto grado de *confort* material. Sí, había pobreza, pero una pobreza de país petrolero. Sí, era un país de contrastes sociales que podían ser señalados con facilidad, pero hasta la llegada de Hugo Chávez parecían no ser tan grandes como para provocar un enfrentamiento social. Puedo estar equivocado, y es que la complejidad paradójica de una realidad como la venezolana de entonces era indescifrable. Quizás sea mi propia apreciación, mi íntima apreciación la que también sea indescifrable. Desde que comencé a cubrir Venezuela en 1992, cuando Carlos Andrés Pérez estaba en el poder y aún se vivían los aires de prosperidad de un país productor de petróleo, me di cuenta de que por más bendito que fuera, también contenía tremendas desigualdades, como las que se ven en otros países de Latinoamérica.

Esa pobreza, y la desigualdad en la que prosperaba, y la cual yo estaba obligado a mostrar en mi trabajo, estuvo en el centro de un discurso político que se dio en torno de las situaciones de polariza-

ción más extremas que he visto. Una polarización que, siendo consecuencia y no causa, llevó a la violencia, a la muerte, al desgarramiento
de familias enteras, la pérdida de amistades y, en mi caso, a convertir-
me en un pararrayos para esas emociones encontradas de frustración
y enojo de una población que reconocía la necesidad de cambio y veía
cómo un gobernante corrupto y sus sicofantes se robaban el país entero y lo entregaban, en aras de su propio bienestar, al esfuerzo por
emular la anacrónica dictadura cubana.

Era una situación que gestaba grandes paradojas. Al principio,
buena parte de la clase media venezolana fue simpatizante del chavismo, fuerza votante; esa misma sociedad que sentía cansancio y
agotamiento del también corrupto sistema bipartidista, pero otra
parte nunca apoyó al nuevo gobernante o no tardó en darse cuenta
de hacia dónde se dirigía el país. Asimismo, una población de clase
social baja, con los oídos muy atentos al discurso de Chávez, mordió
el anzuelo sin pensar que su situación podía empeorar. Hoy, prácticamente no hay clase media en Venezuela. Se podría decir que hay
dos clases: la que medra con la dictadura y la que sufre con ella. Ambas la padecen.

Dicen que el buen periodista es el que enoja a todos, y si algo logré en mis coberturas en Venezuela fue enojar a muchos, me gané
enemistades en todo el espectro político y social del país. Y me las
gané a pulso. Me explico: fui a hacer mi trabajo, a registrar los hechos
a medida que se manifestaban. Pero a veces los hechos pueden ser
incompatibles con los deseos, hay que tener cuidado en ello. A mi
llegada a Caracas en ese viaje de 2002 recibí una llamada en mi habitación del hotel Tamanaco que era un presagio de lo que se avecinaba: terminar encaramado en el techo de una gasolinera mientras una
horda de manifestantes opositores a Hugo Chávez clamaba por mi
cabeza, después de que un joven enfurecido había tirado monedas a
mis pies, acusándome de ser un vendido. Hay señales que debemos
advertir.

Era de noche. El vuelo de México aterrizó en el aeropuerto de Maiquetía después del atardecer y, entre el trámite de aduanas y el recorrido del aeropuerto hacia la capital, llegué a mi habitación cuando ya eran las nueve de la noche.

No había terminado de cerrar la puerta cuando sonó el teléfono de la mesa de noche. Me extrañó. Nadie sabía que había llegado a Caracas. Mi extrañeza aumentó cuando contesté y oí la voz de una mujer que no reconocí y de quien nunca supe su identidad: «Señor Whitbeck, solo quiero sugerirle que sea objetivo en lo que viene a hacer a Venezuela. Muchos acá estamos siguiendo de cerca sus actividades y sus reportajes», me dijo y colgó. Me quedé con el auricular en la mano y el silencio al otro lado del hilo. Sentí un pequeño escalofrío.

Nadie de mis conocidos sabía que iba a Venezuela. Nadie cercano o lejano pudo haberme reconocido en el aeropuerto ni en el trayecto al hotel. A la hora en que me registré el lobby del Tamanaco estaba vacío y no vi a nadie que me viera llegar. Quien hizo la llamada supo cómo preocuparme, además, me dijo «señor», «sugerirle». En una situación como aquella la cortesía, los modales, suelen ser amenazantes y no gestos cordiales.

Llamé a Ingrid a su habitación para contarle lo sucedido. De inmediato comunicó a nuestra mesa de redacción que yo había recibido lo que parecía ser una «llamada intimidatoria». No tanto por lo que me dijeron, sino por el hecho de que, en los primeros minutos de mi estadía, ya alguien sabía dónde estaba, el hotel en el que me hospedaba y la habitación en la que dormiría. Además, sabía que iba por trabajo y no por recreación. La mesa en Atlanta decidió activar su protocolo y enviar, desde Londres, a un consultor de seguridad que arribaría la siguiente noche. El consultor nos acompañaría en todo momento y nos ayudaría a analizar el riesgo cada vez que saliéramos a levantar información sobre los sucesos para luego transmitirlos.

Para esa fecha yo ya había realizado con anterioridad varios viajes de cobertura a Venezuela. Cada vez que iba me encontraba con una sociedad más polarizada y con los ánimos cada vez más caldeados. Un sector importante de la clase media —entendiblemente molesta— veía cómo los cambios radicales que Chávez estaba implementando afectaban y afectarían la dinámica social y económica de toda la nación. Veía cómo de un día para otro el sistema cambiaba de ser uno con libertades, aunque con claras deficiencias y desbalanceado socialmente, a otro con restricciones y de mayor presión y control sobre la libertad económica, política y de expresión, y con otros derechos fundamentales amenazados. Comenzaron a circular rumores de expropiación de terrenos y de terrorismo fiscal... que después se confirmaría que eran realidades.

Sin embargo, cuando visitábamos los barrios pobres en las montañas (a las que se hacía referencia como «los cerros») que rodean el valle de Caracas, el sentir de la gente que vivía allí era distinto. Cuando íbamos a hacer tomas o a realizar entrevistas allí, éramos recibidos con un jolgorio desafiante. En el ánimo de las barriadas de esos sectores se sentía que creían que Chávez les hablaba a ellos y por ellos, indicándoles que sus precariedades no solo tenían solución (como lo haría cualquier político), sino que tenían culpables: la oposición, todo el sector de clase media acomodada, y los empresarios y dueños de los medios. Había comenzado el enfrentamiento social. Ese pueblo estaba esperanzado no solo por las promesas de mejora social y económica, sino también porque se daría un escarmiento al resto de la población. Esa era la motivación de un pueblo que durante décadas vio cómo la prosperidad de la época de oro del petróleo en los setenta y ochenta pasaba esquivándolos, y terminaba en las acomodadas urbanizaciones y ostentosos centros comerciales de la ciudad, mientras, a diferencia de estas, las viviendas de los cerros eran precarias e insalubres, y la gente que las habitaba vivía con la desesperanza a flor de piel.

Hugo Chávez irrumpió en la escena política en 1992 realizando un fallido golpe de Estado contra el gobierno del presidente Carlos Andrés

Pérez. Era un joven teniente coronel que buscaba tomar el poder, desalojar a la poderosa maquinaria estatal y militar venezolana, acomodada y sostenida por la enorme cantidad de petrodólares que corría como ríos entre la clase en el poder. Buscaba, apelando al populismo, instalar un sistema revolucionario, socialista. Pero en esa ocasión su intentona de golpe fue breve e infructuosa. Lo único que lograron fue un par de bombardeos en la capital, un amago por tomar el control de los canales oficiales de televisión y la fallida intervención de la base aérea de La Carlota, localizada en el este de la ciudad. Y como en toda intentona violenta, hubo víctimas.

Cuando recibí noticias de los hechos estaba pasando el fin de semana en casa de mi hermana mayor, cerca de West Palm Beach, Florida. Era febrero y llevaba poco más de un año trabajando en la sede de CNN en Atlanta. La mesa de asignaciones me informó que me había comprado un boleto de Miami a Aruba, de donde tendría que ver cómo hacía para llegar a Venezuela. Eligieron la isla caribeña porque, además de que era el punto más cercano, desde allí era más factible y barato conseguir un vuelo privado que me llevara a Caracas. La mesa de asignaciones había contratado a un camarógrafo *freelance* que había trabajado poco para la cadena y que nadie conocía muy bien. Habíamos quedado en que nos veríamos frente al mostrador de Air Aruba. Lo reconocería por la gran cantidad de cajas para transportar el equipo de televisión que llevaba consigo. Al llegar al mostrador me encontré con un hombre alto, de piel oscura, y que se veía muy confundido mientras una mujer, tapada con un velo como los que suelen usar en público las mujeres musulmanas más conservadoras, y con un pequeño niño en brazos, lo increpaba a la vista de dos oficiales de policía que los miraban gritarse sin entender lo que estaba pasando. La mujer comenzó a gritarle también a los policías, les decía que se lo tenían que llevar detenido, que había abusado de ella y de su hijo. El camarógrafo me vio consternado, la expresión era de confusión absoluta, me extendió la mano y se presentó: «Soy tu camarógrafo y voy a viajar contigo a Venezuela. No tengo idea de quién es esta mujer».

Mientras yo llamaba a Atlanta para contarles la escena con la que me encontré, los policías dejaron de intentar entender qué estaba pasando y se retiraron. La mesa en Atlanta me confirmó que el camarógrafo era de confianza, y con el vuelo ya por partir, nos dirigimos a la puerta de embarque para irnos a Aruba. Así comenzó mi relación con Venezuela, el aperitivo de mi viaje hacia allá fueron la confusión, la consternación y el enojo. Estas tres emociones, acompañadas de una dosis de surrealismo, me acompañarían durante todas mis visitas a Venezuela. Hoy ya solo me acompaña el enojo, pero se ha ido disipando.

Llegamos al día siguiente al aeropuerto de Maiquetía, donde tuvimos que convencer a un taxista para que se atreviera a llevarnos a la ciudad, que estaba a unos 30 kilómetros de distancia. Los taxistas tenían miedo de ir porque en las calles había gente disparando, se hablaba de enfrentamientos entre grupos militares y de muertos. Cien dólares en efectivo fueron suficientes para convencer a uno de ellos, quien nos llevó al centro de la ciudad en un destartalado Cadillac viejo. No sería la primera vez que me daba cuenta del poder que puede tener un billete de cien verdes para convencer a la gente de arriesgar su vida. Cien dólares por atravesar un campo de batalla. No sería la primera vez que por cien dólares ponía mi vida en riesgo y la de los otros que viajarían en el auto que nos llevaría a la ciudad. Peor aún, apenas eran poco más de 33 dólares por cabeza.

Cuando llegamos a la ciudad los enfrentamientos más intensos habían terminado. La presencia militar en las calles era significativa y los golpistas, liderados por el entonces teniente coronel Hugo Chávez, se habían rendido. Chávez fue detenido justo después de que apareciera en los medios nacionales pidiéndoles a sus compañeros que depusieran las armas. Fue encarcelado mientras el gobierno sepultaba los cadáveres de los que murieron durante el levantamiento insurreccional: según la cifra oficial fueron unos treinta, pero según las versiones de académicos y periodistas independientes fueron más de cien.

En esa ocasión entrevisté al presidente Carlos Andrés Pérez cuando encabezaba los servicios fúnebres oficiales de los militares caídos en la defensa de su gobierno. Pero no llegué a tener mayor contacto con la población civil, que en ese entonces aún no había decidido hacer de las calles venezolanas uno de los escenarios de la enorme batalla que se presagiaba. Apenas era el principio.

A principios de abril de 2002 me encontraba de nuevo en Caracas, habían pasado diez años desde aquel primer viaje que hice junto a un camarógrafo misterioso, acusado de violencia doméstica por una mujer extraña en un aeropuerto, para ver cómo Chávez intentaba por primera vez llegar al poder. Para ese entonces ya era presidente, llevaba tres años despachando desde el Palacio de Miraflores en el centro de Caracas.

Durante esos tres años había logrado que millones de venezolanos pobres, de clase media, y no pocos aspirantes a ricos, lo adoraran, pero también había despertado la ira y el miedo en las clases más pudientes. Los pobres lo recibían como un mesías en sus giras por el país, pero la oposición lo veía de una manera muy diferente. Chávez había decretado docenas de leyes económicas que expropiaban terrenos privados y una ley de hidrocarburos que le daba al Estado mayor control del producto de la venta del petróleo venezolano.

Ese 11 de abril, trabajadores de PDVSA, la estatal petrolera, se estaban manifestando frente al Palacio de Miraflores cuando al menos 19 manifestantes fueron asesinados por francotiradores. Horas después del suceso un general del ejército venezolano apareció en la televisión —CNN retransmitió la señal— para dar un mensaje en el que exigía la renuncia inmediata de Chávez. Era un golpe de Estado, y nuestra cobertura y el papel de los medios de comunicación no solo se convertirían en parte de la historia, sino que contribuirían a que los rostros más visibles de la cadena en Venezuela fuesen entonces la diana de la ira de los que habían centrado toda su esperanza en el derrocamiento de Chávez. Pero no solo de ellos. La cadena también era el blanco del desprecio de los sectores que apoyaban el chavismo por razones ideológicas, el hecho de que esta tuviera su sede en Atlanta era para ellos suficiente prueba de que éramos enviados del Departamento de Estado, la CIA, el imperio.

Mucho se ha escrito sobre el papel crucial que desempeñan los medios y la comunicación social en el desarrollo de los planes de un gobierno y, en este caso, en el desarrollo de los planes de quienes buscan derrocarlo. Los dos bandos que se enfrentaron en ese golpe vieron la importancia de los medios y ambos trataron de utilizarlos para impulsar sus objetivos. Cabe señalar que yo nunca me sentí utilizado. Solo hacía mi trabajo, que consistía en informar minuto a minuto lo que estaba sucediendo y lo que podíamos confirmar como verídico.

Indirectamente, mi trabajo periodístico y el de mis colegas de CNN tuvo injerencia, para bien o para mal, en la suerte inmediata de los gobernantes y de los pretendientes al *trono* de Venezuela. En cuanto surgieron los primeros informes de los movimientos militares alrededor del Palacio de Miraflores me desplacé de inmediato de México a Caracas. Pasé todo el día viajando mientras el reportero local de CNN en Venezuela, Otto Neustadtl, informaba sobre los acontecimientos que se sucedían velozmente en el edificio presidencial.

Desde el momento de la transmisión del mensaje del general rebelde, batallones en varias bases militares se iban sumando al golpe, mientras en Miraflores, Chávez y todo su equipo ministerial se mantenían atrincherados en la sala del gabinete. Las calles aledañas al palacio eran un hervidero. Al principio decenas de miles de manifestantes opositores clamaban por la salida de Chávez. En tanto que en los barrios populares la gente, enardecida también, expresaba con furia su frustración ante lo que parecía ser el inevitable derrocamiento del gobierno. Los ánimos estaban caldeados al máximo y la situación amenazaba con desbordarse. Los militares alzados amenazaron con bombardear Miraflores si Chávez no renunciaba al poder.

Lo inevitable llegó y Chávez eventualmente accedió a retirarse del palacio para, según las versiones, evitar un baño de sangre mayor.

Fue detenido y trasladado a la prisión de una base aérea en la Isla Orchila, en el Caribe venezolano. Quedará mucho por develar de aquellos días y los subsiguientes, y quizás nunca se llegue a agotar la indagación, al menos mientras las fuerzas chavistas sigan en el poder. Al escribir estas páginas no pretendía hacer una investigación, como he indicado en otros capítulos, sino que las escribí en un intento por ordenar mis experiencias, mis vivencias y mis emociones, pues debido a que la vida me puso más de una vez en circunstancias excepcionales, tuve que tomar distancia en el tiempo y hacer una pausa para reflexionar y verlas con la cautela necesaria para tratar de sacar de ellas lo que forjó mi carácter.

Llegué a Caracas la tarde del día siguiente y de inmediato me trasladé con mi equipo al este de la ciudad, en donde estaba la sede temporal de la empresa que nos proveía de servicios de transmisión, ocupando una oficina de un edificio vacío no muy lejos del centro. El lugar tenía un balcón con una buena vista de la ciudad y podíamos escuchar los disparos que rompían la quietud de la noche. Transmitía en vivo con regularidad, hablando por satélite con la presentadora Glenda Umaña, quien desde Atlanta anclaba nuestra cobertura. Esa noche CNN se mantuvo al aire en vivo, sin interrupción, porque los acontecimientos se iban desarrollando como rápidos por un río desbordado, y la historia cambiaba y daba giros minuto a minuto.

En una ocasión, terminé mi segmento en vivo y entré a la oficina a tomar un respiro. El hijo del dueño del servicio de transmisión, quien apoyaba a su padre en las operaciones técnicas, me preguntó si estaba loco, que por qué no había entrado a la oficina a refugiarme al escuchar los disparos a mi alrededor. La verdad es que ni me había dado cuenta de que estaban disparando: así de enfocado estaba en intentar desenredar la madeja para saber cuál era la verdadera historia detrás de los hechos.

Y vaya que las cosas estaban enredadas. Se estaba gestando un golpe de Estado organizado por la disidencia opositora, los medios privados de radio y televisión. Nosotros, uno de los pocos medios internacionales independientes que estaban en Venezuela esa noche, transmitíamos los reportes de enfrentamientos entre chavistas y opositores y, a altas horas de la noche, los reportes de las celebraciones anticipadas de los opositores que estaban reunidos en el interior de Miraflores para formar el nuevo gobierno.

Pero de un momento a otro la situación cambiaba de nuevo. Los canales de televisión locales pasaron de cubrir los eventos a retransmitir telenovelas y dibujos animados. Como antes lo habían hecho los canales del Estado. De Miraflores comenzaron a surgir informes que señalaban que los golpistas se estaban retrayendo, que el ejército se había echado para atrás porque le preocupó que el flamante presidente interino hubiese decretado varias leyes que iban en contra del espíritu de la constitución.

De repente recibí una llamada de Otto Neustadtl, nuestro reportero local, quien me decía que estaba en el interior de Miraflores y que el gabinete de Chávez se había reinstalado, y que estaban esperando en su despacho el regreso triunfal de su líder al palacio. Como yo no lo podía creer y lo cuestionaba insistentemente sobre lo que veía a su alrededor, me puso al teléfono al director de prensa de la Presidencia, quien me dijo que estaba en el despacho y nos invitaba a desplazarnos a Miraflores para transmitir el arribo del presidente, quien sería reinstalado. Cualquier periodista hubiera querido estar allí y yo no era la excepción; me moría por salir corriendo, entrar al palacio y cubrir los acontecimientos. Pero no había manera de llegar allá. Las vías de acceso para llegar al centro, donde estaba el Palacio de Miraflores, desde la parte este de la ciudad estaban bloqueadas y copadas por hordas de personas enfurecidas. Parecía imposible, hasta que a Neustadtl se le ocurrió una solución. Transportarnos en una ambulancia que estaba estacionada adentro del complejo del palacio. Para ello Otto consiguió que efectivos de la Guardia Presidencial la condujeran y pasaran a recogernos para llevarnos al palacio. Dada la importancia del momento, y el instinto competitivo por estar allí y transmitir en vivo el regreso de Chávez a la silla presidencial, accedí al ofrecimiento de transporte.

El recorrido desde mi punto de transmisión al palacio fue inusual, como se puede inferir. Nunca había sido transportado en una ambulancia, mucho menos conducida por soldados fuertemente armados y sorteando turbas de manifestantes enfurecidos. Todo lo que se estaba viviendo en el Palacio parecía una escena sacada de una película de acción, o de una película de Fellini, como la describió Carlos Chirinos, el corresponsal de BBC Mundo, quien remarcó que en menos de 48 horas el palacio presidencial había sido escenario de un golpe, un contragolpe y el eventual regreso de Chávez.

Íbamos a alta velocidad, con la sirena encendida, y con la adrenalina de los soldados fluyendo tan intensamente que casi se podía oler en el aire. Conforme nos acercábamos al centro de la ciudad y a las inmediaciones del palacio, la cantidad de gente en las calles aumentaba y la tensión de los soldados también. Finalmente llegamos a las puertas del palacio, que se abrieron de inmediato para dejarnos entrar. Nos bajamos de la ambulancia y, mientras mi camarógrafo armaba nuestro equipo de transmisión satelital, me paré cerca del helipuerto que esperaba la nave que traería de regreso al palacio al retornado presidente.

Reinaban la confusión, el ánimo alterado de los simpatizantes de Chávez y los gritos de gente en las afueras del palacio. En eso se escuchó el rotor de un helicóptero. Yo narraba en vivo lo que estaba viendo, mientras mi productora estaba prendida al teléfono coordinando la señal con Atlanta. Captamos el aterrizaje de la nave y el momento en que Chávez descendía de ella, saludando con una amplia sonrisa a los simpatizantes y colaboradores que lo esperaban.

Transmitimos por nuestra señal internacional el dramático momento en el mismo momento en que sucedía. La señal de CNN, transmitida hacia el exterior, informó y mostró lo que estaba sucediendo dentro de Venezuela. De ahí la satanización de CNN por parte de la oposición. Gran cantidad de gente dentro y fuera de Venezuela se enteró de que el golpe había fallado y Chávez había regre-

sado al poder porque lo vio en CNN. Lo cuento así porque me enorgullece el trabajo periodístico de mi equipo. Estábamos satisfechos
por nuestra hazaña periodística. Por haber hecho con gran aplo-
mo nuestro trabajo, que era contar lo que pasaba, por transmitir
los hechos cuando los canales de televisión privados venezolanos
transmitían dibujos animados.

Se ha dicho mucho sobre la complicidad de los dueños de los medios
de comunicación privados venezolanos en esa intentona de golpe de
Estado, y sobre la supuesta complicidad de CNN (y, por ende, la mía)
con el gobierno de Chávez. Lo que me quedó claro es que mientras
se daban sucesos importantísimos en la vida nacional de ese país,
esos medios privados fallaron en su papel como comunicadores sociales. Su papel, desde el periodismo, era informar a la población
sobre lo que estaba sucediendo y dejar que la misma población se
formara sus opiniones al respecto. De eso se trata el periodismo,
de ser un vehículo de información para que una población cuente
con los elementos para formular puntos de vista ponderados. Es el
pragmatismo, la practicidad, la mentada objetividad que tanto se le
cuestiona a la prensa.

Y esa actitud me ganó el odio de gran parte de la oposición venezolana, que decía que la cobertura de CNN y de su cara más visible en
el país, en ese momento la mía, habían sido factores determinantes
en el colapso del golpe de Estado contra Chávez.

Puede ser. Puede ser que cuando la población venezolana más
moderada, los militares leales a la constitución, los simpatizantes
del derrocado mandatario y la comunidad internacional se dieron
cuenta de que Chávez había regresado al Palacio de Gobierno, se ha-
yan envalentonado y eso les haya dado la fortaleza para restaurarlo
en el poder. Esa no era la intención, ni era mi papel preocuparme
por las consecuencias de mi cobertura. Mi trabajo, y el de todo el
equipo tanto en el país como en la sede en Atlanta, era informar sobre los hechos. Lamento —y lo digo como alguien que se puede dar

el lujo de revivir y escribir sobre los acontecimientos del pasado y no como el periodista en el momento— que ese haya sido el desenlace.

No estoy de acuerdo con el rumbo que ha tomado Venezuela. Creo que el chavismo y sus herederos le han robado el país a los venezolanos que creen en la democracia como forma de gobierno. Es terrible ver las consecuencias, leer los informes que dicen que el gobierno chavista tiene vínculos con el narcotráfico y que hablan de su acercamiento a regímenes antidemocráticos como Rusia e Irán. También es terrible ver que el pueblo venezolano sigue sumido en la pobreza, y que ahora se enfrenta a más dificultades dado el aumento en la escasez de recursos y la falta de seguridad, servicios y bienestar. Chávez llegó, se fue y dejó a sus herederos políticos en el poder sin que la situación de los que más creyeron en él haya mejorado, sino todo lo contrario. Ese es el hecho, esa es la historia que se tiene que seguir contando.

Meses después de que Chávez había sido reinstalado, la pugna entre el oficialismo y la oposición continuaba intensificándose y yo pasaba cada vez más tiempo en Venezuela cubriendo el eterno estira y afloja, el toma y daca político, con la diferencia de que cada vez era más violento y más miembros de la sociedad civil se veían afectados por el simple hecho de manifestar su descontento.

Para mí era difícil contar esta historia. Tenía mis opiniones al respecto y tenía que respetar la profesión que escogí. No era ético escudarme tras el oficio del periodismo para ventilar opiniones. Pero sí que he pensado que, si yo fuera venezolano, en aquel momento también hubiese estado en las calles manifestando mi descontento.

Quizás fue por eso que estaba tan furioso aquella tarde en el techo de la gasolinera mientras enardecidos manifestantes opositores estaban expresando una vez más su frustración contra Chávez y marchando en la calle frente a mí.

El manifestante que me agredió y amenazó directamente era un hombre menor que yo, tendría unos 30 años. Se acercó a mí con el rostro desencajado por la ira, con una mezcla de rabia y frustración en los ojos. Yo fui el blanco perfecto para desahogar esa furia, me gritaba que yo era un vendido al chavismo y, en un arrebato de energía incontrolable, sacó del bolsillo de su pantalón un puñado de monedas, como las treinta monedas de plata por las que Judas traicionó a Jesús, y lo tiró a mis pies, a los pies de quien él consideraba un traidor y un vendido. Fue el peor insulto que he recibido en mi vida.

En ese momento nos dimos cuenta de que estábamos en una situación peligrosa y optamos por una retirada estratégica.

La retirada hizo poco para aliviar mi consternación. No entendía por qué la gente no se daba cuenta de que el blanco de su furia no era yo, sino el régimen. Para hacer una justicia literaria, lo que podría haber dicho mientras aquel muchacho me gritaba y me lanzaba un puñado de monedas era: «Soy periodista, cubro estos acontecimientos en Venezuela y no tengo idea de quién es este hombre». Al igual que había hecho mi camarógrafo diez años antes cuando viajé con él desde una isla paradisiaca a un país otrora paradisiaco. Me gustaría regresar a Venezuela para cubrir la vuelta a la democracia y a las libertades, y ver florecer un país reconciliado y próspero. Esa sería una noticia con la que seguramente no me ganaría enemistades, o quizás sí.

En camioneta desde Atlanta y andando al Polo Norte

Viaje a México y a Lima entre un amor y la voluntad

La decisión fue solo mía. Quise trasladarme a México por tierra y no por avión, porque mi intuición me decía que necesitaba unos días de soledad. Necesitaba pasar un tiempo a solas conmigo y así contemplar el enorme cambio que tenía frente a mí: dejar más de tres años de vida en Atlanta para incursionar en el mundo del periodismo de calle, uno más intenso, directo, independiente y *real*. Una tarde de 1994 Rolando Santos, quien en ese entonces era mi jefe, me invitó a su oficina en Atlanta para plantearme una nueva oferta de trabajo. En ese momento llevaba ya casi tres años siendo escritor y reportero de planta para CNN en Español. Rolando había decidido reforzar la presencia de CNN en México y me preguntó si estaría interesado en trasladarme a la Ciudad de México para conformar la corresponsalía y trabajar al lado de la corresponsal de la cadena en inglés, la chilena-australiana Lucía Newman, quien ya llevaba un par de años en la capital mexicana. Conocía a Lucía, era integrante del grupo de corresponsales destacados en Centroamérica que viajaban a Guatemala con frecuencia para cubrir la guerra, y una profesional a quien admiraba desde mi adolescencia. Lucía fue quien me invitó a su casa en Managua durante las elecciones en 1990, donde conocí de manera fortuita a Abel Dimant, el entonces director del servicio en español de CNN, quien me dio mi primer trabajo en la cadena y se convirtió en mi mejor maestro y mentor.

Tenía una camioneta Nissan todoterreno que era perfecta para el viaje hacia el suroeste. La llené de mis cosas, ropa, libros y música y tomé camino. Manejé en completa soledad durante cuatro mágicos días, encerrado en una especie de burbuja móvil que me dio el tiempo y el ánimo necesario para despedirme de una vida y comenzar otra. Conducía en promedio entre ocho y doce horas diarias. Salía temprano de los hoteles que encontraba junto a la carretera y me detenía a comer y estirar las piernas en restaurantes de paso llenos de personajes extraños —yo uno más— que pasaban misteriosamente de local en local sin dejar rastros de quiénes eran, de dónde venían, ni a dónde iban. Contemplaba el paisaje, escuchaba música y me despedía de mi vida en Atlanta para aclimatarme poco a poco a mi nueva vida en la Ciudad de México, una de las metrópolis más grandes del mundo; punto de encuentro de diversas culturas, pensamientos y corrientes artísticas; el pujante centro neurálgico de uno de los países más poderosos de América Latina.

Por tierra el viaje de Atlanta a la Ciudad de México lleva unos cuatro días. Se recorren cerca de 2 900 kilómetros durante los cuales se atraviesa el sur profundo de Estados Unidos: Alabama, Misisipi, Luisiana y Texas. En la frontera —en el año 1994—, el cruce era sencillo y eficiente: todo se reducía a un intercambio de documentos, el pago de una fianza por ingresar con un vehículo de placas extranjeras, una mirada sospechosa por parte del agente de aduanas estadounidense y una sonrisa de bienvenida por parte de su homólogo mexicano.

Disfruté mucho aquel viaje. Cuando crucé la frontera en Ciudad Juárez y pisé tierra mexicana, recuerdo haber lanzado un estruendoso grito de emoción. Y lo hice justo al terminar de sortear los trámites de aduana y encontrarme ya sobre la carretera federal rumbo a Monterrey, donde pasaría la noche. Llevaba un disco compacto de Los Lobos, la banda de rock chicana del este de Los Ángeles, oí muchas canciones sobre sus raíces mexicanas y se me hizo muy apropiada aquella mezcla musical norteña-mexicana con *rock* estadounidense para subrayar el inicio de mi nueva vida.

Cuatro días de carreteras rectas y monótonas, dejando atrás plantíos agrícolas, el enorme puente que cruza el lago Pontchartrain cerca de Nueva Orleans, las secas planicies de Texas, seguidas por las montañas de la Sierra Madre Oriental. En las carreteras largas que sorprendían por su buen estado, el paisaje al principio era plano y monocromático. Había muy poco tráfico, se veían enormes camiones que tiraban a su vez de enormes contenedores con mercancía en ambas direcciones. Así era desde la reciente firma del Tratado de Libre Comercio. Conforme me iba adentrando al estado de Chihuahua en mi camino rumbo a Monterrey, se imponía ante mí la cadena de montañas de la Sierra Madre, legendarias no solo en la región sino en la mitología de mi familia.

Lee, mi abuelo paterno, hijo de Leonard F. Whitbeck, el corresponsal de la guerra en Estados Unidos en Dakota del Sur, había pasado también por estas tierras décadas atrás. Era ingeniero civil y trabajó en la construcción de las vías férreas del norte de México y, de niño, yo escuchaba historias de cómo, justamente en la Sierra Madre, el abuelo Lee se enfrentó a un bandido llamado Pancho Villa, quien lo asaltó para robarle la planilla de pago de su cuadrilla de trabajadores.

Aún no ponía un pie en la Ciudad de México y ya sentía el maravilloso acontecimiento que sería mi experiencia en aquel país.

Los cuatro días de carretera cerraban un capítulo que comenzó en Managua, Nicaragua, en 1990. Recién había vuelto a Guatemala después de haber completado mi maestría en Nueva York cuando conseguí un trabajo como reportero en un diario local. En febrero de aquel año, a una semana de haber sido contratado, el diario me envió a Nicaragua para cubrir las elecciones en las que la empresaria Violeta Chamorro se enfrentaba a Daniel Ortega, quien había llegado al poder luego de que el Frente Sandinista derrotó a la dictadura de Anastasio Somoza en 1979. Un momento histórico que a mis 25 años estaría viviendo en primera fila.

En ese entonces ya había conocido a Lucía Newman, quien dirigía la oficina de CNN en Managua. Una tarde me invitó a su casa-oficina, que servía de base también para el equipo del servicio en español de CNN, que en ese entonces era liderado por Abel Dimant, un experimentado periodista de origen argentino que había trabajado durante décadas en la otrora poderosa United Press International (UPI), la legendaria agencia de noticias que durante gran parte del siglo XX fue el referente del periodismo serio e independiente. Abel venía de esa estirpe, era riguroso como nadie, gruñón como un buen padre, pero abierto a nuevas ideas y, afortunadamente para mí, dispuesto a darle una oportunidad a los jóvenes periodistas en quienes veía potencial. Algo vio en mí, porque me ofreció considerarme para el puesto de *stringer*, o reportero *freelance*, en Guatemala, pidiéndome que cuando terminara mi cobertura en Nicaragua y regresara a mi país, le enviara un reportaje de prueba.

Cuando regresé a Guatemala me encontré con la sorpresa de que mi reportaje sobre la victoria de Chamorro en las elecciones había sido la portada del diario en el que recién había comenzado a trabajar. Me inflé de orgullo y olvidé el ofrecimiento de Abel hasta que una noche, varias semanas después, estaba en el cine con un amigo cuando de repente un intenso sentimiento de ansiedad se apoderó de mí. Tenía problemas con algunos de mis colegas en el diario que estaban resentidos conmigo porque, siendo apenas un novato, con tan solo una semana de haber comenzado a trabajar allí, me enviaron a cubrir una gran historia y, además, publicaron mi trabajo en la portada del diario. Me sentía frustrado y enojado, y estaba pensando qué hacer cuando de pronto vino a mi mente, como un relámpago, el ofrecimiento de CNN.

A veces uno no reconoce las oportunidades cuando las tiene en sus narices porque se deja abrumar por lo inmediato, nos entregamos tanto a lamentarnos por las cosas que no nos salen bien que nos cegamos ante las puertas abiertas, ante las oportunidades que siempre están a la mano si nos detenemos y nos permitimos reconocerlas y tomarlas. En ese momento decidí que al día siguiente realizaría el reportaje de prueba y se lo enviaría a Abel Dimant. Así comenzó mi vida en CNN. Menos de un año después, Abel me envió a Haití para mi primera cobertura internacional para la cadena, y en febrero de 1991 me trasladé a Atlanta, la ciudad de la que ahora me estaba despidiendo lentamente en ese viaje por tierra.

Durante ese recorrido pensé en el azar, la fuerza del destino y la responsabilidad que tenemos de estar atentos a los momentos fortuitos que pueden provocar cambios radicales en nuestras vidas. Al recorrer las tierras que mi abuelo Lee había andado hacia su propio futuro incierto y lleno de aventuras en Guatemala, pensé que estaba haciendo lo mismo que él. Dicen que el que olvida su historia está condenado a repetirla. Yo la estaba repitiendo, pero para mí eso no era una condena, sino todo lo contrario.

No sentía tristeza ni nostalgia por dejar atrás los años en Atlanta. Esos años fueron importantes porque marcaron el inicio de mi exitoso y enriquecedor paso por CNN, y durante ellos hice entrañables amistades con colegas, pero aquellos años estaban dominados por un constante e inquietante sentimiento de no pertenecer a esa sociedad. Y eso que Atlanta queda a tan solo tres horas en automóvil de Birmingham, Alabama, la ciudad natal de mi madre y donde aún tengo primos y familia cercana. La realidad es que siendo mitad estadounidense, y habiendo crecido en un hogar binacional y bicultural, la balanza se inclina, por mucho, hacia mi origen guatemalteco. No tengo explicación, ni la busco. Honro el legado cultural de mi madre, pero en el fondo soy más chapín que gringo.

En 1994 México lo ofrecía todo para un joven y ambicioso periodista. Tenía 29 años y ninguna atadura, y ante mí, un buen sueldo y una muy buena carta de presentación como corresponsal de CNN en Español para México y la región. El país tenía mil historias que debían ser contadas. Y yo nada que perder. O eso pensaba entonces.

Los mexicanos estaban viviendo, entre otros acontecimientos, el reciente levantamiento en armas de los indígenas zapatistas en el sureño estado de Chiapas, la debacle económica provocada por la falta de reservas internacionales que llevó a una dramática devaluación del peso en los primeros días del gobierno de Ernesto Zedillo, los escándalos que se dieron alrededor de asesinatos políticos que involucraban a familiares del expresidente Carlos Salinas de Gortari y, más adelante, la histórica derrota en las urnas del Partido Revolucionario Institucional (PRI), que significó el cambio político más importante en los setenta años previos a ella.

México era un hervidero de noticias, de sucesos, y para mí se convirtió en un hervidero de vida. No podía estar más entusiasmado. Sin embargo, ninguno de esos acontecimientos me llegaría al corazón, ninguno de los sucesos que cubrí, por más violentos, cruentos y sanguinarios que fueran, desplazaría en mi interior la fuerza del descubrimiento del amor a otro ser humano. Quizás ese descubrimiento protegió mi sensibilidad. No podía siquiera sospechar que aquel recorrido me llevaría a uno de esos encuentros que forjan un cambio de carácter, un cisma espiritual cuyos efectos me convertirían en la persona que soy desde entonces. Y mucho menos me podía imaginar que aquel encuentro sería lejos de la Ciudad de México, en Lima, mientras cubría uno de esos hechos que mantienen a la población en una expectativa que no se diluye sino hasta que se da por acabado.

Tuve la suerte, a las pocas semanas de haber llegado a México, de conocer a un grupo de gente, todos amigos entre sí, algunos mexicanos y otros extranjeros que llevaban años viviendo en el país. Se convirtieron no solo en anfitriones entrañables, sino en compañeros de fiesta, contrincantes en debates filosóficos, maestros de la vida. Uno de ellos fue un traductor de griego, experto en la obra de Constantino Kavafis, el poeta homoerótico griego. También integraban el grupo unas corredoras de arte que manejaban una galería a puerta cerrada llena de obras de algunos de los pintores mexicanos más célebres de la historia contemporánea, un médico cuya cabeza no paraba de generar ideas para hacer que la salud pública fuese realmente pública y democrática, y una funcionaria del partido de gobierno que todo el tiempo tenía deliciosas intrigas palaciegas para contarnos.

Mis semanas eran un correcorre entre las oficinas de un funcionario y otro. Lo mismo entrevistaba a analistas políticos que a gente de la calle, historiadores, intelectuales y políticos, entre otros. Desayunaba, almorzaba y cenaba con otros colegas periodistas, mexicanos y extranjeros, exprimiéndoles toda la información que tenían sobre ese enorme, complicado, hermoso y a la vez violento, rico y pobre, y desigual país.

En varias ocasiones mis amigas corredoras de arte me invitaban los viernes por la tarde a su galería a puerta cerrada localizada en el exclusivo barrio de Lomas de Chapultepec. Abrían una botella de tequila y, rodeadas de cuadros y esculturas, me hablaban de arte. Descubrían obras de su colección para que las observara de cerca y me contaban detalles maravillosos sobre los artistas, sus técnicas y abordaje de la historia de su país. Tuve en mis manos obras de Diego Rivera, del Dr. Atl, de Leonora Carrington, la enigmática surrealista inglesa, quien para aquel entonces vivía y pintaba en su estudio de la ciudad de Cuernavaca. Un enorme privilegio que guardo en la memoria para siempre. Fue mi introducción al poder del arte que logró que me conmoviera hasta las lágrimas frente al poder de la imaginación y el talento de estos pintores que, si no hubiera tenido acceso a ese lugar, solo podría haber visto en un espacio público, si acaso. Esa experiencia fortaleció en mí una gran sed por saber, por aprender más, despertó esa curiosidad contagiosa y emocionante que pide transformarse en conocimiento.

Mis fines de semana transcurrían entre largas comidas en casa de una amistad, o al menos de algún conocido, las cuales comenzaban a las dos de la tarde y terminaban sobre la media noche, después de vaciar varias botellas de tequila; y mi rutina de los domingos, que estaban destinados a ir al mercado cercano para comer elote asado, garnachas o pozole, pasear por las calles empedradas y la plaza de Coyoacán, uno de los barrios más antiguos de la ciudad, y pasar horas viendo libros en la librería Gandhi.

Fue una época que nutrió mi vida como ninguna otra. Acrecentó mi aprendizaje sobre México, su historia y su forma de ser, aprendí sobre su arte y su cultura, y me dispuse a entender los engranajes de una de las maquinarias políticas más antiguas, establecidas e inmutables en la historia de América Latina. Según algunas teorías de desarrollo humano, las tres acciones básicas que estimulan el placer en el cerebro humano son comer, tener sexo y adquirir conocimientos nuevos, porque los tres actos se relacionan y contribuyen directamente a la evolución de la especie.

México me ayudó a nutrir mi curiosidad innata y a ampliarla para aprender más sobre el poder del arte, la música y las letras y, en muchos casos, para fortalecer notablemente el sentido de pertenencia a una cultura. La cultura mexicana, cimentada en su variada y compleja gastronomía, y en su apego a su legado prehispánico, su arte, arquitectura, música y literatura, se presentaba ante mí como un enorme abanico de posibilidades de aprendizaje y crecimiento. Aquellas oportunidades estaban de nuevo ante mí, listas para ser tomadas. Y esta vez no dudé en hacerlo, había aprendido a no dejar pasar las oportunidades.

Como guatemalteco, siempre crecí con una actitud de resabio hacia México, nuestro poderoso y enorme vecino al norte. Existía una especie de complejo de inferioridad colectivo frente a los mexicanos, no poca envidia y resentimiento ante lo imponente que ese país podía llegar a ser en comparación con un pequeño país centro-americano. Pero cuando llegué a México después de vivir tres años en Estados Unidos, donde siempre me sentí extranjero, fue como regresar a casa. Los códigos sociales, la jerga, la comida, todo se me hizo entrañable y familiar, y a la vez estimulantemente desconoci-do. Gozaba recorrer los tianguis, los mercados sobre ruedas que se instalaban cada día de la semana en un barrio distinto de la ciudad, igual que cenar en un restaurante de lujo junto a connotados inte-lectuales que recibían con los brazos abiertos al joven representante de la flamante cadena estadounidense de noticias en español.

En una ocasión fui como invitado a una cena informal de domin-go en casa de un reconocido banquetero que dirigía uno de los ser-vicios de *catering* más solicitados de la ciudad. Todos los domingos por la noche reunía en su casa a los círculos intelectuales y cultu-rales de la ciudad. Personajes como Guadalupe Rivera Marín, hija del pintor Diego Rivera; compositores y empresarios eran invitados a los agasajos domingueros. Y ahí estaba yo. Como era domingo por la noche las cenas no terminaban en grandes bacanales, eran más bien un momento para despedir el fin de semana y prepararse para lo que trajese la semana en ciernes. Entre amigos, siempre aportaban algo interesante a la conversación. Víctor Nava, el dueño de la casa, tenía una admirable colección de libros; atesoraba, por ejemplo, una edición de la obra completa de poemas de Pablo Neru-da autografiada con la dedicatoria «con un abrazo tan largo como Chile». Esa línea me transportó y me hizo comprobar una vez más el poder del uso adecuado e iluminado de las palabras. Ese día el anfitrión me regaló el ejemplar autografiado, el cual aún guardo en la biblioteca de mi casa. Pero además de este, él y muchos otros de los presentes me dieron un regalo más importante aún: la lección sobre el poder transformador y enriquecedor de abrirse, sin temor, a lo que pueden ofrecer las nuevas experiencias.

Y las aventuras apenas estaban por comenzar.

Una fría mañana de principios de enero de 1994 amanecí en un hostal de San Cristóbal de las Casas, en Chiapas. Días antes un grupo de indígenas organizados en un ejército guerrillero se había levantado en armas, proclamaba la revolución en el estado más pobre de México. La mayoría estaba armada con fusiles de madera que, de lejos, daban la impresión de ser de los que mataban de verdad, pero que perdían su capacidad de intimidación cuando uno se acercaba y se daba cuenta de que no eran más que palos de madera que habían sido «maquillados», con torpeza, para dar la apariencia de fusiles. Los alzados eran en general jóvenes, hombres y mujeres, indígenas que hablaban poco o nada de castellano. Sus uniformes, armas y disciplina militar eran improvisados. Los movía una furia y determinación que no había visto antes.

Habiendo crecido en Centroamérica en los años más duros de las guerras de Nicaragua, El Salvador y Guatemala, estaba acostumbrado a escuchar historias bélicas y de movimientos armados guerrilleros. Cuando vi por primera vez a los zapatistas con sus fusiles de madera, parte de mí se enterneció, me conmoví porque no podía verlos como una fuerza militar viable y amenazante.

Hubo enfrentamientos militares, pero para mí el movimiento zapatista siempre fue más un ejercicio de comunicación y manejo de opinión pública que un esfuerzo o revolución bélico-militar.

Los primeros días del alzamiento zapatista provocaron un aluvión de reacciones dentro y fuera de México. Afuera, consiguieron ganarse la simpatía casi inmediata de agrupaciones de izquierda en toda Europa y varios países de América del Sur. El alzamiento, justo el 31 de diciembre, un día antes de la entrada en vigor del Tratado de Libre Comercio de Norteamérica, también coincidió con el hecho de que en esas fechas San Cristóbal estaba lleno de turistas extranjeros que quedaron atrapados en un pueblo sitiado por un grupo insurgente armado, y gracias a los cuales la historia daría la vuelta al mundo.

En México la reacción fue de estupor, sorpresa, *shock*. Me comentaba Beatriz Oetling, una colega mexicano-alemana, productora de una de las cadenas de televisión germanas, y quien había cubierto durante años las guerras civiles de Nicaragua, El Salvador y Guatemala, que nunca se imaginó que estaría ante el mismo tipo de conflicto en su propio país, México. El gobierno también dio la impresión de haber sido tomado por sorpresa. El despacho presidencial envió desde Los Pinos, la residencia oficial, a un equipo de expertos en comunicación y manejo de medios para controlar la *narrativa* sobre los sucesos. Pronto el gobierno vio cómo la historia se le iba de las manos al intentar censurar la información implementando controles de acceso a los lugares en donde los zapatistas y las tropas federales se estaban enfrentando. Los enfrentamientos eran menores en comparación con los que se daban en otros conflictos civiles, pero *los muertos estaban muertos*, si se me permite la tautología.

Esa mañana en la que amanecí en San Cristóbal, decidí unirme a la caravana de un grupo de periodistas extranjeros para intentar llegar a Ocosingo, un poblado cercano que había sido tomado por unidades militares zapatistas. Salimos de San Cristóbal conduciendo sobre un camino asfaltado de dos carriles, para después subir a las montañas de los Altos de Chiapas entre una densa neblina que dificultaba la visibilidad. Después de recorrer varios kilómetros nos acercamos al esqueleto de un coche varado a medio camino. Sus puertas estaban abiertas y no se escuchaba nada alrededor. Nos detuvimos y bajamos cuidadosamente de nuestro propio vehículo para acercarnos al coche sospechoso. Para nuestra sorpresa, nos encontramos con los cadáveres de cuatro jóvenes acribillados y abandonados en mitad de la carretera, como en medio de la nada.

La escena, macabra de por sí, era aún más inquietante porque se dio en México, en un país en donde se suponía que la violencia política y revolucionaria era cosa del pasado. Parecía, en todo caso, una escena de la Centroamérica de la década de los ochenta que yo bien conocía. Era —por lo menos— una escena inquietante en un México que estaba por ingresar al club de los grandes con la firma del Tratado de Libre Comercio con Estados Unidos y Canadá. Fue un anuncio, una muestra de lo que encontraríamos durante las semanas de cobertura en Chiapas, en especial en Ocosingo, la cabecera de un municipio de unos 30.000 habitantes, la mayoría, indígenas.

Ocosingo fue el escenario de una de las batallas más cruentas del alzamiento zapatista. Decenas de unidades insurgentes lograron tomar la cabecera municipal la última noche del mes de diciembre, mientras los habitantes celebraban el inicio del nuevo año. Unos 600 zapatistas rondaban las calles del pueblo cuando el Ejército federal entró con apoyo de helicópteros artillados. Se dio una sangrienta batalla que duró varias horas y resultó en la toma de control por parte de los federales. El saldo, entre civiles, efectivos del ejército y zapatistas, fue de 35 muertos.

Ese hecho me enfrentó, repentina y bruscamente, a una dura y fría realidad: no estaba viendo el escenario de una guerra teatral con fusiles de madera, como me pareció en un principio, estaba viendo una guerra real en la que, como en todas, había muertos. El alzamiento zapatista cambió para siempre la imagen que muchos mexicanos tenían de su propio país, y afectó también las políticas del gobierno del Partido Revolucionario Institucional, el PRI.

El entonces candidato presidencial oficial, Luis Donaldo Colosio, se conectó de inmediato con esa nueva realidad e hizo de la lucha social por más equidad uno de sus lemas de campaña. Visitó Chiapas en varias ocasiones y en sus mítines políticos decía: «Veo un México de comunidades indígenas que no pueden esperar más a las exigencias de justicia, de dignidad y de progreso; de comunidades indígenas que tienen la gran fortaleza de su cohesión, de su cultura y que están dispuestas a creer, a participar, a construir nuevos horizontes».

Colosio fue asesinado en la ciudad de Tijuana el 23 de marzo de 1994.

Junto a los escándalos e intrigas políticas, en esa época floreció, y se hizo más visible, la actividad del narcotráfico internacional. Algunos cárteles de la droga, luego de que Estados Unidos cerrara las rutas marítimas del Caribe, de Colombia hacia las costas de Florida, comenzaron a hacer alianzas con sus pares colombianos para abrir nuevas rutas de tráfico. La apertura de nuevas rutas entre Centroamérica y México representaba un enorme negocio para los cárteles y también el inicio de un nuevo ciclo de violencia, de debilitamiento de las instituciones públicas y de corrupción en toda la región que aún se mantiene y se ha tornado en la nueva realidad.

Una Semana Santa, a fines de la década de los noventa, había alquilado con unos amigos una casa de playa en Jalisco, sobre el Pacífico mexicano. Estaba en un área remota, a unas dos horas de Puerto Vallarta, en una zona selvática y exuberante que daba paso a playas vírgenes azotadas por un violento y espectacular océano. Pronto nos daríamos cuenta de que aquel lugar no era tan acogedor como parecía. Los cuatro amigos que formábamos el grupo tuvimos una misma intuición. Sentimos un leve escalofrío, un presentimiento que nos llevó a pensar que teníamos que alejarnos cuanto antes.

Una mañana salimos a caminar y llegamos a una apacible playa en una pequeña bahía. Las aguas estaban calmadas, y el oleaje era suave y rítmico, no era el mar bravío habitual; un par de palmeras bailaban con el viento que agitaba sus enormes follajes. Un pequeño *changarro* cerrado tenía un rótulo que ofrecía pescado fresco frito con plátano y arroz. Una escena idílica que parecía sacada de la publicidad de la oficina de turismo del país, salvo que era un pequeño paraíso para otras actividades más allá del disfrute.

Al regresar a la casa comentamos nuestras impresiones con la mujer que hacía el aseo y ella nos comentó que esa bahía estaba prohibida porque se sabía que allí desembarcaban traficantes de cocaína y días después de cada entrega solían aparecer los cadáveres de sus enemigos ajusticiados o de personas que merodeaban el lugar, los veían, o sospechaban que sabían demasiado.

La historia del narcotráfico en México permeaba no solo mi actividad profesional, sino mi vida personal. Era algo que afectaba todos los ámbitos de la vida diaria y de lo cual pocos se escapaban.

Se desparramaba sobre toda la sociedad, y quien pensara que no iba a llegarle solo estaría negado a las evidencias. La mayoría de las personas optaba por resignarse a que la actividad de los narcos era parte de la vida y pensaban que, si uno no se metía con ellos, ellos no se meterían con uno. Así es como la sociedad se habitúa a la delincuencia, como quien se deja mojar por la lluvia.

Nos fuimos de aquel paraíso como expulsados, habíamos caído en cuenta del bien y el mal.

En otra ocasión, mientras realizaba un reportaje sobre migración en la frontera del estado de Nuevo León con Laredo, Texas, decidimos salir de madrugada a grabar imágenes del amanecer en el desierto. Nos desplazamos sobre la carretera que conduce de Monterrey a la frontera, en medio de una soledad absoluta y hacia el lugar más oscuro de la noche, justo antes de que comenzara a salir el sol. Queríamos posicionarnos en el desierto para captar la maravillosa y poética luz del alba. Nos detuvimos al lado de la carretera y el camarógrafo colocó la cámara sobre el trípode y comenzó a grabar. Yo estaba de pie a su lado mientras nuestra productora, sentada en el auto, hablaba por teléfono con la mesa de asignaciones. De repente vimos a lo lejos las luces de un coche que se aproximaba a alta velocidad, en dirección a la frontera con Estados Unidos. Pasó tan rápido que a duras penas tuve tiempo para saltar y ponerme a la orilla de la carretera. Por poco no lo cuento. Era un auto de carreras, un Maseratti o un Ferrari, uno de esos deportivos costosísimos cuya presencia en un país como México era de una incongruencia inaudita... un auto que en ese entonces, a mediados de los 90, valía más de 100 000 dólares.

Pasó a nuestro lado en cuestión de segundos, y además de que casi nos arrolló, dejó una estela de temor e incertidumbre. Algo nos dijo que ese auto no era conducido por uno de los *buenos*. Nos quedamos un tiempo en silencio mientras guardábamos el equipo de trabajo para continuar nuestro camino, y luego conversamos sobre la intuición, ese preconocimiento que nos es tan útil cuando tenemos que discernir con rapidez dónde están el bien o el mal.

Estaba seguro de que aquel auto y su conductor de alguna manera estaban vinculados con aquel paraíso del que nos sentimos expulsados. El peligro siempre estaba ahí, latente. Cualquier signo, si lo sabes leer y te fías de la intuición, puede salvarte la vida. Un auto de carreras en medio del desierto está fuera de lugar, significa que algo ha sucedido, que algo se ha quebrantado. Es una advertencia del paisaje, del contexto, que es mejor tomar en consideración. Como aquella pequeña bahía paradisíaca junto a lo que parecía un plácido comedor frente al mar bajo unas palmeras de anuncio publicitario, cerrado y vacío. Algo no funcionaba, algo estaba fuera de orden y había que advertirlo.

El viernes 4 de julio de 1997 anunciaba el inicio de otro de esos fines de semana de amigos, de conversaciones, de cultura, de paseos por la ciudad. Pero esa noche, ya tarde, recibí una llamada inquietante. Mi productora me dijo que un contacto en la Procuraduría General de la República le había dicho que al día siguiente iban a confirmar que uno de los narcotraficantes más célebres y temidos de México había fallecido en la sala de cirugías de un hospital privado. Se trataba de Amado Carrillo Félix, conocido como «el Señor de los Cielos» por su osado uso de una flotilla de aviones de pasajeros para transportar droga hacia el país, quien murió mientras era sometido a una operación de cirugía plástica y una liposucción en el Hospital Santa Mónica. El hospital colindaba, muro con muro, con el edificio donde yo vivía en aquel entonces. Sería mi vecino en sus últimas horas de vida.

Al día siguiente funcionarios de la PGR invitarían a la prensa a reconocer el cadáver de Carrillo Félix para comprobar que, en efecto, sí había muerto uno de los narcotraficantes más buscados de los últimos tiempos. Y había muerto haciéndose una cirugía estética. Como he dicho en líneas anteriores, uno siente cuando algo está fuera de orden, fuera de lugar. La intuición es inmediata, aunque esto parezca una redundancia.

El sábado temprano, mientras estaba anclado con nuestra cámara transmitiendo en vivo cada hora sobre los acontecimientos, mi productora, Alejandra Ibarrola, acompañada de mi camarógrafo Martin Asturias, se presentó en la PGR para el reconocimiento del cadáver del narcotraficante. Me llamó a las dos horas de haber salido y, con la voz entrecortada, me dijo que hubiera preferido jamás ir a ver lo que vio. Me describió con detalles precisos cómo sacaron un féretro, lo abrieron y los camarógrafos se abalanzaron encima para disparar sus artefactos sobre el cuerpo de un hombre vestido con traje oscuro y corbata roja, con las manos cruzadas sobre el vientre y con la cara desfigurada y llena de moretones. La boca estaba abierta, mostrando unos dientes blancos en una macabra sonrisa congelada que hacía de aquel cuerpo sin vida un espanto.

Esa imagen abominable quedó guardada en la mente de mi productora y en la mía. Tuve que ver el video que, con una valentía excepcional, recogió junto al camarógrafo. La escena, como de una película, quedó pequeña ante los acontecimientos que se dieron en las semanas siguientes.

Comenzaron a surgir versiones que levantaban la sospecha de que Carrillo Fuentes no había muerto y que el cadáver presentado a la prensa no era el del narcotraficante. La prensa local levantó esas dudas y nosotros, como corresponsales, nos limitamos a decir que era imposible confirmar la veracidad de los hechos. Como muchas historias en México, esta también se quedaría sin verificar, sin confirmar, sin resolución final.

El único indicio de certeza se dio semanas después, cuando los tres médicos que realizaron la fatídica cirugía aparecieron muertos, sus cuerpos apilados dentro de toneles rellenos de concreto en la carretera que conduce de la Ciudad de México a Acapulco. Sin embargo, ni la muerte de los cirujanos confirmaba con certeza la muerte del capo.

Durante la época de violencia más cruenta de la guerra del narcotráfico me tocó informar sobre acontecimientos que sobrepasaban los límites de la crueldad (si no es ya la crueldad misma la que señala el rompimiento de los límites) y la falta de respeto a la vida, o más aún, el desprecio hacia ella.

A finales de los años noventa las historias sobre asesinatos, secuestros y desapariciones dominaban los titulares de la prensa nacional. La aparición de personajes como «el Mochaorejas», un secuestrador conocido por enviar la oreja cortada de sus víctimas a sus familiares como prueba de vida, o como los «mochadedos» —que no pudieron ser un poco más originales al escoger su propio sobrenombre—, a veces hacía que la experiencia de redactar reportajes sobre el acontecer nacional fuera difícil de asimilar.

Una cosa era reportar sobre las tragedias causadas por los desastres naturales o las guerras (por más disparatadas que parecieran), y otra distinta tener que vérselas cara a cara con algunas de las expresiones más sanguinarias (e imaginativamente más retorcidas) de la crueldad humana. Pero así como la crueldad muestra la oscuridad del alma humana, también puede mostrar claridad. Y de la misma manera que se puede sentir que hay algo fuera de lugar, advertir un desorden que no corresponde al entorno, hay manifestaciones que aunque también parecen fuera de lugar, aparecen para aminorar el caos, aliviar el desorden y encaminar a los hombres por la ruta de la paz interior aun en las circunstancias más inauditas, porque donde hay oscuridad también hay luz, y lo contrario sin duda también sucede, como la luz que me envolvió cuando tuve la oportunidad de ver cómo la valiente aplicación de la espiritualidad puede atenuar la oscuridad de los más crueles.

En 2009 entrevisté, en Ciudad de México, a una sanadora y profesora de yoga que logró convencer al alguacil de un centro carcelario de alta seguridad de que le permitiera ofrecer clases de yoga a los reclusos. La profesora, una mujer diminuta con una serenidad cultivada por años de ejercicios, se sentaba varias mañanas a la semana frente a decenas de criminales endurecidos, tatuados, de miradas tenebrosas y penetrantes. Esos hombres acostumbrados a la rudeza y a la violencia se entregaban a las instrucciones de una mujer de tamaño menudo y seguían sus instrucciones de cerrar los ojos, regular la respiración, vaciar la mente y entrar en contacto con sus sentimientos. De los ejercicios de respiración, conocidos como *pranayama*, pasaban a estiramientos y posiciones que no solo tenían la finalidad de hacer ejercicio físico —aunque sí la incluían—, sino también la de lograr que los practicantes voltearan hacia sí mismos, que lograran una comprensión más profunda entre su cuerpo y su ser.

Fue imposible negar que las prácticas de yoga dieron buenos resultados. Muchos reos me contaron que después de tan solo unas pocas semanas de practicarlo lograron sentir una paz interior que nunca antes habían conocido, pudieron pedir perdón a otros y a sí mismos, ver que ellos también podían, eventualmente, ser miembros productivos de la sociedad. El alguacil avaló los resultados: desde que comenzaron las clases de yoga la incidencia de hechos de violencia en la cárcel disminuyó lo suficiente como para llamarle la atención, y estaba seguro de que ayudaría en el largo y tortuoso camino de la rehabilitación penal. Parece algo sencillo y nada excepcional, pero hay algo poderoso en respirar y sanar.

Una tarde de diciembre de 1996 recibí la orden de mi mesa de redacción para que me fuese lo más pronto posible a Lima, Perú, donde el grupo terrorista MRTA (Movimiento Revolucionario Túpac Amaru) había tomado como rehenes a decenas de diplomáticos y altos funcionarios del gobierno peruano, para lo cual aprovechó la recepción que el embajador de Japón en el país ofreció para festejar el cumpleaños del emperador.

La cadena alquiló una casa vecina a la residencia del embajador, localizada en una exclusiva zona residencial limeña, para ubicar nuestra base de operaciones y punto de observación. Desde allí podríamos vigilar todo lo que sucediera en los jardines y en los alrededores de la residencia sitiada. De nuevo, mis vecinos serían gente extraña. Durante días que se convirtieron en semanas y luego en meses, observábamos el ir y venir de delegados de la Cruz Roja Internacional que velaban por la integridad de los rehenes, de los efectivos de seguridad y de los servicios de inteligencia peruanos que merodeaban en las afueras del lugar.

Un día observé cómo se acercó a la residencia el entonces arzobispo de Ayacucho, Juan Luis Cipriani, quien administraba los sacramentos a algunos de los rehenes y terroristas, y fungía de mensajero entre estos últimos y los negociadores del gobierno. Ese día vi cómo el arzobispo llegó a la puerta de la residencia, con la sotana negra, el solideo y el fajín rojos revoloteando con la brisa del verano. Me llamó la atención que llevara en las manos una guitarra. Le pregunté al jefe de prensa de la Presidencia la razón por la que llevaba el instrumento y me dijo que se trataba de un detalle para los rehenes, que les serviría para paliar la ansiedad del encierro. Me quedó la duda de si ese instrumento musical no llevaría también un micrófono oculto.

Meses después, cuando los rehenes fueron liberados, se supo que, en efecto, esa pequeña guitarra no solo propiciaba el solaz de la música, sino que era un instrumento de infiltración: se escuchaba el cautiverio. El contexto puede darnos información; cuando algo está fuera de orden en un lugar que parece no corresponderle, no hay que pasarlo por alto.

Durante aquella cobertura vimos muchas situaciones que daban indicios de algo más, pero no podíamos comentarlo porque no había forma de corroborar la información. Una noche el equipo de camarógrafos que estaba de guardia en el techo de nuestra casa se dio cuenta de que varios camiones llenos de tierra estaban entrando y saliendo de las calles aledañas a la parte posterior de la residencia sitiada. Cuando los camarógrafos se acercaron para filmar los movimientos, soldados armados los obligaron a retirarse y a entregar el casete en el que habían registrado las imágenes.

Cuatro meses después se disipó también aquel misterio y la arbitraria orden, la cual se debió a que en las noches se estaba cavando sigilosamente una red de túneles subterráneos por los cuales un comando del ejército peruano entraría a la residencia el 22 de abril de 1997, aniquilaría a los terroristas —con tiros de gracia según algunas versiones— y liberaría a los rehenes.

Muchas veces el instinto le dice algo al periodista, le ayuda a guiar la búsqueda de información, pero el rigor y la disciplina le impiden que *publique* lo que intuye antes de que la realidad confirme que no estaba equivocado en sus apreciaciones. Esto no es aplicable cuando se trata de salvaguardar la vida, en cuyo caso es mejor estar atento y escuchar a la intuición, porque en esas circunstancias la realidad puede ser letal.

La cobertura de la toma de la residencia del embajador japonés en Perú, que duró cuatro meses, significó que abandonara mi casa y mis amigos en Ciudad de México por un largo tiempo. Y en esos caminos a los que el azar (o el destino) suelen conducirnos, conocí a alguien que me dejó el mejor recuerdo de aquellos años. La luz que ayudó a disipar tanta oscuridad. Aquel camino me llevó a que recibiera una de las lecciones más importantes de mi vida.

Durante mi estancia en Lima, por medio de amigos en común, entré en contacto con Adrián, un periodista, escritor y viajero limeño. Pero no nos conocimos realmente sino hasta un año después, cuando me tocó regresar a Lima.

Cuando le conté a Roberto, mi mejor amigo, quien en esa época trabajaba en la embajada de Guatemala ante la Casa Blanca, que me habían enviado a Lima para producir un especial sobre el primer aniversario de la toma de la residencia del embajador de Japón en Perú, y que iba a estar un par de semanas, me dijo que tenía que verme con un peruano guapísimo que había conocido recientemente en Washington y me dio su dirección de correo electrónico. Llegué a Lima un sábado, y esa noche salí a tomar unas copas con otro amigo. Esa noche en el bar mi amigo me señaló a Adrián, quien iba de salida del local con una amiga. No hubo tiempo para las presentaciones, pero sí el suficiente para que cruzáramos por un instante nuestras miradas, nerviosas y tímidas. Yo lo observaba de lejos, admirado por la belleza, carisma y buena energía que transmitía.

En diciembre de 1997 Adrián tenía 29 años, tres menos que yo. Tenía mi misma estatura, cerca de un metro ochenta, y el cuerpo de aquellos dichosos que pueden comer o beber lo que quieran y nunca se pasan ni medio kilo de su peso ideal. Su tez era blanca, con pequeñas pecas en la nariz, tenía el cabello grueso castaño y medio largo, y unos intensos ojos claros, que la memoria quiere que sean verdes.

El fin de semana anterior a ese viaje a Lima había asistido a una comida en casa de mi amiga Tere, una nicaragüense muy atractiva que vivía en Ciudad de México con su familia. Tere, al igual que Cayo, el poeta experto en la obra del griego Constantino Cavafis, se la daba de vidente; a ambos les encantaba leer los granos de café, tradición adivinatoria originaria de las culturas de Medio Oriente. Después de la comida me ofrecieron leerme el café y accedí entusiasmado. Aunque como periodista soy muy exigente y busco fortalecer mi interpretación de los hechos con datos verificables, un abordaje disciplinado y riguroso, también tengo un lado que es muy abierto a las posibilidades que ofrece el esoterismo, particularmente cuando lo que arroja son datos positivos sobre mi porvenir. ¿Quién no, por más escéptico que sea?

El caso es que Tere y Cayo se dedicaron a estudiar con cuidado el poso en mi taza de café turco. Vieron detenidamente. Yo los observaba inquieto, la ansiedad crecía conforme pasaba el tiempo y ellos se miraban el uno al otro en silencio. «¿Ves eso?» le preguntó Tere a Cayo. «Sí, te van a mover el tapete cañón, Harris», dijo Cayo. Esa expresión, tan mexicana como un taco, solo se puede traducir como que pronto recibiría un tremendo golpe en la vida. Les pregunté si finalmente iba a conocer a alguien que me entusiasmara lo suficiente como para enamorarme y me dijeron que sí, pero que estuviera atento a las grandes lecciones de vida que develaba el café. Me dejaron entusiasmado y desconcertado.

Al ver a Adrián por primera vez aquella noche en Lima, olvidé por completo cualquier premonición inquietante. Me enamoré sin siquiera haberle dirigido la palabra. Cuando pasó frente a nosotros, mi amigo me dijo que era él, y entonces un sentimiento de absoluta felicidad y serenidad se apoderó de mí. Fue amor lo que sentí. Amor y un poderoso sentido de esperanza. Sabía que en adelante mi vida iba a cambiar para siempre, que por alguna razón —que aún no entendía— sería dotado de conocimientos y habilidades que harían más amable mi paso por esta vida y que me ayudarían a entender con más claridad a los demás. Toda la emoción que sentí al verlo me insinuaba que su sentido de solidaridad y empatía haría de mí una mejor persona. Como si supiese que con él, con Adrián, sería así. Hay personas que hacen que uno sea la mejor versión de sí mismo.

Esa noche llegué a mi hotel y encendí mi computadora para escribirle un mensaje de correo electrónico a Adrián. En él me presentaba y le hacía saber que esperaba que se diera la oportunidad de conocernos. Lo envié y me dormí con una peculiar sensación de felicidad que no terminaba de entender. A la mañana siguiente encontré su respuesta a mi mensaje. Adrián me invitaba a cenar y me decía que pasaría por mí en la noche, que lo esperara en el hotel.

Recuerdo que fuimos a un pequeño restaurante italiano en el barrio de Miraflores. Y recuerdo más el recorrido hacia el restaurante que la comida en sí. Cuando bajé al *lobby* del hotel a la hora acordada, Adrián ya me estaba esperando en la entrada. Iba con pantalones de mezclilla, una camisa de manga larga arremangada y zapatos de vestir. Su cabello aún estaba mojado porque acababa de salir de la ducha, se acercó y me dio la mano, saludándome con calidez, yo le respondí mirándolo a los ojos y al hacerlo vi la mirada más dulce que he visto en mi vida. Nos fuimos caminando sin dejar de conversar en ningún momento. Fue como si ya nos conociéramos. A mí me daba la extraña sensación de que estaba caminando al lado de un hombre muy viejo, un sabio. Era desconcertante verlo bello, joven y radiante, y escucharlo hablar con una sabiduría ponderada que parecía provenir de siglos de experiencias vitales.

Al pasar los años veo que debería haber estado atento a aquello que está fuera de orden, como si no fuese el lugar al que pertenece. Visto a distancia, algo no estaba *en su lugar*.

La velada en el restaurante selló nuestro destino. Nos quedamos horas allí, contándonos todo sobre nosotros, sin dejar un solo secreto sobre la mesa. Fue una sensación de libertad y tranquilidad absoluta, de afirmación de que por más que en el mundo haya maldad, siempre existirá el bien; cuanta más fealdad, tanta más belleza.

Adrián y yo nos vimos todo el tiempo que estuve en Lima preparando el especial sobre la toma de la embajada de Japón que había cubierto hacía un año y que había terminado en la muerte de varias personas. Yo iba a su apartamento, que estaba a pocas cuadras de mi hotel, y allí cocinábamos juntos y compartíamos cenas y botellas de vino mientras brotaba en nosotros un afecto inusual en mi vida.

Adrián tenía en su biblioteca un ejemplar de *Afrodita*, el libro en el que la escritora chilena Isabel Allende da cuenta del poder de la comida, sus olores y sabores para condimentar, atraer y exacerbar el amor. El subtítulo del libro es «Cuentos, recetas y otros afrodisiacos». Le dije a Adrián que intentáramos probar los alimentos y platos que encontráramos sugerentes y nos dimos a la tarea de prepararlos. Hicimos y probamos todos los que pudimos.

Decidimos pasar las fiestas de fin de año juntos. Adrián organizó un viaje por los Andes, donde pasamos los días recorriendo pueblos indígenas, durmiendo en pequeños hostales de mochileros y haciendo caminatas en medio de los imponentes picos andinos. Una tarde visitamos el poblado de Yuncay, que en 1970 quedó soterrado por un aluvión provocado por uno de los terremotos más intensos que han sacudido a Perú. Cuarenta y cinco segundos de movimientos telúricos una tarde de domingo bastaron para que se desprendiera un fragmento de casi 1 000 metros de largo de hielo, piedra y lodo y sepultara al poblado de 25 000 habitantes. No se sabe cuántos de ellos perecieron en aquel desastre natural, pero quedaron sepultados allí mismo y el antiguo Yuncay fue declarado camposanto.

Tengo guardada una foto que le tomé a Adrián en un hermoso paraje donde en el fondo se ve la verde extensión que hoy es ese cementerio y los dos picos del imponente Huascarán, una de las montañas andinas de más de 8 000 metros de altura. Adrián llevaba un suéter rojo, pantalones de mezclilla y una enorme sonrisa que competía con el resplandor de sus ojos. Estaba feliz, felicidad que desbordaba también el fotógrafo, es decir, yo. Esos fueron quizás, hasta entonces, los mejores momentos de mi vida. De regreso a la ciudad, después de un viaje de varias horas en autobús, acordamos que pasaríamos juntos el resto de nuestras vidas. Ni él ni yo habíamos hablado de nuestra orientación sexual con nuestras familias, aunque era poco más que un secreto a voces. En mi caso se había comentado una vez y no se volvió a tocar el asunto. Hasta ese momento ninguno de los dos se había atrevido a presentar a nadie como pareja en el seno familiar, pero el viaje a los Andes hizo que nos diéramos cuenta de que ese momento había llegado y decidimos abrirnos, apostarle a lo que estaba creciendo entre nosotros.

Comenzamos a hacer planes para que se fuese a México a vivir conmigo; ahí podría seguir su carrera de periodista y escritor mientras yo seguía desarrollando la mía en CNN.

El día que me tocaba regresar a México al finalizar el viaje por los Andes, que terminó por sellar nuestro destino, Adrián me entregó una nota escrita con su puño y letra. «Pensaba en qué era lo que me ligaba a ti», escribió. «Pensaba cómo sería vivir la vida contigo. No podía dormir y pensaba en lo que increíblemente nos habíamos aventurado. Amor, después de todo, no es sino un arrojo dulce y temerario de querer hacer de dos vidas una sola... y en el trayecto, ir mostrándonos y luchar. Luchar juntos y poder aprender a descubrir que una relación es como armar un mecano. A veces las piezas encajan inmaculadamente, otras, nos rompemos la cabeza hasta dar con la arista precisa. Y es en esa constancia por llegar al equilibrio donde materializamos nuestro querer y respeto a quien amamos.

«A veces tengo temor, pero me he dicho a mí mismo que me muero por intentarlo, luchar con el placer de un guerrero enamorado. Estoy ligado a ti desde, creo yo, mi noble corazón».

¿Cómo no me iba a enamorar, y cómo no iba a querer intentar al menos emular esa manera de sentir y expresar el amor para siempre? Las siguientes semanas pasaron como un torbellino, me concentré en cubrir las rutinarias historias de secuestros, desapariciones, asesinatos y muerte que se vivían en el México de esa época. Aquello ya no me afectaba, estar expuesto a lo oscuro era —y es— parte de mi trabajo, y no me afectaba porque dentro de mí brillaban una luz y un sentido de plenitud que nunca antes había experimentado.

Con el paso de los años he aprendido a dejar que aquella luz vuelva a alumbrarme; aunque ha llegado por otras vías, por otros canales. Pero en aquel entonces era el amor a Adrián lo que hacía posible aquella placidez y fortaleza ante lo abyecto. Estaba feliz, satisfecho y sereno, sabía que desde ese momento la vida sería más sencilla, llevadera, emocionante, porque la caminaría acompañado de quien estaba seguro era el amor de mi vida. De la borra del café ni quien se acordara.

La mañana del 27 de febrero de 1998 me encontró sentado en una sala de reuniones en la oficina de mi padre en la Ciudad de Guatemala. Asistía a la reunión anual del grupo familiar, todo un día en sesiones de trabajo en las que discutíamos planes de inversión, estados financieros, estrategias de crecimiento empresarial y otros asuntos del negocio familiar. Aquellas reuniones me aburrían tremendamente, pero ese día sentía una feliz serenidad que hacía que el aburrimiento se deslizara sin inconvenientes sobre mi ánimo. Sentado, contemplaba con agradecimiento el sentido de plenitud que invadía mi cuerpo, mis sentidos, mi ser interior. La noche anterior le había contado a mi madre la historia de Adrián y nuestros planes. Mi madre me dijo que si yo era feliz, ella también lo era, y se fue a dormir tranquila, contenta porque me vio tan realizado.

De repente se abrió la puerta de la sala y la administradora de la oficina entró apresurada y con el rostro compungido. Todos reconocemos las malas noticias en la expresión de cualquier rostro. Le pasó una nota a mi hermana mayor, quien la leyó, se levantó de la reunión y salió apresurada de la sala. Me quedé extrañado, pensando qué sería lo que había pasado. De pronto me invadió una escalofriante sensación premonitoria. Salí de la reunión y me dirigí al despacho de mi padre. Ahí encontré a mi hermana, estaba pálida y al verme se echó a llorar. «Tu amigo Roberto acaba de llamar a casa para avisar que recibió noticias de que hubo un accidente en Lima. Adrián ha muerto». Un ebrio al volante chocó el vehículo en el que viajaba Adrián, murió en el acto.

Era urgente ir a Perú. Tenía que ver, que comprobar por mí mismo si era cierto lo que me decían. Me quedé como suspendido, el tiempo se espesaba y parecía no fluir. Un chofer me llevó a casa de mi madre, ella ya había comenzado a buscar vuelos a Lima. Me dijo que no me permitiría viajar solo en tan terribles circunstancias. Viajamos el mismo día en el que recibimos la noticia.

Llegamos a Lima a altas horas de la noche. En el aeropuerto nos esperaba Eduardo, el mejor amigo de Adrián, quien al verme me abrazó y me hizo caer en cuenta de que no estaba viviendo una pesadilla, sino una terrible realidad.

Al día siguiente fuimos a la capilla funeraria donde velarían a Adrián y se prepararían para la salida del cortejo fúnebre al cementerio. Me acerqué a su madre y hermana, a quienes no conocía en persona pero ya sabían de mi existencia. Antes de morir, Adrián tuvo con su familia la misma conversación que yo tuve con mi madre la noche antes del accidente. Me permitieron llorarlo como lo lloraban todos sus amigos y familiares, y después de las exequias su familia nos invitó a mi madre y a mí a tomar el té en su casa. Fue una presentación ante su familia, pero jamás como me la hubiera imaginado, como lo hubiera querido.

Semanas después, ya de vuelta en México, busqué la ayuda de una terapeuta experta en tanatología, la especialidad que ayuda a las personas a enfrentarse a la muerte. Me ayudó, poco a poco, a ir aceptando la realidad de lo sucedido y me instó a que escribiera todo lo que sentía para ir asimilando el dolor. Ese proceso de escribir, destilar las emociones y plasmarlas en papel fue vital para mí, porque pude reconocer la importancia de validar y entrar en contacto con las emociones como fuerzas inevitables de cambios en la vida. Desarrollé la capacidad y la paciencia para ver aquel momento de mi vida con gratitud, celebrando las enseñanzas adquiridas, más que lamentando la trágica pérdida.

Bastaron unos segundos —lo que duró el impacto que mató a Adrián— para que mi mundo y todos mis sueños se derrumbaran. Una vez más entré en contacto cercano con la muerte, pero esta vez fue un encuentro tan íntimo y devastador que entendí que de esa experiencia saldría un hombre profundamente cambiado, para bien o para mal, según lo que yo decidiera.

Recibir un golpe de esta magnitud nunca es fácil. Y cuanto más alto cree estar uno, más fuerte es la caída y más letal el golpe. Si uno logra no perderse en el dolor, tiene una enorme oportunidad de crecimiento y aprendizaje que puede o no aprovechar. Y a lo que me refiero al decir «no perderse», es que hay que dejarlo hacer, sentirlo, vivirlo, pero no abandonarse a él.

Semanas después del funeral de Adrián estaba una tarde deambulando y, sin rumbo y como sin querer, entré a una librería de mi barrio. Caminé entre las estanterías de la misma manera en que lo hice hasta entonces por la calle, cuando me topé con el libro *El hombre en busca de sentido*, de Viktor Frankl. El autor, psiquiatra y filósofo austriaco, sobrevivió al holocausto nazi, perdió a sus padres, esposa e hija en los campos de concentración, y a partir de esa experiencia se convirtió en un hombre diferente. Desarrolló la filosofía de vida que dicta que «la máxima libertad en el ser humano se realiza cuando se da cuenta de que en él está el poder de decidir cómo reaccionar ante las adversidades».

Darse cuenta de tal capacidad de decisión es tremendamente liberador, porque la persona reconoce dentro de sí la fuerza necesaria para sortear los campos minados que a veces hay que atravesar en la vida.

Mientras hojeaba su libro en esa librería de Polanco, sentí una descarga de energía dentro de mí. Era poderosa, esperanzadora. Me hizo ver que no era necesario negar el desgarrador dolor que sentía, que no tenía por qué consumir mis fuerzas vitales en un intento por apagarlo, sino que más bien, tenía que hacer lo contrario: darle la bienvenida como una oportunidad de transformación, y que si me abría a las posibilidades podría ensanchar las lecciones que la vida me presentaría en el futuro. Me haría una persona más sensata, profunda, cercana a las emociones propias y a las de los demás. Un mejor ser humano, un mejor periodista. Me gusta pensarlo de esa manera.

Entonces recordé el libro *Afrodita*, que tantos momentos placenteros nos brindó a Adrián y a mí. De un libro a otro llegué de vuelta a Adrián. Esta vez en paz. Meses después le escribí a Isabel Allende. Le conté nuestra historia y le agradecí que sus palabras hubiesen ayudado a alimentar y avivar aún más el romance entre Adrián y yo. Para mi sorpresa, me contestó unas semanas después. Recibí una hermosa tarjeta escrita a mano —la cual todavía conservo— en la que me decía que recordara que Adrián siempre sería una suave y constante presencia en mi vida.

Muchos años después tuve la gratísima oportunidad de pasar un día entero con Isabel Allende en su casa, cerca de Sausalito, en el norte de California. Su hija Paula había fallecido unos años antes, le recordé que ella me había extendido una mano amiga durante mi duelo y volví a agradecerle el gesto de comprensión, al tiempo que tuve ese mismo gesto con ella. Nunca olvidaré la magia del instante, lo reconfortante que fue poder compartir con alguien que había sentido el desgarrador dolor de una pérdida irreparable. La compasión no es tal si no se transmite; de eso se trata, de compartir el dolor.

Pasaron varios días y retomé el ritmo de trabajo rutinario en la sede de Ciudad de México, donde cubría de manera mecánica y con cierto desinterés los vaivenes del acontecer nacional: recriminaciones dentro del partido de gobierno por los fallidos intentos de atender la crisis desatada por el surgimiento del movimiento zapatista en Chiapas, los movimientos de la bolsa de valores provocados por las subidas y bajadas en el valor del peso, las multitudinarias manifestaciones públicas que casi a diario ahogaban por completo a la ciudad en una maraña de personas y tráfico, entre tantos otros hechos noticiosos que no me despertaban, que no me sacaban de mi tristeza, aunque esta ya era un tanto más dulce que amarga.

Una tarde entró una llamada de un hombre que quería hablar conmigo. Se trataba de un médico de profesión que había recibido recientemente la noticia de que su diabetes se complicaba y sus expectativas de vida no eran muy alentadoras. A sus 30 años estaba al inicio de lo que él pensaba sería una brillante carrera profesional. Estaba enamorado, tenía planes de casarse, vivir la vida como cualquiera, hasta que recibió la noticia que al principio tomó como una sentencia de muerte.

Pero desde chico había tenido un sueño, y en ese momento de su vida decidió que era el momento de hacerlo realidad. Quería ir al Polo Norte y realizar la expedición solo. Se equipó, consiguió fondos para realizar el viaje y se llevó una cámara de video casera para documentar su travesía. Su objetivo era ayudar a concientizar a la población sobre la diabetes, su prevalencia y la capacidad que tiene la gente para cuidarse de esa enfermedad si adopta un estilo de vida adecuado. Me enseñó sus videos. Lo mostraban jadeante bajo el peso de su mochila, mientras caminaba largas horas para avanzar unos pocos kilómetros entre la nieve, el resplandor blanco del norte y el intenso frío que se sentía. El hombre se detenía para hablar a la cámara, a veces frustrado, otras motivado, con ganas de seguir hasta la meta, a veces tentado a tirar la toalla, de abandonar la empresa. Fueron días de un esfuerzo sobrehumano para alguien con la salud quebrantada y que debía avanzar en condiciones difíciles en uno de los sitios más inhóspitos de la Tierra.

El video que grabó al llegar al Polo Norte y plantar la bandera mexicana demostró que todo el esfuerzo y sufrimiento habían valido la pena. Logró la meta trazada y además pudo encontrarse a sí mismo, identificar en él habilidades y fortalezas que no sabía que tenía, darse cuenta de que la actitud que se toma frente a la adversidad es fundamental para el resultado final. La última imagen de sus videos, que utilicé en mi reportaje de aquel día, lo mostraban bailando frente al monumento que indica el punto exacto del Polo Norte, rodeado de nieve, cantando a toda voz «en el mar, la vida es más sabrosa».

La vida se hizo más *sabrosa* para mí desde entonces, cuando comprobé por medio de esa entrevista que lo que decía Frankl era cierto: el ser humano puede decidir cómo reaccionar ante las adversidades de la vida. La muerte se convirtió, para mí, en una suave presencia más, una constante de la existencia humana, un recordatorio de que la vida es la otra cara de una moneda y que hay que vivirla a plenitud para honrarla.

Mi estancia en México, de mis 26 a mis 40 años, fue uno de los tránsitos más importantes de mi vida. Crecí como profesional y como ser humano. Vivir allí por 15 años, vivir lo que allí me tocó y tener la oportunidad de aprender de las historias y vivencias de mis entrevistados fue una fase de otras tantas, y tuve la suerte de reconocerla como tal. Cuando terminó y dejé CNN, que había sido mi casa y mi escuela durante dos décadas, no estaba muy seguro de lo que vendría, pero sabía que estaba equipado para enfrentarlo, fuera lo que fuera. Como si cada día me aventurara a ir hasta el Polo Norte a encontrarme con Adrián.

Un café por la mañana, un café para seguir adelante

Viaje a Nueva York cuando no había aviones

De pronto, un avión de pasajeros se estrelló contra una de las Torres Gemelas en Nueva York, y siete minutos después vi cómo se repetía la escena con un segundo avión en la otra torre. El 11 de septiembre de 2001, a las 7:46 de la mañana hora de México. Estaba tomando un café y viendo de reojo CNN en la tele de la sala, en mi departamento en Polanco, en Ciudad de México. Frente a mí tenía ejemplares del *Reforma*, *El Financiero* y *La Jornada*, suficientes para ofrecerme un abanico del acontecer nacional y de los sucesos a los que tendría que estar atento durante mi faena de trabajo. Al ver el choque de los aviones contra las torres, supe de inmediato (como tal vez les pasó a millones de personas más) que mi día, mi semana, mi mes, la vida entera, cambiarían bruscamente.

Aunque parezca difícil de creer y sepa muy bien que mi oficio atenta contra esa pretensión, siempre he sido un hombre de rutinas. Pequeños rituales que le dan sentido a la vida. Es algo que heredé de mis padres. El día funciona mejor si comienza siempre de la misma manera. Orden, cero sorpresas para arrancar. En mi caso comienza tomando mi primera taza de café. Este tiene que ser perfecto, estar a la temperatura adecuada, haber sido preparado con la cantidad precisa de granos mezclada y filtrada con el agua. Y mejor si la taza siempre es la misma. Si pesa más o menos, incluso si es de otro color, el café me *sabe* diferente, y eso rompe el orden al inicio de mi jornada.

Si estoy en casa siempre tomo ese primer café viendo el noticiario en la televisión o en mi computadora, y con dos o tres diarios abiertos frente a mí. Ese primer café le da sentido a mi despertar, es un indicio de que todo se puede resolver, todo puede estar bien. Eso sí, después de haber tomado mi café. Y sin importar si estoy de viaje, en un hotel, en una tienda de campaña o en medio de un desastre natural o de un campo de batalla, el café sigue siendo igualmente imprescindible. A tal grado que siempre he intentado llevar en mi equipo de viaje una pequeña prensa francesa de plástico (una cafetera de émbolo) y un paquete de café molido para poder preparar mi insustituible elíxir mañanero antes de enfrentarme a lo que me toca cada día.

Aquel día, que todos recuerdan porque así sucede con los eventos importantes, todas las rutinas, las lógicas, los sentidos, los rituales, saltaron por los aires. Precisamente, esos mínimos rituales, nuestra vida en alguna medida predecible y segura, sería puesta a prueba o estaría herida de muerte. Nunca imaginé que habría hilos comunicantes entre una taza de café por la mañana y el derrumbe del mundo como lo conocíamos hasta entonces.

Un par de décadas antes llegué a Nueva York. Era el final del verano de 1988. Estaba por cursar la maestría en Periodismo en la Universidad de Columbia. El campus de la universidad se localiza en el borde entre el barrio de clase media de Morningside Heights y Harlem, tradicional enclave de las comunidades afroamericanas, puertorriqueñas y dominicanas. En ese entonces se le consideraba una zona medianamente peligrosa, medianamente segura. La presencia de la universidad, de la catedral anglicana de San Juan el Divino y de los hospitales Mt. Sinai y St. Luke's le daban al vecindario un aire decididamente académico.

Lo primero que noté cuando caminé por el barrio fue uno de aquellos típicos restaurantes estadounidenses conocidos como *diners*. En ellos uno se sienta en butacas o en una larga barra frente a la cocina abierta y pide el típico café aguado neoyorquino («*black, no sugar*»), huevos revueltos y sándwiches prensados. Cuando lo vi por primera vez se me hizo levemente conocido. Se llamaba Tom's Diner, su rótulo encendido en rojo neón dominaba la esquina de Broadway y la calle 112. «Levemente conocido» porque, me di cuenta después, era la fachada utilizada como el restaurante favorito de Seinfeld, en la comedia del mismo nombre que dominaba la televisión a finales de los ochenta y buena parte de los 90. El restaurante también inspiró a la cantante Suzanne Vega, quien en 1987 tuvo un éxito con su canción titulada justamente «Tom's Diner». Supe desde esa primera semana que mi vida en Morningside Heights, mi año académico en Columbia, y el vivir y utilizar toda la ciudad como un enorme laboratorio para practicar el oficio del periodismo, iba a ser una de las etapas más importantes de mi vida. Seinfeld es tan neoyorquino como el puente de Brooklyn.

Vivía en un apartamento para estudiantes, que era propiedad de la universidad, y el cual compartía con otro estudiante de la escuela de periodismo y uno de la facultad de leyes. Pero además, en una de esas situaciones que pareciera que solo se dan en Nueva York, también lo compartía con una anciana haitiana y su nieto recién llegado de Haití. La anciana llevaba décadas viviendo en el apartamento. Las leyes de vivienda en Nueva York protegen a los inquilinos a largo plazo cuando los edificios son adquiridos por nuevos dueños. En este caso, cuando Columbia adquirió el edificio para convertirlo en apartamentos para estudiantes, la ley protegió a la inquilina haitiana para que no tuviera que abandonar la residencia. Ella tenía derecho a vivir allí junto a su nieto hasta que muriera. Era una mujer gruñona que odiaba a los estudiantes que habían venido a interrumpir su apacible vida. Se apropiaba de la cocina, de la cual emanaban los exóticos olores de especies, ajo y cebolla de la cocina criolla haitiana. Olía muy rico, pero la cocina era un desastre, había grasa por doquier y el piso estaba resbaloso por la acumulación de la mugre. Los domingos por la tarde la mujer, que era líder de una comunidad religiosa haitiana, invitaba a sus amigas al apartamento para estudiar la Biblia y cantar alabanzas en creole.

Cuando mis compañeros de piso y yo irrumpíamos en plena celebración religiosa, todas las mujeres se nos quedaban mirando molestas por nuestro atrevimiento. Eso a pesar de que nosotros pagábamos varios cientos de dólares al mes de alquiler, mientras que su anfitriona prácticamente no pagaba nada por vivir allí. Lo que no me pasó jamás por la mente en aquellos momentos es que años después pasaría una parte importante de mi carrera como periodista viviendo y trabajando en Haití.

Pasaba dos o tres días a la semana en clases teóricas en la Facultad de Periodismo, aprendiendo redacción, técnicas de reportaje, las características de los distintos géneros de periodismo y, con gran énfasis, las leyes y la ética que rigen al periodismo en Estados Unidos. El resto de los días lo ocupábamos haciendo de reporteros en la gran ciudad. Estábamos acreditados como periodistas ante las autoridades ediles y policiales. Ese privilegio nos permitía acceder a todas las conferencias de prensa y eventos noticiosos que se daban en la ciudad. Como lo mío era el periodismo televisivo, contaba con cámaras y equipo de televisión para realizar reportajes que se transmitían en el programa semanal de noticias de la escuela. Así recorrí la ciudad y llegué a conocerla desde sus entrañas porque siempre la visité con ojos de periodista, siempre preguntando, observando de lejos y de cerca, identificando escenas y momentos que podían conducir a un reportaje más. Mi mirada periodística, para lo que ya tenía vocación desde antes de empezar mis estudios, se encaminó profesionalmente en las calles de Nueva York.

No me di tiempo para reflexionar sobre lo que estaba sucediendo. Sí, cuando vi que ese primer avión no solo se estrellaba contra la fachada de una de las torres, sino que la penetraba, el impacto fue abrumador. Como a todos quienes lo vieron, me costó mucho procesar, asimilar ese hecho. Quería creer que era la escena de una película de desastres, un producto de la imaginación, pues era difícil concebir que realmente estuviese pasando algo así. Me sacudí del estupor momentáneo y, casi de manera automática, entré en acción.

Cogí el teléfono para llamar a la mesa de asignaciones en Atlanta y recibir instrucciones, pero sonó antes de que yo pudiera marcar. Era mi madre, angustiada porque había visto las mismas imágenes desde la sala de su casa en la Ciudad de Guatemala. «Te hablo más tarde, tengo que correr», le dije. En Atlanta no podían atender mi llamada porque estaban frenéticos tratando de coordinar la cobertura de lo que sucedía en vivo. Treinta y cinco minutos después del choque de los aviones contra las torres en Nueva York, un tercer avión se estrelló contra el Pentágono en Washington y causó un incendio de gran magnitud. Cuarenta y seis minutos después, un cuarto avión se estrellaba en un área rural del estado de Pensilvania. A todo esto, las Torres Gemelas comenzaron a desmoronarse, en vivo y a todo color, frente a la mirada atónita de millones de televidentes alrededor del mundo. Una pesadilla, un caos absoluto en la sala de redacción de una señal de noticias dedicada a transmitir en directo las 24 horas del día el acontecer mundial.

Sin que me lo indicara mi mesa de asignaciones, de inmediato supe que tenía que desplazarme a Nueva York para reforzar la cobertura de lo sucedido. Llamé a mi productora, Mercedes Vargas-Lugo, y a mi camarógrafo, Iván Torres, y sin tener que decirles nada, me hicieron saber que ya iban camino a la oficina para preparar el equipo y salir directamente hacia el aeropuerto.

Después llamé a mi gran amigo y agente de viajes, Rodrigo Garza, quien en innumerables ocasiones había movido cielo y tierra para conseguirme vuelos a cualquier hora del día o de la noche para llegar a donde me tocara viajar. Rodrigo se convirtió en un buen amigo y yo en un buen cliente, porque nos entendíamos a la perfección. Aventurero de corazón, años antes había dejado su puesto como director legal de una importante empresa de Monterrey, en el norte del país, para realizar su sueño y abrir una agencia de viajes. Ese espíritu aventurero le facilitaba entender mis rarísimas peticiones de boletos a destinos poco concurridos o en momentos imprevistos. En más de una ocasión me expidió un boleto aéreo a altas horas de la noche para que pudiera viajar de inmediato a donde me tocaba estar la madrugada del día siguiente.

Cuando llamé a Rodrigo esa mañana, tampoco le tuve que decir nada. «No mames», me dijo con su voz ronca y golpeado acento norteño, «que te vas a Nueva York, güey».

En un lapso de menos de una hora Rodrigo me había encontrado espacio, emitido boletos y luego cancelado al menos cuatro opciones de vuelos a Estados Unidos. Todos se cancelaban conforme Washington cerraba los espacios aéreos. Me ofrecía su última opción, un vuelo de Ciudad de México a Toronto, vía Londres, cuando me dice que Air Canada también había cancelado las operaciones. «Acércame lo más que puedas a la frontera y ayúdame a reservar un auto de alquiler del otro lado. Si me tengo que ir por tierra, así será», le dije.

Y así fue como Iván Torres y yo nos encontramos en un vuelo de Aeroméxico rumbo a Ciudad Juárez, ciudad fronteriza que colinda con El Paso, Texas. El avión iba prácticamente vacío. Iván y yo aprovechamos para leer lo poco que se sabía sobre la situación y para especular sobre lo que había detrás del ataque y a qué nos enfrentaríamos al aterrizar, tomar un taxi hacia el cruce entre países, pasar la frontera a pie y buscar una agencia para alquilar un auto del otro lado. Me invadió una zozobra poco usual en mí. Aquel avión que en su ruta hacia el norte sobrevolaba la Sierra Madre y el desierto de Chihuahua, recorría la misma ruta que yo había hecho siete años antes, pero a la inversa, cuando lleno de ilusión y alegría enfilaba en mi camioneta rumbo a Ciudad de México desde Atlanta para iniciar mi nueva vida como corresponsal. Esta vez el sentimiento era distinto. En el fondo intuía que esos acontecimientos no solo afectarían la vida diaria y la psiquis colectiva de Estados Unidos, sino que de manera directa e indirecta afectarían al mundo entero. Se dice que cuando Isoroku Yamamoto, comandante de la Armada Imperial de Japón, ordenó el ataque a la base naval estadounidense en Pearl Harbor en 1941, comentó: «despertamos a un gigante dormido y su respuesta será terrorífica.» Y así sería, la respuesta de Estados Unidos sería terrorífica para muchos.

¿Qué pasaría luego de que Iván y yo cruzáramos la frontera hacia Estados Unidos?

Teníamos la esperanza de que a las pocas horas se reanudarían los vuelos y podríamos llegar a Dallas, a unas diez horas de camino, para tomar un vuelo directo a Nueva York. Pero conforme pasaban las horas y escuchábamos las noticias en la radio, nos dimos cuenta de que nada regresaría a la normalidad por mucho tiempo. Tocaba seguir conduciendo hacia el norte y aceptar el ritmo de viaje impuesto por las circunstancias. Intentábamos entender y exprimir la información que, por cierto, se limitaba a lo transmitido por las estaciones locales que captábamos en nuestra ruta.

La primera noche nos detuvimos por algunas horas en Dallas. Comimos algo, pasamos por la oficina local de CNN a buscar dinero, cargar baterías y *chismosear* un poco con nuestros colegas sobre lo que sucedía. El equipo de Dallas también quería llegar a Nueva York, pero la jefa de esa oficina decidió no emprender el viaje en auto y esperar a que se abrieran los espacios aéreos.

Afortunadamente para ella, su decisión fue acertada: dos días después se abrió un vuelo entre Dallas y Nueva York. Al llegar a la oficina de CNN cercana al Madison Square Garden, después de 32 horas ininterrumpidas de viaje en auto, me la encontré sentada en la sala de redacción. Me saludó con una leve sonrisa y me preguntó si había disfrutado de mi travesía.

Y vaya si lo hice. Mis instrucciones eran otras: seguir conduciendo y transmitir por teléfono lo que iba escuchando y observando en aquel inesperado pero revelador viaje a campo traviesa de una punta de Estados Unidos a la otra.

Treinta y dos horas en auto, tomando solo breves descansos para estirar las piernas, reabastecer combustible, probar un bocado y continuar. Cada dos o tres horas me llamaba la mesa de asignaciones para pedirme que transmitiera por teléfono en vivo lo que percibía en esa andanza por el corazón de un país bajo asedio, una nación que se creía invencible y que en cuestión de pocos minutos se había dado cuenta de que era tan vulnerable como todas.

Ese viaje recibía la onda expansiva de un detonante que estaba a 3500 kilómetros de distancia y que se ha ampliado desde entonces, como si continuara aumentando su radio desde su detonación.

El primer ataque terrorista extranjero en tierra estadounidense había sumido al país en tal estado de conmoción que no acababa de digerir las enormes implicaciones de lo que había sucedido. Y quizás siga siendo así, y no solo para Estados Unidos, sino para todo Occidente.

La ruta de Texas a Nueva York atraviesa los estados de las planicies del sur de Oklahoma, Arkansas, Tennessee y Kentucky antes de llegar a Virginia, la ciudad de Washington, Pensilvania, Nueva Jersey y Nueva York. Cada región de Estados Unidos se ha identificado tradicionalmente por el carácter o los rasgos comunes de sus pobladores. En los estados del sur, la región denominada como el Cinturón de la Biblia, dominan las iglesias conservadoras evangélicas del protestantismo. De hecho, los demógrafos han determinado que el índice de participación en servicios religiosos los domingos es mucho más alto en esta región que en todas las otras del país. Fue aquí donde nació la práctica de la esclavitud en Estados Unidos. El racismo se remonta hasta varios siglos atrás; sin embargo, hasta la fecha se sigue respirando. Muchas comunidades afroamericanas e hispanas son el blanco de expresiones de xenofobia, amalgamadas con racismo. En aquellas circunstancias, bajo amenaza de ataque, desinformados ante un hecho inédito como el ataque a las Torres Gemelas, el miedo hacía emerger las manifestaciones de odio que pronto se desparramarían por toda la nación. Lo que sucedía era totalmente desconocido para un par de generaciones de estadounidenses.

Durante el recorrido Iván y yo nos deteníamos en restaurantes, a hacer precisamente lo que indica su nombre: a restaurarnos. A media tarde hacíamos una parada en un *truck stop*, unas estaciones de servicio multifuncionales que sirven para que el viajero de carretera se abastezca y se alimente con comida por lo general deliciosa y reconfortante. Estos espacios son un microuniverso de calidez en medio del desierto impersonal y solitario de la autopista.

Generalmente los restaurantes en estas estaciones de servicio tienen áreas designadas para los conductores profesionales de los camiones que transitan día y noche, y áreas para familias e individuos «civiles» que conducen sus propios automóviles. Nos sentamos, pedimos nuestros platillos y comenzamos a comentar, en castellano, lo que estaba pasando. Podría ser inconsecuente pero no es así: conversábamos en castellano. Varias personas que nos escucharon se voltearon a mirarnos con suspicacia. En ese momento cualquiera que no «encajara» en el molde del típico estadounidense era visto de reojo y con temor. Y más yo, quien con mi pinta de estadounidense e inglés como una de mis dos lenguas maternas en un momento podía pasar por gringo (que lo soy) y en otro como extranjero (como guatemalteco, que también lo soy). Fuera de las malas caras ocasionales nuestra merienda pasaba sin incidentes, pero el leve sentido de inquietud que se instaló en nosotros no nos abandonó el resto del viaje.

Esos días, mientras los escombros de las torres aún estaban en llamas y los noticiarios repetían sin cesar las imágenes de los aviones estrellándose contra los edificios y las de muchas personas que, desesperadas, se tiraban al vacío para escapar de las llamas; mientras la gente que había estado allí comenzaba a relatar sus escalofriantes testimonios y comenzaban a surgir las primeras versiones de que los ataques terroristas fueron llevados a cabo por los integrantes de una célula durmiente de miembros del entonces relativamente desconocido Al Qaeda; el sentir nacional, expresado en los programas radiales que escuchábamos durante nuestro viaje, y evocando las palabras del comandante nipón Yamamoto, era claro y contundente: «Estados Unidos sigue siendo el mejor país del mundo, y pobre de aquél que se atrevió a atacarlo dentro de sus mismas fronteras».

Y ese sentimiento, de miedo acompañado de patriotismo, dio lugar a que se escucharan algunas expresiones terribles de odio, racismo e intransigencia, hasta llamados a que se detuviera y deportara a cualquier árabe o «cabeza de toalla», como le dicen despectivamente los estadounidenses a los hombres de varias culturas de Oriente que cubren su cabeza con el paño de tela denominado *kufiya*. En esos momentos bastaba con que nos escucharan hablar en otro idioma que no era el inglés para inspirar desconfianza. Era evidente por la forma en que nos miraban cuando nos deteníamos para cargar gasolina o comer algo al lado de la carretera.

Pero mientras veíamos las expresiones de miedo, y escuchábamos el grito del dolor colectivo de una nación herida y los llamados de venganza, Iván y yo también aprovechamos las largas horas de carretera para reflexionar sobre el momento personal, sobre cómo la magnitud del acontecimiento afectaría nuestras vidas de una u otra manera al obligarnos a cambiar los planes que teníamos para el futuro inmediato. Cuán lejos había quedado el momento perfecto que significaba aquella taza de café.

Iván soñaba con renunciar a CNN y tomar un año sabático para, junto con su compañera e hijos, ir a Barcelona para disfrutar de una temporada aspirando la cultura y la tranquilidad de la vida civilizada en esa gran ciudad europea. Yo soñaba con seguir avanzando en mi carrera y en llegar a formar parte del equipo de periodistas que eventualmente serían destacados a cubrir cualquier frente en la guerra que inevitablemente se avecinaba. Sabía que mi vida profesional cambiaría drásticamente a partir de ese momento, porque se estaban abriendo nuevos horizontes en la gama de historias que se tendrían que cubrir.

Días después, ya estando en Nueva York, surgieron informes que daban cuenta de que el miedo se estaba manifestando en conductas racistas y exigencias de venganza más tangibles que las que habíamos escuchado en la carretera. Un ejemplo fue el asesinato de Babir Singh Sodhi en su gasolinera en el pueblo de Mesa, Arizona. El hombre llevaba un turbante propio de su religión *sikh*. Esta prenda no tiene nada que ver con el Islam, pero como muchos de los que lo satanizaron a raíz de los ataques ignoran esto, hicieron blanco de su venganza a quienes la usan, igual que a cualquiera que pareciera tener relación con él. Varias publicaciones académicas, incluidas las de la Universidad de Berkeley y el *Diario de Etnicidad en la Justicia Criminal*, citan estadísticas del FBI que indican que en las ocho semanas subsiguientes a los ataques del 11 de septiembre hubo un incremento estadísticamente significativo en el número de crímenes contra minorías en Estados Unidos.

Fue así como una noche nublada, después de atravesar el corazón de un país partido por la conmoción y el miedo que alimentaron el odio y la desconfianza, nos aproximamos a la ciudad de Nueva York desde el sur. Tomamos la carretera I-95 norte, dejamos atrás las ciudades industriales de Nueva Jersey y poco a poco nos aproximamos a la Gran Manzana. La radio estaba sintonizada en la 1010 WINS, una estación dedicada en exclusiva a las noticias y que yo conocía y acostumbraba escuchar desde años atrás, en mis días de estudiante de periodismo. La radio daba información sobre los lugares en los que había acceso a la ciudad y los que estaban cerrados. La ruta normal por los túneles o puentes que conectaban al sur de la isla de Manhattan con Nueva Jersey estaba cerrada, así que tendríamos que seguir hacia el norte hasta lograr cruzar a la isla por Washington Heights, atravesar el barrio negro de Harlem y dirigirnos hacia el sur, al área de Midtown donde estaban los estudios de CNN.

Pero antes teníamos que pasar y ver desde el otro lado del río Hudson la dantesca escena de lo que quedaba de las Torres Gemelas, unos cinco pisos de pie, rodeados de los escombros de los 105 que se habían desmoronado y caído en una lluvia de concreto, hierro encendido retorcido, ventanas, polvo, mucho polvo y ceniza. El área entera estaba iluminada con luces blancas de emergencia que se reflejaban en la bruma oscura, que contrastaban con el constante juego de luces rojas y azules de los camiones de bomberos, ambulancias y autos de policías que destellaban en la oscuridad. Una nube de humo, polvo y ceniza cubría la escena que, aunque lejos de nosotros, transmitía una energía densa, pesada, tenebrosa.

Por un momento Iván y yo nos quedamos en silencio, observando cómo, el que había sido el símbolo de la fuerza y el poder económico de todo Occidente, estaba ahora reducido a una humeante masa de escombros. Confirmamos que nos enfrentaríamos a una de las coberturas noticiosas más importantes de nuestras carreras. Que mucho del mundo como lo conocíamos cambiaría para siempre. Que estábamos entrando en una época de guerra, paranoia y proteccionismo que tendríamos que intentar entender para poder comunicar lo que sucedía, no solo dentro de las fronteras estadounidenses, sino en el mundo entero.

Las siguientes dos semanas las pasamos apostados frente al enorme espacio de la antigua Armería del batallón de la Guardia Nacional de Nueva York, que se había convertido en centro de atención para los familiares de los miles de personas que murieron o que desaparecieron durante los ataques. Los muros del edificio en la Avenida Lexington y los postes de teléfono en sus alrededores estaban tapizados de fotografías de desaparecidos con números de teléfono por si alguien tenía información sobre su paradero. Estos pequeños rótulos impresos y reproducidos en fotocopiadoras caseras tenían un conmovedor aire de la tímida esperanza de familiares que se rehusaban a creer que sus parientes habían desaparecido para siempre en una nube de polvo y ceniza. Me propuse contar la historia de por lo menos un caso de éxito gracias a esos pequeños rótulos, contar cómo con ellos se logró reunificar a una familia después de la tragedia, pero no di con ninguno.

Esta era la historia que se tenía que contar en ese momento. El ataque no solo tenía enormes implicaciones para el mundo entero, sino, de manera más cruda, inmediata y real, tocaba de modo inmisericorde y cruel el corazón de miles de familias que perdieron a sus seres queridos, cuyo único *pecado* fue ir a trabajar como lo hacían todos los días. Muchos de los que murieron aquel día se estarían preparando una taza de café, como lo hacía yo todas las mañanas. Como yo, esa mañana del 11 de septiembre, muchos se bebieron un *black coffee* sin saber que sería la última taza de café de sus vidas. Esa nube de polvo que hacía del sur de Manhattan una noche sin día, cobijaba miles de historias de tragedias personales, de sentimientos de impotencia y rabia, y sí, de odio y deseos de justicia o venganza.

El pragmatismo de la sociedad estadounidense no tardaría en manifestarse; las calles, la ciudad, el país se volvería a levantar, con resignación y con la certeza de que podían seguir adelante.

Años después de mis estudios, y antes de los ataques a las Torres Gemelas, ya como reportero en CNN, me pidieron que pasara varias semanas en la oficina de Nueva York mientras una de las corresponsales se encontraba de viaje. La cadena en español pedía una nota al día, pasara lo que pasara. Una mañana llegué a la oficina para leer todos los diarios, llamar a todas las fuentes, escarbar por todos los rincones hasta encontrar algo sobre qué informar, y no había nada. Parecía que todos los habitantes de la ciudad habían salido de vacaciones o que todos dormían. No había ni un solo suceso relevante que comentar. Mi escritorio daba a un gran ventanal con vista a un edificio cuyo muro era utilizado para colocar enormes anuncios espectaculares que cambiaban cada par de semanas según la agencia publicitaria que compraba el espacio. Aquella mañana, mientras pensaba en cuál reportaje me podría sacar de la manga, miré por la ventana y vi a tres hombres que estaban borrando un anuncio y preparando la superficie para colocar otro, amarrados con cables de seguridad sobre un andamio que estaba colgado a unos 30 metros de altura. Al verlos de inmediato me dije: «Allí está mi nota».

¿A qué tipo de persona se le ocurriría trabajar en algo que a cualquiera le daría vértigo, si no es que terror a la altura? Bajé a la calle y le hablé a uno de los tres trabajadores que controlaba el andamio desde la acera. Eran inmigrantes indocumentados, mexicanos que realizaban ese trabajo, por más peligroso que fuese, porque significaba una buena entrada de dinero que enviaban casi en su totalidad a sus familias que estaban en Jalisco, su estado natal. Me contaron que los tres compartían una habitación donde vivían hacinados para ahorrar dinero, y que soñaban con juntar lo suficiente para después poder regresar a su país y construir sus casas. Ahí, frente a mis narices, estaba el sueño del inmigrante, una historia que se repetía en cualquier calle y momento en esta ciudad de oportunidades, de sueños, de ambiciones.

Yo he sido, en alguna medida, como uno de esos inmigrantes, aunque he tenido más suerte y no he vivido en las mismas condiciones. Yo he tenido la ventaja de ser mitad guatemalteco y mitad estadounidense, aunque eso a veces también es una desventaja, como me quedó claro con la respuesta que me dio la productora ejecutiva del programa *World Report*, que destacaba los reportajes producidos por las televisoras globales afiliadas a la cadena CNN, cuando le pregunté por qué no me consideraban para presentarlo y esta me respondió con una leve sonrisa: «Eres demasiado estadounidense para ser extranjero, y demasiado extranjero para ser estadounidense». Decidí entonces que mejor me dedicaría a ser reportero de calle, en donde lo que figura es el evento y no quien lo presenta. Después de todo, fue lo mejor que me pudo haber pasado.

Esa dualidad ha sido parte de mi vida. Es mi esencia y parte importante de mi capacidad para navegar entre distintas culturas, reconociendo afinidades y diferencias y tomando de ellas lo mejor de cada una. Algo de eso tiene Nueva York, donde las afinidades y diferencias del mundo están latentes, concentradas en sus calles y edificios, parques y museos, restaurantes y bares, galerías y librerías... Lo sé porque mis correrías neoyorquinas no solo fueron periodísticas.

Durante la etapa en que estudié la maestría formé un grupo cercano de amigos estudiantes de periodismo con los que solía hacer todo. Entre ellos estaba Steve, un amigo gay, quien era estadounidense y llevaba años viviendo en Nueva York, en donde había completado sus estudios universitarios y había iniciado la maestría. Conocía la ciudad como nadie, así que se convirtió para mí en un imprescindible guía y asesor sobre la variada y a veces misteriosa oferta de la vida nocturna. También estaba Claire, otra amiga que soñaba con ser la jefa de la oficina de una cadena de noticias en Moscú, porque durante su adolescencia había estudiado ruso y un verano había hecho una pasantía en Rusia. Y lo logró. Mucho tiempo después, en mi primer viaje a Moscú como corresponsal de CNN, me encontré con ella en una conferencia de prensa en el Kremlin. Aún no era jefa de la corresponsalía de NBC, pero había sido contratada como productora en la ciudad.

Trabajábamos, estudiábamos, jugábamos y disfrutábamos juntos la ciudad. Mi amiga Julie me dio a probar mi primer canuto de marihuana y aún me río al recordar la noche en que, después de fumar, todos nos quedamos tirados en el suelo del apartamento de una de las chicas por los ataques de risa que nos provocó. Recuerdo el corazón roto de Steve, quien se enamoró del cantinero de un bar del vecindario solo para darse cuenta, semanas después, de que el guapo *bartender* en realidad era actor de películas pornográficas; y recuerdo la discusión que tuvimos en una ocasión cuando nos dimos cuenta de que ambos habíamos estado saliendo, al mismo tiempo y sin saberlo, con un atractivo y levemente intimidante escritor del *The New Yorker*, quien tenía debilidad por los jóvenes estudiantes de periodismo de Columbia.

Siempre habrá una parte de mí que será neoyorquina, y como todo en mi vida, dominada por la dualidad, siempre tendré un ligero sentido de rechazo por la ciudad. Me encanta ir y disfrutar de su energía, su oferta cultural y opciones de entretenimiento, pero también me incomoda la ansiedad con la que se vive, la energía que se requiere —siento que innecesariamente— para estar siempre en todo y a tiempo, para nunca llegar tarde; así que, al igual que aquellos inmigrantes que ansiaban regresar a su casa en Jalisco, también me encanta regresar a mi remanso de serenidad en el lago de Atitlán.

Sin embargo, la energía de Nueva York siempre me atrajo y me sigue atrayendo. Es de esas ciudades a donde la gente llega buscando triunfar, ya sea ganando millones en Wall Street o lo suficiente para construir una casita en Jalisco. Todos buscan algo, pero ese algo siempre es más que sencillamente sobrevivir. La creatividad latente en la ciudad, la ambición desmedida de los financieros, la altanería del mundo de la moda, el irrespeto, la soberbia y el egoísmo que en la superficie caracteriza a la mayoría de los neoyorquinos, en el fondo esconde un importante sentido de solidaridad y pertenencia, un «estamos juntos en esto».

Ya viviendo en México amaba ir cada dos o tres meses a pasar el fin de semana en Nueva York. Mi mejor amigo se había mudado para allá y siempre estaba al tanto de los nuevos y mejores restaurantes, bares, clubes nocturnos y galerías de arte que había que conocer. Eran fines de semana de bacanales que comenzaban en una terraza para el precopeo, seguían en el restaurante de moda y terminaban hasta altas horas de la madrugada en algún bar de mala muerte. Los meses que pasé en Nueva York como estudiante, luego como profesional y después como visitante empedernido, han hecho que también un poco de esta ciudad corra por mis venas. Y es que lo que pasa en el mundo primero pasa en Nueva York. Nunca imaginé que esa ciudad, en donde late el corazón del mundo occidental, estuviese bajo las cenizas mientras intentaba ejercer mi oficio de periodista muchos años después. Si por las venas me corrían las calles de Nueva York, entonces mi sangre se había espesado.

Una tarde en la que pude tomarme unos minutos de descanso llamé a una amiga neoyorquina para saludarla y preguntarle cómo estaba. Era la directora general de una importante empresa de cosméticos, una mujer muy influyente que había logrado escalar en el duro mundo corporativo y posicionarse como una de las ejecutivas más importantes de la ciudad. Vivía en un lujoso apartamento del Upper East Side, el enclave tradicional de los ricos y poderosos de la ciudad. Cuando me contestó el teléfono con voz entrecortada, supe que algo andaba mal. «Maggie, ¿cómo estás?», le pregunté. «No te has enterado? Mi hijo Christopher estaba en las oficinas de Cantor Fitzgerald cuando sucedió el ataque», me dijo como si se lo dijese a sí misma.

Cantor Fitzgerald, una firma de corredores de bolsa, estaba dos pisos arriba de la zona de impacto del avión en una de las Torres Gemelas, y quedó destruida ese día. El hijo de mi amiga era uno de los 658 empleados de la correduría que desaparecieron para siempre el 11 de septiembre. Cuando le dije que estaba en la Armería y que allí podrían tomar sus datos y ayudar a buscar a su hijo, me respondió, resignada, estoica, y quizás impaciente por terminar la llamada, que era inútil y que Christopher había desaparecido para siempre.

El ataque a las Torres Gemelas no dejó a un solo neoyorquino indiferente. Todos parecían saber de alguien que había muerto. La pesadumbre era palpable, se veía en las miradas de preocupación y nerviosismo de la gente en la calle, se escuchaba en las voces de quienes se juntaban en los parques a encender velas y cantar *Venceremos*, la canción de protesta que se convirtió en el himno del movimiento por los derechos civiles de la comunidad afroamericana en la década de los sesenta en Estados Unidos. Se sentía en la mirada resignada y triste de la directora de una agencia funeraria que intentaba conseguir un féretro para repatriar los restos de un trabajador de limpieza ecuatoriano que murió en el ataque, junto con sus sueños de inmigrante que fueron aniquilados en un solo y ardiente instante.

La funeraria estaba localizada en el barrio de Queens, asentamiento natural de miles de inmigrantes latinoamericanos que en algunos casos llevaban ya décadas y varias generaciones viviendo y trabajando en Estados Unidos. Me dirigí allí al descubrir en la Armería que los restos del inmigrante ecuatoriano habían sido identificados y que serían preparados en la funeraria para su eventual repatriación a su tierra natal. Era una casa de las que en Nueva York llaman *brownstone*, porque fueron construidas en el siglo XIX con una piedra barata y fácil de conseguir que con el paso del tiempo se volvía de un oscuro tono rojizo.

Entramos a la recepción de la funeraria, que estaba amueblada sobriamente y decorada como la sala anticuada de la casa de una abuela, e iluminada con luz tenue. Sobre la mesa, frente a un sillón donde un joven ecuatoriano hablaba entre sollozos con la directora de la funeraria, reposaba una caja de pañuelos desechables. Los enormes ojos color café de la mujer miraban con compasión al joven mientras le explicaba, con aire maternal, que pasarían varios días antes de que pudieran repatriar el cuerpo de su cuñado a Ecuador, ya que los trámites consulares tomaban tiempo y eran engorrosos. Se excusó un momento cuando sonó el timbre. Era el repartidor de una empresa de envíos para hacer la entrega de un féretro.

Sí, un repartidor entregó un féretro nuevo a la funeraria en Queens. Sentí cómo mi cuerpo se estremecía tímidamente. Me dirigí al muchacho, quien me contó que el difunto llevaba poco tiempo trabajando como conserje en una de las oficinas del World Trade Center. Lloraba la pérdida de su pariente, pero también lloraba por el sueño truncado de toda su familia en Ecuador, que no solo perdió a un ser querido, sino también las esperanzas de acceder a una mejor vida que les significaba el dinero que este les enviaba cada mes desde Estados Unidos.

El atentado a las Torres Gemelas no solo atacó a un país: también destruyó las aspiraciones, el bienestar y la plenitud de miles de familias alrededor del mundo. Si el ataque tuvo una significación simbólica para sus perpetradores, para la nación estadounidense las consecuencias fueron reales, se dieron en el orden de la vida, no solo en el de las *significaciones*.

Para mí, el dolor de la pérdida estaba muy cerca, reciente, así que mi sensibilidad estaba a flor de piel. Compartía, vivía el dolor de los que no habían podido despedir a sus seres queridos. Habían pasado poco más de tres años de la muerte de Adrián, el joven peruano con quien estaba iniciando una relación cuando perdió la vida en un accidente de tránsito. Aunque había asimilado mi duelo en paz, parte de mí quedó tan familiarizada con ese dolor que me era natural compadecer —y entender— a quienes sufrían.

Había algo en la manera pausada y lenta con la que una joven mujer caminaba hacia la Armería, apoyada en brazos de un hombre y de una mujer de más edad que la acompañaban. Su voz, apagada y suave, se escuchaba como si estuviera atrapada en una garganta restringida y rígida, que no le permitía expresarse a plenitud. En su mirada al detenerse a observar las fotos de los desaparecidos había un leve destello de esperanza que pasaba a la resignación y al profundo dolor en el mismo instante. También había algo en la manera y la fuerza con la que portaba en sus manos un fajo de fotocopias con la imagen de su marido desaparecido, buscando un espacio vacío entre todas las demás fotos para colocar la suya. Y lo mismo en la mirada de esas personas de más edad, sus padres, que con resignación y un marcado sentido del deber la acompañaban en esa misión que en el fondo ya sabían inútil. Quizás, esos ya eran los primeros rituales del duelo.

La impotencia y el dolor eran palpables en toda la ciudad, que estaba sacudida por el desconcierto, el sufrimiento y la desesperanza. Sentimientos y reacciones que vería repetirse una y otra vez en otras comunidades, los vi semanas después en Afganistán, a un mundo de distancia, cuando cubrí la guerra de Estados Unidos contra el gobierno talibán que cobijaba a la organización terrorista de Osama bin Laden. El sufrimiento del ser humano, es sabido, es universal, lo mismo que el amor y el odio.

Estaba hospedado en Midtown. Una mañana salí a caminar por el área para darme una idea de lo que se vivía en las calles. Era temprano y vi cómo la gente se apresuraba para llegar a tiempo a sus trabajos. La vida siempre se abre paso. Es el cauce natural, la gente se sobrepone a las penas. La vida continúa más pronto de lo que pensamos. Las rutinas vienen a recordarnos que el orden nos da sentido vital. Como una taza de café al despertar.

Las estaciones de metro estaban abarrotadas, como siempre, pero ahora con una presencia notable e intimidante de policías y soldados uniformados. Las caras de todos mostraban preocupación, miedo, desconfianza. Pasé frente a la entrada de emergencias del hospital presbiteriano para encontrarme con un grupo grande de médicos y enfermeros, ataviados con batas de protección, guantes y mascarillas, rodeados de camillas, equipo de infiltración intravenosa y tanques de oxígeno, preparados para enfrentarse a lo que esperaban sería un río de pacientes que saldría del área acordonada alrededor del World Trade Center. Pero se veía en sus ojos una mezcla de incredulidad, temor, y —en los de algunos que entendieron lo que realmente estaba pasando— tristeza y resignación. No recibirían pacientes porque no habría pacientes, la mayoría habían muerto, sus restos yacían entre los escombros humeantes de las torres.

Así pasé las siguientes semanas en Nueva York, documentando algunas de las incontables historias de tragedia personal, de heroísmo, de valentía. Siendo testigo del miedo, de la compasión, del dolor, de la entrega, del sentido de comunidad. También del patriotismo y de la xenofobia y la ignorancia. Sentimientos que la nación entera en esos momentos tenía a flor de piel y que marcarían para siempre la forma en que los estadounidenses abordarían sus relaciones entre sí y con el resto del mundo.

Eventualmente mis jefes me pidieron que me trasladara a Washington para reforzar la cobertura del seguimiento desde las perspectivas política y militar de los sucesos. Ya se había señalado a Al Qaeda como responsable de los ataques, y Afganistán había surgido como el país que le daba refugio a la organización terrorista. Los cañones de Estados Unidos comenzaban a apuntar hacia las planicies afganas y en el fondo comencé a pensar en la posibilidad de tener que cubrir, por primera vez en mi vida, una guerra librada por Estados Unidos y sus poderosos aliados en campos de batalla desconocidos para mí, y muy, pero muy lejos de las tierras que conocía.

Nueva York podría limpiar los escombros y disipar las cenizas, el cielo ya no traería estupor, indignación e incertidumbre. Pero era innegable que algo quedaría en el ambiente.

Poco después de los atentados, cuando cubría las secuelas de los actos terroristas, recuerdo que una tarde al terminar el trabajo del día, y mientras caminaba hacia el hotel donde me hospedaba, pasé frente al Madison Square Garden. El recinto deportivo y de espectáculos queda al lado de *Penn Station,* un importante punto de trasbordo para el metro y trenes de larga distancia. A esa hora la zona estaba repleta de personas que se habían apresurado a salir de su oficina para subir al tren y llegar lo más pronto posible a sus casas. La densidad no solo era un asunto poblacional, sino de carácter. Pocos se miraban a los ojos, la mayoría caminaba con celeridad y aprensión, sin ver hacia adelante. El temor y la ansiedad estaban anidadas en los neoyorquinos.

Me causó una gran impresión esa suerte de recelo porque no tenía nada que ver con el habitual mal carácter del neoyorquino, que era su seña de identidad, porque esa no era la *energía* de la Nueva York que yo conozco, que conocí. Si bien siempre ha habido un nerviosismo y una ansiedad connatural a los habitantes de grandes urbes, esto era diferente. Entre los neoyorquinos se habían instalado el recelo, la duda y la sospecha.

Pasaron años antes de que fuera a visitar el monumento que se levanta en recuerdo de las víctimas de los ataques. Fue en un viaje que hice con mi madre y mi sobrina, a quienes acompañé a un concierto de música clásica. El otoño estaba por despedirse y dar la bienvenida al invierno, hacía mucho frío y mi madre insistía en que quería ir al monumento. Fui a regañadientes, no le veía sentido a aquella visita en un viaje tan corto (nos tomamos un fin de semana largo). O quizás, no deseaba robarle al tiempo, en medio del frío y la lluvia, lo ganado en olvido. Aquello significaba viajar hasta el sur de la isla de Manhattan para ver algo que yo ya había enterrado.

Visitamos el lugar y me encontré con que los guardias de seguridad registraban a todos los visitantes que llegaban, lo cual me afectó mucho porque me hizo sentir que el temor de los primeros días después de los atentados seguía intacto. Y sí, quizás siga intacto en los corazones de los neoyorquinos. Me conmovió ver los nombres de todas las víctimas grabados en las paredes del monumento, nombres que tal vez solo serán dichos mientras la gente que los amó los recuerde, después se quedarán en el olvido. Pero ahí estará el monumento para contrarrestarlo, ahí estará ese lugar para poder vivir el duelo.

Una vez fuera de ahí el corre y corre de los neoyorquinos se me antojó de pronto más reconocible, noté el nerviosismo y el estrés de los neoyorquinos con más *soltura* sobre las calles, y esa *urgencia* me reconcilió con mis mejores recuerdos y me hizo pensar que podía tomarme un café, *black*, *no sugar*, y caminar junto a mi madre mientras la ciudad salía adelante y recuperaba lo que la hizo ser la capital del mundo.

El viaje más importante

Un boleto mágico a mi conciencia

Los rojos intensos y luminiscentes dominaban mi campo de visión, colores tornasolados en patrones intrincados que pasaban de parecer amebas nadando en agua a escritos ancestrales en sánscrito y árabe. Se movían calmadamente, formando dibujos, texturas y diseños, transformándose con suavidad mientras ejecutaban delicados movimientos de balanceo en una gelatina espesa, transparente y luminosa que fluía suave y constante. Quien ha buceado y ha visto ese espacio en el que todo danza con una lentitud armoniosa entenderá de lo que hablo.

Llegó un momento en el que me sentí tan íntimamente identificado con las figuras, que sentí que yo mismo me convertía en patrones geométricos y coloridos, y que mi cuerpo cayó en el olvido.

La sensación me hizo recordar los momentos de compenetración que se dan entre dos personas enamoradas cuando, desnudas, van al encuentro final. Reconocí esa *sensación* durante mi odisea psicodélica, y me llenaba de asombro y placidez cada vez que me daba cuenta de que la belleza y la armonía absolutas no eran nuevas para mí, sino experiencias que, si bien no eran habituales, sí eran recurrentes en mi vida. De cierta manera sentía durante todo el *viaje* que había regresado a casa después de una larga travesía.

Escribí estas páginas al entrar en la séptima semana en mi casa en el lago de Atitlán debido a la emergencia causada por la pandemia del coronavirus. Durante las siete semanas de soledad que me impuso la realidad que nos tocó enfrentar. Semanas que he aprovechado para terminar de plasmar mis impresiones en estas hojas. Los recuerdos que iban y venían al revisitar el sinnúmero de viajes, coberturas y entrevistas que he recreado en mi mente, libre de distracciones, aireada por los vientos de la tarde, el suave oleaje del lago y el trinar de los pájaros que me sorprendían cada tanto como si fuese la primera vez que los oía.

Es grato y significativo que haya sido en Atitlán donde me tocó escribir estas reflexiones sobre el viaje que hasta ahora había sido mi vida. Hay algo poético en las coincidencias, como que el lugar donde pude hacer una pausa para reflexionar sobre lo caminado sea el mismo lago donde de niño me inspiraba con los relatos de los viajes de mi tía Lucy, donde produje mi primer reportaje visual siendo miembro de la tropa local de niños Scout, donde soñaba con viajar por el mundo y encontrar *nuevas narraciones* que contar; y sea el mismo lugar en que me di la oportunidad de viajar en el tiempo para redescubrir las lecciones aprendidas y, con la calma que viene con el paso de los años, descubrir las nuevas lecciones, que siempre han estado allí, escondidas, a la espera del momento para salir a la luz.

Es significativo, además, porque es a donde regresé después de emprender el viaje más importante de mi vida, y también el más interesante: el viaje hacia mí mismo.

Estaba tendido sobre una colchoneta en un salón vacío con piso de madera, ventanas que daban a un bosque, iluminación tenue, incienso y una suave música. Era uno de entre 15 personas, todos adultos de mediana edad, profesionales, de distintas nacionalidades. Nos habíamos congregado en el pequeño centro de retiros terapéuticos llamado Synthesis, a las afueras de Ámsterdam, uno de los primeros recintos legales de terapia psicodélica en el mundo. Su nombre, lo sé, parece salido de una novela de ciencia ficción distópica, que quizá son ya novelas costumbristas, no estoy seguro.

Synthesis fue formado por un grupo de psicoterapeutas, neurocientíficos, sanadores e investigadores de distintas áreas, para profundizar en el uso terapéutico de la psilocibina, la sustancia psicotrópica que se encuentra en algunos hongos y trufas, y cuya estructura química es idéntica a la dietalimida del ácido lisérgico, comúnmente conocida como LSD o ácido. Investigadores de varios países, en especial de Gran Bretaña, Estados Unidos, Israel y los Países Bajos, están desarrollando protocolos para el uso de sustancias psicodélicas en el tratamiento del estrés postraumático y la depresión, y como herramienta para aquellas personas que buscan conocer más sobre las fuerzas que mueven su conciencia. Personas interesadas en entrar en contacto más profundo con su ser.

Me enteré de Synthesis durante una estadía de varias semanas en Europa a finales del verano de 2019. Me topé con un artículo sobre el centro que me llevó a otro —algo que me pasa con frecuencia— y de inmediato me atrajo la idea de pasar tres días acompañado de un equipo multidisciplinario de expertos en el uso de sustancias psicodélicas para poder acceder a ellas de una manera segura y controlada, y experimentar lo que chamanes, sanadores, místicos y grandes pensadores, filósofos y periodistas de la década de los sesenta habían vivido al viajar a lo más profundo de sus conciencias. Iba a ingerir una de las sustancias psicotrópicas más potentes de las que se conocen. Comería trufas psicodélicas.

El uso de los hongos alucinógenos como portales para entrar al mundo interior o para adentrarse en instancias universales que no están al alcance de la razón se ha dado prácticamente en todas las culturas durante miles de años. Hay indicios de que aun las antiguas culturas prehispánicas aprovechaban los hongos psicodélicos en rituales espirituales de sanación y, en Mesoamérica, en especial en México, los curanderos indígenas llevan mucho tiempo utilizando el peyote y los hongos en las terapias de sanación porque los consideran parte de una sabiduría ancestral.

La mujer que llegó a simbolizar el poder de la conexión con lo más profundo de la conciencia fue una curandera llamada María Sabina, nacida en 1894 en la sierra mazateca en el estado mexicano de Oaxaca. María entró en contacto con el mundo occidental luego de una visita-peregrinaje que hizo el etnomicólogo y escritor estadounidense Gordon Wasson en 1955, quien escribió un artículo en la revista *Life* sobre la profunda experiencia de sanación que vivió luego de ingerir los hongos que le ofreció la curandera. Ahora me tocaba a mí vivir esa experiencia.

Desde hace varios años paso una parte del verano en España. Con el paso del tiempo me he enamorado de Madrid y cada vez que la visito descubro algo nuevo que estrecha nuestra relación. Alguna librería escondida, una terraza, un parque o un museo antes desconocido. Es una ciudad que me conmueve. El verano de 2019 no fue distinto. O quizás sí, pero no fue Madrid la responsable.

Mi entonces esposo y yo alquilamos un piso en el barrio de Malasaña para pasar unas semanas entre buena comida, largos paseos por las calles de la ciudad y momentos compartidos con nuestros amigos madrileños y extranjeros que residen allí desde hace años. Pero algo no pintaba bien. No se sentía la armonía habitual de nuestros viajes. Ni él ni yo estábamos del todo presentes. Algo andaba mal. Yo estaba desubicado, preocupado por tensiones latentes y conversaciones necesarias, pero nunca sostenidas.

Una mañana preparé mi habitual café en el piso alquilado y, luego de leer los diarios de rigor, me fui con mi computadora portátil a navegar en internet. No sé qué me llevó a buscar «retiros de terapia psicodélica» en ese preciso momento, pero sí sé que fue un impulso, fortuito, intempestivo, que desencadenó una serie de eventos que terminó en un cambio radical en mi vida. Uno que considero de los de mayor crecimiento en mi existencia.

Semanas antes, en Guatemala, había leído un artículo en *Fast Company*, una revista estadounidense dedicada a documentar la innovación en los ámbitos de tecnología y negocios, enfocada en quienes operan y se mueven en la nueva economía digital. El artículo daba cuenta de la creciente moda del uso de microdosis de sustancias psicodélicas, como el ácido o LSD, o de plantas medicinales *mágicas*, como el peyote, la ayahuasca o los hongos alucinógenos utilizados en ceremonias sagradas en varias culturas ancestrales. El artículo señalaba que muchos jóvenes ejecutivos del Silicon Valley en California, cuna de gigantes de la tecnología, se estaban sometiendo a regímenes rigurosos de dosis subperceptuales, es decir, que no tienen ningún efecto notable sobre el organismo, de sustancias psicodélicas para lidiar con bloqueos creativos y depresiones.

Ese artículo me llamó la atención porque precisamente en ese momento estaba pasando por una etapa de bloqueo creativo y una apatía generalizada que no lograba determinar ni resolver, porque no eran tan intensas como para evitar que cumpliera con mis obligaciones diarias, pero que estaban ahí y me impedían sentir que estaba viviendo la vida a plenitud. Sentía que vivía a medias, que me estaba dejando llevar por la vida sin hacer ni el mínimo esfuerzo por buscar la razón de mi latente insatisfacción. Fue en ese estado de ánimo que aquella mañana, en un piso de la calle Barco de Madrid, me encontré navegando el sitio en línea del centro de retiros y terapias psicodélicas de Ámsterdam.

Pasé un par de horas leyendo sobre cómo el centro establecido en Holanda (porque las leyes de ese país permiten el uso de ciertas sustancias psicodélicas) estaba a la vanguardia de las investigaciones académicas y científicas sobre los efectos positivos del uso de esas sustancias en el tratamiento de depresiones, estrés postraumático y, justamente, bloqueos creativos.

El tema me atrapó de inmediato y sin pensarlo, inclusive sin comentar la decisión con mi ahora exesposo, que estaba dormido en la habitación contigua, llené el formulario de solicitud para uno de los fines de semana de retiro y lo envié. Recibí un mensaje de correo electrónico de vuelta en el que me decían que evaluarían mi solicitud y me responderían en algunas semanas. Pasaron las semanas, regresamos a Guatemala y yo, levemente inquieto, seguía esperando que respondieran a mi solicitud para vivir esa experiencia, porque algo en el fondo de mi ser me decía que sería muy importante.

Una mañana abrí mi computadora y me encontré con la ansiada respuesta de Ámsterdam. Mi solicitud había sido recibida y pasaría a la segunda fase del proceso de admisión, la cual consistía en una entrevista virtual con uno de los terapeutas del centro y completar un detallado cuestionario médico que sería evaluado antes de la aceptación final. El cuestionario incluía someterme a una evaluación psicológica para determinar si era apto para participar en una de sus sesiones de ingesta de trufas psilocibias. Al cabo de algunos días me llegó la respuesta del centro, me avisaron que había sido aceptado y me pidieron que comenzara a preparar tres temas en los cuales me interesaba profundizar, así como las inquietudes, dudas y preguntas que quería aclarar. Mientras llegaba el momento de partir me dediqué a leer todo lo que pude sobre los psicodélicos.

Nunca en mi vida —fuera del ocasional cigarrillo de marihuana— había consumido una sustancia psicoactiva. Algo me decía que esto era diferente. Comencé con un libro promisoriamente titulado *Cómo cambiar tu mente*, del connotado periodista científico estadounidense Michael Pollan.

Entendí que el uso de sustancias psicodélicas en el tratamiento de la depresión y trastornos menores en pacientes era rutinario en la década de los cincuenta, que los tratamientos habían sido ampliamente estudiados y validados por la ciencia desde que la dietalimida de ácido lisérgico fue sintetizada (y accidentalmente ingerida) por el químico suizo Albert Hoffman en 1943. Su experiencia después de esa ingesta accidental (y una adicional no tan accidental) ocurrida en su laboratorio en Basilea fue tan apabullante, que Hoffman escribió en su diario que sus sentidos «vibraban con una sensibilidad superior que duró todo el día». Y leí también sobre el uso de las llamadas «plantas mágicas», como la ayahuasca, el peyote y los hongos, que han sido (y siguen siendo) parte integral del chamanismo y de las prácticas espirituales en varias culturas milenarias, particularmente en América Latina.

Armado de ese conocimiento, y confiado en que no sería el primero ni el último en experimentar con estas sustancias con un fin terapéutico, me aventuré y seguí adelante con el proceso de inscripción en el retiro de Ámsterdam. Consulté con una amiga psicoterapeuta sobre lo que pretendía hacer y ella, en su infinita sabiduría, me ayudó a determinar que tenía que fijar intenciones claras para la experiencia. Si se sabe qué se está buscando, la búsqueda siempre se hace más fácil.

Decidí explorar el bloqueo creativo que sentía dentro de mí, entender por qué el miedo ha sido una fuerza predominante en mi vida y, quizás, una cubierta para ocultar cosas mucho más profundas. Quería entender mi constante ansiedad sobre el cambio climático (luego me daría cuenta de que mi ansiedad en general tenía más que ver con enfrentar los cambios inevitables que veía venir en mi relación de pareja y que me rehusaba a reconocer).

Hasta ese momento nunca me había llamado la atención probar sustancias psicotrópicas, y siempre me consideré una persona suficientemente cuerda como para obviar la necesidad de procesos psicoterapéuticos profundos. Pero entonces era diferente. La idea de asistir a Synthesis acompañado por expertos y académicos, en un ambiente apropiado y seguro, se me hizo imposible de resistir. El oficio periodístico late en mí tan naturalmente como el corazón bombea sangre. Después de haber viajado tanto y exponerme a una gran variedad de experiencias de diversos grados de intensidad y durante muchos años, sería un viaje a mi interior, a lo más profundo de mi conciencia, el viaje que me faltaba por realizar.

Estaba por emprender la travesía más exótica e impredecible de mi vida, me iba a adentrar en el océano de mi ser, iba a bucear en la profundidad de mi propia conciencia.

Varias semanas después de recibir el mensaje, un frío y lluvioso sábado de principios de noviembre me encontré con un grupo de personas en las afueras de la estación de tren de Ámsterdam. Un autobús nos llevaría al centro de terapia en un pequeño pueblo a la orilla del mar, a unas dos horas de la ciudad. Mis compañeros de viaje conformaban un grupo ecléctico: un joven hípster, *influencer* de Brooklyn, con todo y chamarra de piel, corte de pelo geométrico y barba de tres días; una alta ejecutiva de una empresa de tecnología muy reconocida, una abogada suiza, una periodista italiana y un emprendedor alemán que manejaba plantas de manufactura en China. Todos ansiosos y todos compartiendo una enorme curiosidad por lo que se avecinaba.

Las instalaciones de Synthesis se localizan en el recinto de una antigua iglesia reformista que fue remodelada y convertida en centro de retiro. Es un lugar apacible, cálido y reconfortante, decorado con colores tierra, pisos de madera y muebles acolchonados que destilan comodidad y serenidad. En una cocina abierta al salón principal, una cocinera y dos asistentes preparaban una maravillosa entrega de platillos veganos. Ofrecían té de hierbas mientras el grupo se presentaba con los facilitadores del fin de semana, liderados por una psicoterapeuta de renombre de California y apoyados por un protocolo diseñado en parte por el *Imperial College* de Londres, una de las instituciones académicas de mayor prestigio del mundo que ha realizado un sinfín de estudios sobre el potencial sanador de la terapia psicodélica.

Algunos de los participantes accedimos a ser parte de un nuevo estudio mediante el cual los investigadores del Imperial College buscaban determinar el efecto de la experiencia y la duración que tendría: cuán sostenible sería el sentido de bienestar y claridad que vendría durante el viaje provocado por la ingesta de las trufas mágicas, idéntica en su composición al ácido que mandó al químico Hoffman a su viaje astral en 1943. No podía dejar de lado mi instinto periodístico, el hábito de cuestionar y dudar de la validez de lo que oía, veía, leía y sentía.

La música que escuchaba me conmovió por su belleza y claridad. Una pieza, a la que llamé «Calíope», era alegre, luminosa y juguetona. Expresaba felicidad y gozo. Había pasado a un espacio brillante, iluminado por una luz blanca intensa en la que bailaban unas enormes criaturas fantásticas que parecían aquellos ositos de gomilona dulce que les encantan a los niños. El espacio era pura alegría y, mientras observaba la escena, los ositos y otras golosinas comenzaron a bailar a mi alrededor al compás de la música, en perfecta armonía y a ritmo sincronizado.

En mi libreta de apuntes escribí la palabra «Calíope», que se manifestaba insistentemente en mi conciencia. La apunté porque no quería olvidarla, sabía que sería importante para mí más adelante, en el proceso de integración de todo lo que había *visto*. Una trompeta comenzó a sonar y de ella emanaban las notas de una canción lenta, sensual y conmovedora. Todo a mi alrededor se tornó de un color celeste luminoso, el color de aquellas vajillas de porcelana inglesa con pastiche blanco que se usaban en Inglaterra en el siglo XVIII. Me *transporté* a la época de la corte de Versalles, donde todo eran adornos rebuscados, elegantes. Las notas de la trompeta me tomaron de la mano y me condujeron suave, pero imperativamente, a un lugar de una belleza extraordinaria. Me acerqué (y yo en ese momento no era una persona, simplemente *era*) a un lugar de una indescriptible hermosura. Era luminoso, cálido y reconfortante. Me sentí ante la presencia de amor puro e incondicional, alegría, seguridad y confianza.

De pronto un piano empezó a tocar el aria de las *Variaciones* de Goldberg, de Johann Sebastian Bach. Frente a mí se apareció mi abuela Luz, quien, sentada frente al piano y sin dejar de tocar, se volvió a mirarme y me dedicó una sonrisa tan pura y llena de amor que me brotaron lágrimas que pronto empaparon mis mejillas. Vi a Luz como una mujer joven, y su presencia, sabia y reconfortante, me dio a entender que en ese lugar y *en ese momento* estaban presentes todos mis seres queridos que han partido, y que estaban allí para asegurarme que todo siempre estaría bien. Que el universo es perfecto y que todos somos parte de él. Que todos los seres vivos estamos íntimamente ligados porque todos partimos de la misma esencia. Me dijo que todo tiene sentido y que todo está construido de una manera que simplemente *es*. Que la belleza nos rodea y que todo lo que pueda parecer bueno o malo sencillamente *es*, y que la conjugación de ese todo es perfecta porque está diseñada a la perfección.

Estaba tendido sobre mi espalda, al lado de un enorme ventanal que daba a un jardín donde crecía un enorme roble, verde y frondoso. El árbol bailaba y se movía con el viento. En un momento, y frente a mis ojos, el roble pasó de ser joven y vibrante a estar viejo y decaído. Comenzó a marchitarse, sus hojas pasaron de un verde intenso a un marrón oscuro. Durante ese proceso de envejecimiento nunca dejó de transmitirme un enorme sentimiento de amor profundo y de compasión. El árbol tenía una energía femenina y durante varios minutos continuó mostrando el ciclo de la vida, pasando de ser joven y rebosante de vitalidad, con brotes de hojas nuevas, a marchitarse y morir para luego volver a vibrar de vitalidad. Todo esto lo hacía con enorme compasión hacia mí, quien lo veía asombrado desde la ventana. Nada nunca muere o desaparece, sino que se transforma, lo que muere siempre renace. Me mostró de una manera inexplicablemente tangible que el ciclo de la vida, como la vida en sí, es perfecto.

Entonces dejé atrás el miedo a la muerte y acepté que en los momentos en que acecha, en las guerras, desastres naturales, epidemias o en los actos de violencia cotidianos, siempre existe la constante del ciclo de la vida. Me hizo ver que nada desaparece por completo, que lo viejo se hace joven, que lo muerto renace y que este ciclo, como todo lo demás, es perfecto en su sencillez, que *es*. Ese viejo roble era la esencia de la compasión, la serenidad, la aceptación. Me invadía la sensación de que había visitado estos lugares antes, que había estado ante su presencia y había sentido el amor de todos, y que estaba recibiendo sabiduría que ya conocía.

Estaba en casa.

Fue hermoso encontrarme con esa presencia de amor e identificar el siguiente reto en mi vida: un gran reto que consiste en nunca olvidar aquella serenidad, intentar transitar por esta vida recordando que estoy y siempre estaré equipado, de una manera sutil y casi imperceptible, con una serena sabiduría que en el fondo siempre ha sido parte de mí. Mientras recuerdo y honro e intento dar con mi interior, todo siempre estará bien.

Ese viaje a mi subconsciente fue evaluado y supervisado por expertos que siguen los pasos de un grupo de científicos que comenzó a estudiar la terapia psicodélica en la década de los cincuenta en Suiza, Gran Bretaña y Estados Unidos, y que ha arrojado nueva luz sobre este campo innovador y prometedor. Investigadores israelíes están experimentando con el uso de MDMA, una droga sintética comúnmente conocida como *ecstasy* o *molly*, para tratar a combatientes y sobrevivientes de actos violentos que padecen de estrés postraumático. La Universidad de Johns Hopkins en Estados Unidos está realizando estudios, avalados por el Gobierno federal de ese país, sobre la eficacia de las drogas psicodélicas para aliviar traumas y depresiones severas. Estos fármacos tienen la misma composición química que los hongos y trufas *mágicas* como las que ingerí en Ámsterdam y que han sido utilizadas en rituales ancestrales por culturas milenarias alrededor del mundo.

El nombre científico de la trufa mágica es *esclerotoium* y también es conocida por algunos como «la piedra filosofal.» Contiene psilocibina, la sustancia psicotrópica que provoca una disolución temporal del ego, y es lo que permite ese viaje a lo más profundo del subconsciente. La trufa en sí se asemeja a cualquier hongo comestible. Es presentada en pequeños trozos que uno añade a una taza de agua caliente para hacer un té. En este caso nos dieron la oportunidad de decidir si queríamos una dosis suave o una dosis fuerte. La fuerte se preparaba con 45 miligramos de trufas, equivalente a 4.5 gramos de hongos, considerada entre conocedores como la *dosis del héroe*. Una dosis recreativa de trufas es de 10 miligramos, la fuerte es una patada de caballo. Yo escogí la dosis alta porque estaba en un lugar seguro, acompañado de expertos y con la tranquilidad de que estaría «bien cuidado» durante mi experiencia. Además, si se trata de vivir intensamente, qué más intensidad, ¿no? Ya que estamos en eso.

En su libro *Las puertas de la percepción*, el escritor inglés Aldous Huxley anota que la ingesta de sustancias psicodélicas permite que los *filtros* del cerebro humano que funcionan como una barrera para la percepción del mundo exterior, desaparezcan momentáneamente. Es decir, lo que percibimos no es necesariamente lo que *realmente es*. Sin entrar en complejidades filosóficas, ese señalamiento es en sí mismo fascinante. Existe un mundo a la vista, pero que no está a la *vista*.

Hace poco un grupo de científicos informó, en la revista de la Academia Nacional de Ciencias de Estados Unidos, que había descubierto, por medio de experimentos con luces ultravioleta, que el colibrí —esa bella y delicada ave— percibe colores que los seres humanos no podemos detectar porque nuestras córneas no tienen una «célula de cono» que algunas aves sí tienen, y que es la que les permite ver esos colores. Esto les da a las aves la capacidad para identificar las plantas que mejor las alimentan, según los colores —para nosotros imperceptibles— que emanan de sus hojas.

¿No es fascinante saber que existe un mundo desconocido a la mano, pero no a simple vista, una especie de dimensión paralela? ¿Quién no siente curiosidad por explorar esa dimensión, más si se trata de una dimensión interior que puede contener todo lo aprendido, lo absorbido, lo sufrido y lo celebrado y que de alguna manera conforma nuestra percepción de la realidad? ¿No es esa la última frontera, el destino más importante, la historia más fascinante que hay que cubrir? Lo dijo Huxley, a quien le tengo cierto aprecio particular por el hecho de que le gustaba pasar tiempo en estas tierras desde donde ordeno mis experiencias y se enamoró —como yo— del lago de Atitlán. A lo dicho por Huxley se suma lo que dicen numerosos filósofos, novelistas, periodistas, chamanes y sanadores de múltiples tradiciones espirituales.

Esa experiencia fue solo mi primer paso en un viaje nuevo que se irá dando de ahora en adelante a la par de mis viajes como periodista. Estoy comenzando a entender el enorme poder que tiene el inconsciente sobre nosotros y cómo técnicas menos radicales que el ingerir alucinógenos, como el yoga, la meditación, la respiración guiada o las prácticas espirituales, también pueden tener efectos sobre este y, por ende, el potencial para contribuir a mejorar el entendimiento entre la humanidad.

Conforme me he ido adentrando en el mundo de la espiritualidad y la meditación, me he dado cuenta de que cada vez hay más personas que entienden los beneficios de conectarse con uno mismo. He conocido a algunos jefes de Estado, artistas pop, creadores, antropólogos, empresarios y emprendedores, líderes de la sociedad civil y miembros de las fuerzas Armadas que han descubierto que las técnicas antes mencionadas potencian su entendimiento, su compasión y su rendimiento. Me he dado cuenta de que todas las personas con las que he conversado sobre este tema comparten conmigo el interés por lograr una conexión más profunda con su ser interior y, por ende, con las fuentes de sabiduría y serenidad que sabemos son inagotables.

Hay personas que nunca se enteran de su razón de ser, y en mi caso tuve que vivir más de la mitad de mi vida para entender que lo que ya había aprendido a poner en práctica como periodista, entregarse del todo, aprender a escuchar y no solo oír, a conversar y no hablar, a amar y no solo sentir, son herramientas para encontrar posibilidades infinitas. La misión, el sentido de lo que hacemos, sea o no predestinado, se va develando. Es cuestión de prestar atención. Muchas veces me he preguntado por qué escogí explorar este camino de descubrimiento cuando hay otros, quizás más largos e igualmente poderosos para lograr claridad. La meditación, el yoga, el ejercicio, la religión, la oración y el ayuno, todos son caminos comprobados que han llevado a millones de personas a encontrar lo que buscan. No sé por qué me aventuré en este experimento que algunos consideran radical. No sé por qué sabía desde mis entrañas que sería una experiencia abrumadora y positiva para mí. Algo me empujó hacia ella y me llegó justo cuando me tenía que llegar. Además, parte de mí, mi curiosidad nata como periodista, me empujó a aventurarme. Quería entender *desde adentro*, en la mejor aplicación del periodismo de inmersión, este fenómeno que conjuga la sabiduría ancestral de sanadores místicos, las plantas medicinales y la ciencia.

¿Qué pretendía descubrir? Me quería sacudir el sopor que invadía mi existencia. Quería entender por qué me había resignado a vivir como si me manejaran a control remoto, en piloto automático, sin un rumbo evidente que me ilusionara o le diera sentido a mi existencia.

A simple vista llevaba una vida perfecta. Aún era relativamente joven, tenía buena salud y un buen trabajo que me permitía viajar cuando y a donde quería, una casa espectacular y vida social y de pareja, en apariencia armoniosa. Pero en el fondo sentía un descontento y una apatía que se reflejaban en todo lo que hacía. Una leve tristeza me impedía participar de lleno en la nutrida vida social de mi entorno, e intuía una suave pero insistente necesidad de encontrar algo que le diera más sentido a mi vida. No me bastaba el haberme convertido en un periodista de renombre, adquirido cierto nivel de influencia en mi entorno, lanzado varias iniciativas de solidaridad y apoyo a comunidades necesitadas en Guatemala. El *sentido* era imprescindible. Y nadie podía hacer por mí ese trabajo de exploración interna y profunda, nadie podía lograr encontrar *mi sentido* porque ese era mi trabajo, yo era quien tenía que hacerlo y el momento había llegado.

Es el secreto de la vida y es, además, el secreto del buen periodista. Estar siempre presente, enfocado, entregado al momento que se está viviendo y a las personas con las que se está compartiendo. El estar por completo presente permite ver lo que no siempre se puede *ver*, escuchar entre líneas para dar con las claves que conducen a la verdad, absorber energías que, si bien no son tangibles, pueden dar buenos indicios de lo que realmente está pasando en la mente del entrevistado, de lo que está sucediendo en un entorno, sea este hostil, violento o apacible.

Me lo dijo un anciano sacerdote indígena en un sitio sagrado en el altiplano guatemalteco en el año 2012, en el que se esperaban cambios por el fin del ciclo *Baktun 13* del milenario calendario maya. Muchos decían que el cambio era el fin del mundo. El anciano maya me dijo que no era el fin del mundo, sino el fin de un ciclo y el amanecer de una nueva era de entendimiento. «Las cosas van a cambiar, la gente está empezando a tomar más conciencia de la necesidad de vincularse más los unos con los otros para buscar soluciones conjuntas a problemas compartidos», me dijo con la tranquilidad de la sabiduría. Y puede parecer una frase hecha, de manual de autoayuda, pero no pierde su valor y significado cuando dejamos a un lado el cinismo o la incredulidad.

Ante un mundo distinto al que habitaba antes de comenzar a escribir este libro, esas lecciones se vuelven más relevantes que nunca. Mi experiencia con la psilocibina, las enseñanzas ancestrales y mi descubrimiento de la paz y serenidad que vienen de encontrarme con mi sabiduría interior por medio del yoga y la meditación, me han ayudado a abordar algunos de los momentos más duros de mi vida: como la muerte de mi padre y un divorcio inesperado, aunque en el fondo anunciado.

No sabemos a qué nos enfrentaremos en los años venideros. La pandemia del coronavirus y los terribles efectos económicos que su mitigación ha traído son fuerzas de cambio dinámicas que alterarán nuestra forma de convivir con nosotros mismos y con nuestro planeta para siempre. Ahora más que nunca el periodismo serio, comprometido, ético, y sobre todo humanista, cobra más importancia que nunca. La información siempre ha servido para quitarnos el miedo. Ahora lo sé y saberlo me lo ha quitado a mí.

El día de la toma de la psilocibina, después de realizar una pequeña ceremonia en la que cada participante preparaba su propia dosis de té con las trufas mágicas, una sanadora holandesa, que había estudiado durante años en el Amazonas brasileño, nos *limpió* a todos con las plumas de un águila en una ceremonia de purificación y de protección antes de entrar al recinto donde nos acostaríamos sobre unos tapetes para realizar el viaje. Me sentí en paz, protegido.

Estaba nervioso, sí, pero lo que sentía no era miedo, sino expectación. Sabía que lo que iba a vivir durante ocho horas de viaje a mi conciencia era algo que tenía que hacer; además, estaría equipado y acompañado por maestros intachables. Había invertido varias semanas de preparación psicológica con mi amiga terapeuta en Guatemala y tenía claras mis intenciones. Había leído un sinfín de material académico y sabía que no sería ni el primero ni el último en emprender semejante viaje. Intuía que me había preparado toda mi vida adulta para esta travesía hacia mí mismo.

No importa si lo que experimenté en esas ocho horas de viaje era *real* o no, si lo vivido era *literal* o creación de mi activa imaginación. Para mí, la experiencia fue real; las imágenes, los sonidos, las sensaciones fueron reales. Lo importante ha sido el efecto de esas experiencias, las implicaciones sobre mí hasta la fecha. El ver a mi abuela Luz tocar una pieza de Bach en su piano y dirigirme una mirada que transmitía amor incondicional me adentró en todo el amor y sabiduría que ella me transmitió en vida, y que estaba adormecido o latente en mi subconsciente. El ver un roble bailar, morir y renacer frente a mí fue suficiente para recalcar la lección tangible y científicamente comprobada de que la energía no se destruye ni desaparece, que existe un ciclo de la vida y no hay vida sin muerte.

La lección fue suficiente para hacerme entender que mi ansiedad, que se manifiesta cuando suceden cambios en mi vida, venía de esquivar esa simpleza compleja de la existencia, pero los cambios son inevitables y la única constante en la vida. Darme cuenta de esto fue liberador, conmovedoramente liberador. *Encontrarme* con Calíope, la musa de la creatividad de la antigua Grecia, fue comprobar que ella vive en mí, que siempre ha vivido en mí y que cuando quiera su *visita* solo tengo que reconocerla, relajarme y dejarla fluir, tal y como hago mientras escribo estas líneas que, antes de esta experiencia, durante años languidecían dentro de mí sin poder respirar.

Algunos estudios recientes indican que una sola experiencia con psilocibina equivale a por lo menos quince años de psicoterapia tradicional. Si la tecnología, la ciencia, está a la mano ¿por qué no aprovecharla para bien? Todos tenemos algo que aprender, algo que mejorar. Esa experiencia me abrió a la necesidad de explorar prácticas espirituales como el yoga, la meditación y la oración, que me han dado paz, serenidad y apertura para entender, aprender y compartir nuevas vivencias que no solo han mejorado mi calidad de vida, sino que me han permitido aprender de otros que buscan y encuentran herramientas para vivir mejor y en armonía con los demás.

La búsqueda de sentido y la mirada de los cocodrilos

A manera de epílogo

La embarcación había perdido su motor, así que comencé a intentar, desesperada e infructuosamente, dirigirla hacia una de las orillas del río con un pequeño remo de madera que encontré en su fondo. Un buque de rescate de la Armada brasileña había salido a buscarnos justo donde el río Araguarí desemboca en el océano Atlántico, al norte de Brasil. Cuando recibió la llamada de auxilio, la embarcación en la que estábamos llevaba varias horas a la deriva, y la corriente y el viento nos estaban acercando cada vez más a la peligrosa desembocadura.

Las miradas de los otros ocupantes de la embarcación, el muchacho que lo piloteaba, mi camarógrafo y una productora de la televisión alemana, expresaban terror. Y conforme caía el caluroso sol de la tarde e iba oscureciendo, a lo lejos, en la orilla, se empezaron a divisar otros ojos. El piloto de la embarcación me dijo que eran los ojos rojos de caimanes.

En 2008 la cadena me había enviado a cubrir un campeonato de surf en las olas boreales del río en la costa norte de Brasil. Una asignación que para mí era un premio, pues pasaría una semana cubriendo historias que no tenían nada que ver con la guerra, las explosiones, los atentados y los reportes de secuestros y decapitados que habían colmado mi cobertura en Irak los cinco años anteriores. Significaba un descanso, una semana de sol, playa y cervezas frías mientras entrevistaba a surfistas que llegaban de todo el mundo a enfrentarse a las olas.

Fue en este viaje, que casi era de placer, en el que cubriría la nota más *light* de mi carrera, en donde tuve el encuentro más cercano con la muerte. Fue en este en el que casi muero ahogado en el bravo océano Atlántico frente a las costas de Brasil.

Recuerdo este hecho, como tantos otros que he plasmado en estas páginas, como un hito más, como una nueva oportunidad de aprendizaje, una experiencia que me aportó un nuevo elemento para formar criterios sobre la vida y enfrentarla. De eso se trató mi paso por la que se autodenominaba la cadena de noticias más importante del mundo.

Y así como el encuentro con la posibilidad de morir en un río tropical, el estar frente a lo trágico y lo heroico, lo mundano y lo trascendental, lo bueno y lo malo, y así como la herencia de mis ancestros periodistas me hizo ser quien soy hoy, el escribir estas páginas hará de mí lo que seré mañana.

Las lecciones de vida no siempre son evidentes. A veces tienen que pasar años después de un suceso para que uno se dé cuenta de lo que realmente significó lo vivido o atestiguado. Sin embargo, si algo he aprendido al revisar mi pasado, es a meditar sobre mi presente y a visualizar mi futuro.

Haciendo la revisión descubrí, entre otras cosas, las posibilidades que ofrece el abrirse a lo espiritual, pues ese ha sido el viaje más importante que he hecho hasta ahora. Descubrí que podía tener paz interior cuando pasé varias semanas con amigos queridos en la isla de Bali, donde me refugié para procesar el fallecimiento de mi padre y la confusión que me generaba mi inminente, y no por ello esperado, divorcio. Redescubrí, como algo mágico, mi heredado gusto por la ópera y las actividades intelectuales al pasar varias semanas en Madrid durante ese mismo periodo de mi vida, disfrutando de una oferta cultural muy lejana a la manera más superficial en que ocupaba mi tiempo en las ocasiones anteriores en que estuve allí. Descubrí los efectos de las prácticas de autocuidado, como el yoga y la meditación, los cuales ya había documentado como periodista y que, desde mi viaje a las profundidades de mi conciencia, cuando experimenté con la psilocibina, se volvieron parte de mi rutina.

Soy comunicador desde antes de saberlo. Mi vocación ha sido clara y la he honrado y aplicado con gratitud y asombro durante décadas. Ahora soy un comunicador que está descubriendo una nueva lente para captar lo que no siempre es evidente.

Este libro me ha encaminado hacia un nuevo norte, una nueva ruta para mi embarcación.

Seguiré planteando preguntas, buscando respuestas, conociendo y entrevistando a otros miembros de esta raza humana que, dentro del caos, encuentran puntos de ruta dirigidos hacia un mundo más compenetrado, más empático, más integrado.

Un periodista que entrevistaba guerreros ahora aspira a seguir siendo un guerrero de la palabra, para, desde las trincheras de la honestidad y la transparencia, apoyar la lucha de aquellos que emanan integridad y verdad.

Aunque mi encuentro con la muerte aquella tarde en esa parte del río Amazonas en Brasil fue solo una más de mis aventuras, fue una experiencia que reafirmó en mí la determinación de vivir a plenitud. Una avioneta localizó la embarcación y le avisó a una unidad naval de rescate, gracias a lo cual terminé pasando la noche instalado en un cómodo hotel en la ciudad de Manaus. No se me mojaron ni los zapatos y los cocodrilos, inmutables, se quedaron observándome desde la ribera, igual que yo a ellos. Lo que sí sucedió después de todo eso, fue que germinó en mí la semilla de la búsqueda de sentido, una búsqueda que se profundiza con cada una de las palabras que plasmo en mis escritos.

Agradecimientos

Agradezco especialmente a Bruno del Granado, mi amigo y agente, por haber luchado durante años contra mi reticencia hasta convencerme de que tenía una historia que contar. A Harrys Salswach, mi tocayo, amigo y editor, quien le dio forma a mis ideas y me mostró que el escribir es someterse a lo que uno ya trae adentro. A Gabriel Sandoval, Karina Macías, Mario Harrigan, Pierre Herrera y el resto del equipo de Grupo Planeta México por creer en este libro y llevarlo a puerto seguro. A mi padre, Harris Whitbeck (†), mi madre Betty Whitbeck, mis hermanos Suzanne y John, y mi cuñada Melanie Kaltschmitt, quienes leyeron el manuscrito en su totalidad o en partes, aportando francas observaciones que contribuyeron a que se honrara siempre la verdad. A Ana Carlos, Tatiana Palomo,

Tatiana Rodriguez, Catharina Ledeboer, Veronica Toussaint, Sonia Pérez, Alejandra Colom, Barbara Carchella, Gloria Carrion, Homero Fuentes, Roberto Santa Cruz, Pavel Marcano, Karla Menocal, Estuardo Porras, Edmond Mulet, Edin Velasquez, Sebastián Cruz (†), Hector Bolaños, Santiago Fernandez e Iván Rodero por ayudarme a no faltar a la verdad colectiva y, más importante, a la propia. A Hugo Coya y Diego Gómez-Pickering, colegas periodistas y escritores, por sus sabios comentarios sobre lo leído y por sus consejos sobre el vertiginoso mundo editorial. A Roberto Rosenberg, por las décadas de amistad y hermandad que hicieron que lo vivido fuera más fácil y que el proceso de plasmarlo en estas páginas fuera más leve. A Krupskaia Alis, por instarme a escribir este libro cuando aún éramos colegas en CNN. A Ingrid Arnesen, entrañable amiga y compañera de aventuras periodísticas, a Iván Torres, Ariel Crespo (†), Bonnie Anderson, Martin Asturias, Glenda Umaña y Otto Neustadtl, colegas periodistas y amigos que a lo largo de los años me ayudaron a perfeccionar mi oficio y que además accedieron a participar en este proceso editorial. A Enrique Durand, exjefe de estilo de CNN en Español, quien durante muchos de los años que pasé ahí me enseñó a siempre respetar la integridad de lo escrito y contribuyó a que lo plasmado en estas páginas concordara con los hechos. A Mariana Pinango y Luisa Calad de CNN, por su apoyo al permitirme acceder a contenido propiedad de la cadena, Ana Isabel Pando, quien me ayudó a ponerle orden a cajas y cajas de libretas de apuntes destartaladas, y a Sandra de Velasquez, quien los secó y ordenó después de rescatarlos de una inundación en mi propio despacho. A Jean-Marie Simon por la calidez y el profesionalismo que mostró al ayudarme a abordar los temas difíciles sobre la guerra en Guatemala. A Brigitte Aquin por su entrañable apoyo, impulso y amistad. A mis primas Lucy Whitbeck y Carol Christine Sturgill por sus sabias reflexiones sobre nuestro pasado compartido. A Pablo, por haber transitado parte de este camino a mi lado, y a Mario Sajvin y familia, Macario López y Alicia Sajvin, por siempre cuidar el espíritu de la casa del lago.